VOYAGE

AU

PAYS DES MERVEILLES

CAGNON DU TARN

VADE-MECUM du TOURISTE

par

M. Costecalde, Membre de la Société d'Agriculture,
Arts et Sciences de la Lozère.

> Qui songe à voyager
> Doit soucis oublier,
> Dès l'aube se lever,
> Ne pas trop se charger,
> D'un pas égal marcher
> Et savoir écouter.
>
> BŒDEKER.

MENDE
IMPRIMERIE TYPOGRAPHIQUE C. PAUC
—
1892

CAGNON DU TARN

VADE-MECUM DU TOURISTE

VOYAGE

AU

PAYS DES MERVEILLES

CAGNON DU TARN

VADE MECUM du TOURISTE

par

M. X..., Membre de la Société d'Agriculture,
Arts et Sciences de la Lozère.

MENDE
IMPRIMERIE TYPOGRAPHIQUE C. PAUC

1892

IMPRIMEUR-ÉDITEUR, C. PAUC, MENDE.

PRÉFACE

AVIS AU LECTEUR

Ce **Vade Mecum** est l'œuvre d'un *Lozérien*. Ce sont les premières lignes qu'il livre à la publicité. Encore ne s'y est-il résigné que sur les instances d'un petit nombre d'amis intimes.

Faire connaître et aimer notre antique *Gévaudan*, cette vieille *terre des Druides* ; écrire non pas un roman, mais tracer un humble sillon dans le champ presque inculte de *notre histoire locale,* sous la forme dialoguée ; offrir aux touristes qui déjà accourent nombreux des quatre coins de la *France,* de l'*Angleterre,* de l'*Europe* entière pour admirer nos belles **Gorges du Tarn,** un *Vade Mecum* méthodique, un *guide* sûr, honnête, laconique et moralisateur ; leur fournir par là l'occasion de jeter un coup d'œil rapide sur les *beautés* les plus saillantes, les tableaux les plus imposants, les *souvenirs* les plus précieux, les prospects ou les *panoramas* les plus enchanteurs de ce **pays des Merveilles** ; enfin mû par un sentiment de patriotisme qui nous défendait de laisser dans l'ombre certains documents historiques que des amis charitables, une heureuse chance et des *recherches laborieuses* avaient mis entre nos mains, tel est le mobile auquel nous avons obéi en traçant ces lignes.

Sans doute, mille imperfections, mille lacunes regrettables, voire même certaines inexactitudes se seront glissées dans notre travail. Nous le savons, notre érudition a des bornes bien étroites; notre plume n'est pas des mieux taillées; mais on n'ignore pas aussi que la perfection n'est pas de ce monde. La lumière historique surtout ne peut jaillir pure et brillante que du *choc des idées.*

C'est dire que nous accueillerons avec joie et reconnaissance tous les renseignements, toutes les observations charitables que nos amis voudront bien nous adresser par l'intermédiaire de notre *Editeur.* L'histoire de la Lozère pourra en profiter.

Quant à vous, écrivains illustres, touristes infatigables, archéologues distingués, archivistes de renom, hagiographes, littérateurs de marque, MM. Martel, Lequeutre, Rousselet, O. Reclus, André, de Malafosse, Jory, Solanet, Bosse, Pourcher, Germer Durand, Favier, Barrau, Gaujal, Argeliez etc. etc., voici un ami qui vous tend la main. Le repousserez-vous ? Vous armerez-vous de la verge pour le flageller sans pitié ? Le croire, le penser même, ce serait vous faire une injure des plus graves. Que dis-je? ce serait méconnaître votre *amour passionné,* pour les *gloires lozériennes,* et pour les *belles horreurs* des rives du Tarn.

Nous vous prions donc de nous pardonner les quelques emprunts que nous avons fait à vos écrits.

Certes, si, dès le premier jour, nous n'avions pris la détermination bien arrêtée de rester dans l'ombre et de garder l'*incognito,* volontiers nous aurions sollicité de vous tous une autorisation que votre patriotisme ne nous aurait pas refusée.

En retour, nous serons heureux de vous voir désormais user de la même liberté à nos dépens.

Vivre en bonne harmonie, travailler de concert avec les *pionniers de la première heure* à faire jaillir la lumière des entrailles du vieux sol gévaudanais et à susciter de la poussière du tombeau l'*histoire locale* de notre pays, tel est le vœu le plus ardent de notre cœur.

Insere nunc pyros? carpent tua poma nepotes.
(Virgile).

A vous tous, mes amis, un salut fraternel.

Pro Deo et patria.

PREMIÈRE JOURNÉE

CHAPITRE Ier.

I. — Projet d'excursion.

PARIS. — BOIS DE BOULOGNE. — HEUREUSE TROU-
VAILLE. — LES, TROIS FERNANDEZ D'UN NOUVEAU-
MONDE.

C'était le 20 juillet 1890 ; le lendemain de la distribution des prix du lycée X..., nous étions trois lauréats
de rhétorique, le gascon *Dauphin*, *Raoul* le périgourdin et moi, *Paul* le parisien.

Une après-midi, nonchalamment assis sur une verte
pelouse du bois de Boulogne, nous étions occupés à
fredonner une romance de café-concert, lorsque le gascon de nous interrompre et de nous dire :

— Qu'allons-nous faire pendant ces vacances? Qu'allons-nous devenir ?

— Mourir d'ennui, comme toujours, repris-je d'un
ton mélancolique. Hélas ! que Paris est triste, durant
les jours brûlants de la canicule. Encore, si on pouvait
aller courir le monde, errer un peu à la Don-Quichotte,
par monts et par vaux : Vive ça !

— Par Jupin, ajouta le gascon, *Eurêka! Eurêka!* j'ai
trouvé !

— Quoi donc, nouvel *Archimède?* — Mais ce *Nou-
veau-Monde* dont on raconte tant et de si grandes
Merveilles, quod dicitur le **Cagnon du Tarn**. Il se
trouve en France; ce n'est pas loin, bien commode et

pas cher; avec cent francs par barbe, nous pouvons le visiter en long et en large et même revenir dans la capitale. — Brimborium! Bagatelle! Et ensuite, songez donc que ce fameux *Canon* est encore à découvrir, surtout au point de vue historique. Vrai! si nous en étions les *Fernandez*, les *Pizarre*, les *Fernand Cortez!!!* On a bien vu d'autres miracles. Croyez-moi, les amis, mettons-nous en campagne.

— Adopté! adopté! s'écria l'ami Raoul, tout joyeux. Toi Paul, tu seras le trésorier et le sage Mentor de la caravane. — *Concedo totum.* — Quand Partons-nous? — *Demain! demain!*

II. — **Voyage.**

DÉPART. — L'AUVERGNE. — GARABIT. — BARRABANS. — LA MONTAGNE. — PANORAMA. — BÈTE DU GÉVAUDAN. — AUMONT. — PEYRE. — L'ENFER. — MARVEJOLS. — GRÈZES. — CHIRAC. — LE MONASTIER. SALELLES. — CHANAC. — ESCLANÈDES. — BARJAC. — BALSIÈGES. — ARRIVÉE A MENDE.

Le lendemain, 21 juillet, fut consacré aux préparatifs de voyage.

Le soir à 8 heures réunis en gare de Lyon, pleins d'enthousiasme, nous prenions l'express du Grand-Central français, Paris-Clermont-Perpignan. Emportés sur les ailes de la vapeur, nous voguions toute la nuit vers l'illustre patrie de *Bituit* et de *Vercingétorix*.

A sept heures du matin, nous entrions dans la capitale de l'*Auvergne*. A 8 h. 50, nous étions à *St-Flour*.

Voici *Ruines* et le fameux pont de *Garabit*, chef-d'œuvre de MM. *Léon Boyer* et *Eiffel*. Que c'est grand, beau, audacieux, grandiose! Longueur 564 mètres, hauteur 122 mètres. Quelle belle arcade au centre!

165 mètres d'ouverture. Dans la gorge, coulent les eaux transparentes de la Truyère. (cours 175 kil.) Nous sommes lancés dans les espaces au desssus de l'abîme profond, et à toute vitesse, j'en frissonne encore.

A 9 heures 30) nous étions à *St-Chély-d'Apcher*, l'orgueilleuse cité des *Barrabans*. On nous dit qu'ils ont reçu ce surnom parce qu'en 1362, ils résistèrent aux Anglais à coups de *barres* ou en élevant des *Barricades*. D'autres disent que *Barraban* aurait été leur cri de guerre.

Nous sommes en plein *Gévaudan*, à l'extrémité méridionale du *Plateau-Central* de la France. A l'est, émergent, sous un ciel d'azur, les sommets majestueux de la *Margeride* et du *Palais du Roi* (1.550 mèt.),formant « une espèce de muraille sans créneaux, sans tours et sans clochers », couverts en partie, de gras pâturages où paissent pendant la belle saison plusieurs centaines de mille moutons transhumants, et en partie de sombres forêts de chênes, de hêtres, de sapins, antiques repaires de la *bête du Gévaudan* qui tua ou dévora plus de 100 personnes, enfants, femmes et vieillards (années 1763-1764-1765-1767).

A l'ouest, l'*Aubrac* (1471ᵐ) avec ses mamelons, ses bosquets, ses riches herbages, ses immenses pâturages où paccagent de milliers de bêtes à cornes, où s'élèvent des fromageries, laiteries, (*burons et mazucs*) et où dorment les lacs de *Moussous*, de Souvérols, de Salhiens, du Bord et de St-Andéol. Au sud, la *Boulène* (1152ᵐ), le mont Lozère (1702ᵐ) et l'*Aigoual* (1570ᵐ), encor tachetés de neige.

Voici *Aumont* avec sa gare élevée, un des *points sublimes* du grand Central (1141ᵐ) ; non loin se trouve *Javols*, l'ancienne capitale des Gabales (1,025 h.).

Le Born, perdu dans un bois de pins, aux pieds de l'antique manoir de *Peyre*, bombardé jadis par le duc de Joyeuse, parce qu'il servait de repaire aux seigneurs du pays connus sous le nom de *Césars de la montagne* (1).

L'*Enfer*, avec son long tunnel et son fameux pont de granit;

Marvejols (5.110 hab.), la ville de Marie, avec son église informe, son clocher tout accroupi, ses trois vieilles portes, ses antiques tours, ses fabriques, ses belles esplanades, ses fontaines, ses ruisseaux, son riant vallon, bombardée, pillée et brûlée par le *duc de Joyeuse* (1586), patrie du vice-amiral *Blanquet du Chayla*, qui s'immortalisa à Aboukir;

Grèzes, assis sur les flancs de son piton en pain de sucre, siège d'une ancienne *vicomté* et dont l'imprenable forteresse ou *Castrum* défia pendant deux ans tous les efforts de l'armée de Crocus, bourreau de St Privat (258 de l'ère chr...);

Chirac, dormant avec délices à l'ombre de l'ancien volcan le *Truc de la Fare* (888 m.), vieille cité royale, antique place forte, encore teinte du sang de ses 29 prêtres ou religieux, martyrisés par les protestants en 1562;

Le *Monastier*, berceau religieux du pape St Urbain V; mille autres localités, vallons, gorges, paysages, montagnes, viennent tour à tour captiver nos regards, quand nous entendons crier: *Le Monastier! changement de voitures pour la ligne de Mende.*

Nous changeons de train. Quelques minutes plus tard nous passons successivement à côté des *Salelles*, où trône Notre-Dame du Bon-Secours (487 h.);

Du *Villard*, célèbre par son château-fort (244 h.);

De *Chanac* (641 m.), antique séjour des évèques de Mende (1.661 h.);

---

(1) A la mort de César de Grollée on grava sur sa tombe cette épitaphe:
CI-GIT CÉSAR DE GROLLÉE,
CE TIGRE, CE LÉOPARD,
DONT TOUT LE MONDE DÉSIRAIT LE DÉPART
ET LE DIABLE L'ARRIVÉE.

D'*Esclanèdes*, où se livra, le 30 mai 1793, la bataille des *Vendéens du Midi* (486 h.);

De *Barjac*, patrie de St Véran, évêque de Cavaillon, parrain du roi Thierry II, *vir sanctus, opere potens et sermone*, mort en 590. (Ce bourg est placé au pied de la montagne de Cénaret, qui s'effondre) (761 h.);

De *Bramonas*, qui doit son nom à un ruisseau torrentueux qu'on appelle *Bramabiau* ;

Et enfin de *Balsièges*, petit bourg (611 h.) situé au confluent du Lot et du Bramont.

A midi, nous faisons notre entrée dans *Mende*, capitale de la Lozère.

III. — Heureuse rencontre.

HOTEL MANSE. — L'ENFANT DE LA LOZÈRE.

Nous descendons à l'hôtel *Manse*. On y est très bien. A la table d'hôte, nous avons l'heureuse chance de rencontrer un jeune homme de 35 ans, lettré, intelligent, intrépide touriste.

Avec une exquise amabilité, il s'offre à nous donner tous les renseignements utiles et nécessaires, pour faire une visite exacte et complète du *Cagnon du Tarn*. « Je suis un *enfant de la Lozère*, dit-il ; né sur les rives « du Tarn, je connais tous les villages, tous les vieux « châteaux, tous les chemins, toutes les sources, grottes » célèbres, rochers, sites remarquables, coins et recoins « de son *Canon* fortuné. Si vous le voulez bien, je « vous servirai de *cicérone.* » — Accepté ! Bravo !

IV. — Coup d'œil général sur les Cagnons et les Causses.

Heureuse idée. — Topographie du Cagnon. — Longueur. — Largeur. — Profondeur. — Vestibule. — Portes d'entrée et de sortie. — Communes. — Causses. — Sauveterre. — Pluviométrie. — Méjean. — Noir. — Larzac. — Hydrologie. — Fromage de Roquefort.

L'*heureuse idée* que vous avez eue, Messieurs, continue l'enfant des rives du Tarn, de venir visiter notre Cagnon. J'affirme, d'ores et déjà, que vous en serez ravis.

C'est merveilleux, magique, enlevant! N'anticipons pas.

Le *Cagnon* ou *Canon* du Tarn (canal, tuyau, tube, couloir, galerie) mesure plus de 50 kilomètres d'Ispagnac au Rozier. Creusé entre le causse *Méjean* et le causse de *Sauveterre*, couronné par deux gigantesques murailles parallèles, sa profondeur est en moyenne de 500 à 600 mètres.

Des bords de Sauveterre aux bords du Méjean, la largeur moyenne est de 1.500 m. quelquefois 2.000 m. Comme aussi dans certains endroits (v. g.), au *Cirque des Baumes*, entre Rieysse et le Mas-Rouge, un *pont de mille mètres* unirait les lèvres ou frontons des deux causses.

Certes, l'immense travée de ce pont gigantesque serait bien la plus hardie du monde. Au fond de la gorge (v. g.) aux Détroits, à St-Chély, à l'Escaillou, la plaine liquide forme toute la largeur de la vallée.

En amont d'Ispagnac et de Bédouès, l'étroite gorge qui sépare le *Bougès* du *Mont-Lozère* et remonte jusqu'au Pont-de-Montvert, pourrait servir de *vestibule fi-*

guré ou *à ailes* à l'immense galerie du Canon proprement dit.

Les *portes d'entrée* du vaste couloir sont grandes ouvertes entre la serre de *Pailhos*, bastion du Méjean et le massif de la *Boissière* ou des *Chaumettes*, large éperon du causse de Sauveterre, à 2 kilomètres en aval d'Ispagnac.

La *porte de sortie* se trouve aux *Tioulasses*, non loin du pont du Rozier, (rive droite) et aux pieds du grand piton de Capluc (rive gauche).

Les *sept communes* du Cagnon sont : 1° Montbrun (422 h.) ; 2° Prades (448 h.) ; 3° Ste-Enimie (1.032 h.); 4° St-Chély (530 h.); 5° La Malène (619 h.); 6° St-Préjet (327 h.); 7° Le Rozier (199 h.).

On pourrait y ajouter Quézac (647 h.).

Le *Cagnon* sépare le causse de Sauveterre du Méjean. On appelle *causse* (calx, chaux, calcaire, *caucium sive corona*, en patois *caoucé* ou *courouno*) quatre puissants massifs de plateaux, compris entre le mont Lozère, les Cévennes, l'Aigoual, les Garrigues, l'Espinouse, Lavaïsse, le Lévézou et l'Aubrac, formés ou séparés par le Lot, le Tarn, la Jonte, la Dourbie, la Vis et l'Hérault. On les désigne sous le nom de *Sauveterre, Méjean, Noir, Larzac.*

Voici le tableau qu'en fait Onésime Reclus :

« Trop de soleil si le causse est bas, trop de neige s'il est élevé ; toujours et partout le vent qui tord des bois chétifs ; pour lac une mare (*lacogne*) et pour rivière un casse-cou (*socth*); de rocheuses prairies tondues par des moutons et des brebis à la laine fine, à la viande parfumée; des champs caillouteux d'orge, d'avoine, de pommes de terre, rarement de blé (froment); un sol rouge ou blanc, qui part de roches, qui finit à des roches et que la roche transperce ; des pierres ramassées une à une depuis tant et tant de siècles, pour débarrasser ou enclore les domaines, amoncelées en tas, presque en

collines ; des buis, des pins, des chênes, quelques arbustes, débris isolés de l'antique forêt ; tel est le *causse*.
Le *Caussenard* seul peut l'aimer. Mais tout citoyen du
monde admire les gorges de puissante profondeur, qui
coupent ou contournent cette gigantesque acropole.

« En descendant par des sentiers de chèvres, du
plateau dans les gorges, on quitte brusquement la
blocaille altérée pour les prairies murmurantes et les
grands horizons. En haut, sur la table de pierres, c'est le
vent, le froid, la nudité, la pauvreté, la laideur, la tristesse,
le vide ; car très peu de villages animent ces plateaux.
En bas, sur le tapis de gazon, c'est le zéphir dans les
vergers, c'est la tiédeur, la gaieté, l'abondance. Le
contraste inouï, que certains cagnons font avec leurs
causses, est une des plus rares beautés de la belle
France. » (France et colonies).

Tout cela est vrai, Messieurs, ajouta l'enfant de la
Lozère, non seulement pour les quatre causses dont
nous venons de parler, mais encore pour ceux de la
Roche, de *Changefège,* de *Valduc* et de *Mende.*

Du Montmirat à Recoules (Com^{ne} du Massegros), le
Causse de Sauveterre a 53 kil. de longueur, 25 kil. de
largeur ; 60.000 hectares ; 4.400 habitants ; 146 communes (1). De 900 à 1.000 mètres d'altitude ; il est parsemé
de *couronnes, puechs, trucs ;* crevassé par d'*avens* sans
nombre, d'où s'échappent les sources de Vigos, de
Prades, de Burle, de Coussac, de la Caze, la Tieure, la
Clujade, l'Angle, Fonmounnet, le Lisson, Fontmaure,
de Soucy, de Bouldoire, du Parayrès, du Villaret, du
Mas-de-Lafont, la Muse ; et sur le versant du Lot,
Bramabiau et St-Frézal à la Canourgue. Sur ce causse,
le pluviomètre donne un maximum de 1^m 250 et un
minimum de 0^m 833, moyenne 1^m 050. Au nord de la
Lozère, la moyenne de la hauteur annuelle des pluies

---

(1) Ou hameaux (guide Joann.

est de 0^m 600 ; au Centre de 0^m 700 ; et dans le Midi de 1^m 500 à 2^m.

Le Causse Méjean est un immense monolithe de calcaire jurassique. Du sommet de la côte de Florac à Capluc il mesure 40 kil. La plus grande largeur est de 15 kil. développement de son contour 120 kil. 40.000 hectares ; de 1000 à 1.300^m d'altitude ; 2.200 habitants. Il comprend 4 communes et plusieurs sections de commune. Du Méjean s'échappent les sources du *Pêcher* à Florac, de Pélatan, de Montbrun, de Castelbouc, la Cénarète, les Ardennes, la Galenne, du Maynial, de l'Yronsel, la Sablière, etc.

Le *Causse Noir* se dresse au sud du Méjean et il en est séparé par les gorges de la Jonte. Une forêt *noire de pins* séculaires, qu'on vient de livrer à l'exploitation, lui a donné son nom. La Lozère ne possède qu'une petite parcelle de ce Causse. Superficie, 30.000 hectares ; population, 2.300 h.

Le Larzac (*Larga Saxa*) est le plus vaste et le plus riche des Causses. Superficie 103.000 hectares ; population, 10.000 habitants.

Sur ces *Causses* les sources sont presque inconnues. Les puits sont très rares. On les rencontre toujours dans les *sotchs*, espèce de vallons fermés. Les mares d'eau verdâtre *(Lavognes* ou *Lavagnes)* sont plus communes. Rendues étanches au moyen d'une couche d'argile, elles sont remplies de *têtards* et le plus souvent elles se dessèchent en été. Les *Caussenards* sont condamnés à ne boire que de l'eau de citerne. Aussi ils redoutent comme la peste les années de grande sécheresse.

C'est avec le lait des brebis de ces quatre *Causses* qu'on fabrique le célèbre *fromage de Roquefort*, de Peyrelade et de Meyrueis. L'historien Pline nous dit que, de son temps (23-79), le fromage du Gévaudan

2.

était fort recherché à *Rome* quoiqu'il *se conservât peu
de temps* (1).

V. — **Question d'abordage.**

ROUTES. — CHEMINS. — SENTIERS DE LA RIVE DROITE
ET DE LA RIVE GAUCHE.

Comment aborder le *Cagnon du Tarn?* telle est la
première question que se pose le touriste. La réponse
est facile.

On peut y arriver :

RIVE DROITE. — 1º par Mende, Montmirat ou l'Estrade et Ispagnac *(courrier en voiture)*;

2º par Balsièges (gare); Sauveterre et Ste-Enimie
(courrier en voiture et souvent des omnibus);

3º par Chanac (gare), Champerboux, Sainte-Enimie
(route départementale);

4º par la Canourgue, la Capelle, Laval, Cabrunas,
Ste-Enimie *(route départementale)*;

5º par la Canourgue, le Mazelet, Recoulettes, la Malène *(route départementale)*;

6º par Sévérac, le Massegros, les Vignes *(route
départementale.*

RIVE GAUCHE. — 1º par Florac et Ispagnac *(courrier
en voiture)*;

2º par Meyrueis, Carnac, Caussignac et Ste-Enimie
(route départementale);

3º par Meyrueis, Carnac et la Malène *(route départementale)*;

---

(1) Les mots *caseus musteus*, employés par le naturaliste Pline, feraient
croire que ce fromage avait un certain rapport avec ce qu'on appelle aujourd'hui la *rhubarbe* qui n'est bonne que *fraiche*.

Sur l'Aubrac, comme à St-Etienne-du-Valdonnez et aux pieds du Mont
Lozère, on fabriquait la *forme* au XIᵉ siècle. *Caseus formaticos* (Cartulaire
de St-Guillem du désert). Le fromage de nos montagnes paraît encore avec
honneur dans les concours agricoles.

4° par Meyrucis, le Bédos et les Vignes *(route départementale)*.

Les piétons peuvent encore aborder le Canon :

1° par Cros-Garnon, la Citerne, Montbrun (chemin de chars) ;

2° par le Mas-de-Val, Prunets et Ste-Enimie (sentier) ;

3° par le Mas-St-Chély et St-Chély (chemin de chars très raide) ;

4° par Rieisse, la Caxe ou la Maxane et Saint-Préjet (sentier) ;

5° par le Truel, la Bourgarié, le Pas-de-l'Arc et le Cambon (affreux sentier, mais promenade *ravissante)*.

Sur la rive droite. — Les Touristes au bon jarret peuvent pénétrer dans le Cagnon :

1° par Tonnas et Blajoux (sentier presque vertical) ;

2° par Nissoulogres et Prades (chemin de chars) ;

3° par Teissonnières et Ste-Enimie (chemin vicinal) ;

4° par Cabrunas et Pougnadoires (affreux sentier presque vertical :

5° par Laval-du-Tarn et la Caze (sentier passable) ;

6° par Cauquenas et la Malène (chemin vicinal) ;

7° par St-Georges, les Issartels et les Baumes-Basses (affreux sentier, panorama magnifique, on peut pousser une pointe sur la fameuse grotte des *Baumes-Chaudes) ;*

8° par Almières, Dolan et les Vignes (sentier de chèvres) ;

9° par Cauvel et le Cambon, ou par St-Marcellin et le Mas-de-Lafon (affreux sentier).

— C'est parfait, s'écria le gascon, vous connaissez votre sujet. Mais Monsieur le Cicérone, parlez-nous un peu de la *question financière*. Comme tous les touristes ne sont pas des *Crésus*, ni des *Milords,* ils trouvent que c'est là pour eux le point le *plus délicat.*

VI. -- **Question financière.**

VOITURES. — TRANSBORDEMENTS. — SERVICES OU Cies.
— POURBOIRES. — BAGAGES. — NOMBRE DE VOYA-
GEURS.

La question financière n'est de nature à effrayer
personne, pas même les bourses les plus modestes, surtout lorsqu'on est trois ou quatre associés, jusqu'à cinq.

1° De Mende à Ispagnac, en voiture, coût   2 fr. 50
2° De Balsièges à Ste-Enimie, en omnibus   2^f ou 1^f 50
3° De Florac à Ste-Enimie............   2 fr. 50
4° De la Canourgue à la Malène........   6 fr.
5° De Sévérac aux Vignes.............   8 fr.
6° De Meyrueis à Ste-Enimie.........   8 fr.
7° Du Rozier à Ste-Enimie par le Méjean   15 fr.
8° Du Rozier à Meyrueis et à Florac....   20 fr.

Les vrais amateurs font seuls ce dernier trajet dans
le but de visiter *Dargilan* et *Bramabiau.*

De Ste-Enimie au Rozier, en *bateau*, on a organisé
deux services ou deux compagnies. On ne sait à qui
donner la préférence tous les deux étant excellents. Ils
comportent quatre *transbordements.*

1° A Pougnadoires, 2° à Hauterive, 3° à la Malène,
4° aux Vignes.

1er Service. A la tête du 1er service se trouve M.
Justin Malaval, maître d'hôtel à Ste-Enimie.

Prix du 1er Service.

De Ste-Enimie à la Malène.............   14 fr.
De la Malène aux Vignes..............   13 fr.
Des Vignes au Rozier................   15 fr.
                     Total..........   42 fr.

2ᵉ *Service.* A la tête de ce dernier se trouve M. St-Jean, maître d'hôtel à Ste-Enimie. Les prix ne varient que de 0 fr. 50.

Dans le 1ᵉʳ service, on change *trois fois de bateliers;* dans le second c'est *quatre fois.*

On verse les *quarante deux* francs à Ste-Enimie ou à la gare du départ, sur la remise *d'une carte,* partirait-on de Paris et on ne s'occupe de plus rien jusqu'au Rozier. Cependant si on voyage avec *une carte de chemin de fer,* il faut ne pas oublier de la *déposer* entre les mains d'un des *chefs de service,* sinon ces derniers ne pourraient pas faire rentrer les fonds.

— Faut-il donner des *pourboires* aux bateliers, demande M. Paul. le Parisien ?

L'usage est déjà établi qu'on donne à chaque batelier 1 fr. 50 de pourboire, *minimum* 1 fr. M. Malaval ayant 6 bateliers, cela donne 9 fr., M. St-Jean en ayant 8, cela donnera 12 fr. Ce pourboire sert à dédommager les braves bateliers du port des bagages. Ces derniers doivent être peu lourds et peu encombrants ; 10 kil. par personne.

En conséquence, MM. les touristes, vous pouvez visiter la première *Merveille* de la France centrale, pour une pièce de 50 à 60 francs. Si vous êtes cinq c'est 10 ou 12 fr. par tête. Notez, cependant, que, si dans le même bateau vous êtes plus de cinq voyageurs. les bateliers des Vignes au Rozier ne répondront *pas des accidents.*

— C'est parfait, clair, net et précis, dit M. Dauphin ; mais est-on bien sûr d'être toujours *servi à souhait* et de n'éprouver aucun contre-temps ? — Le moins du monde.

VII. — **Mode de Procédure.**

CORRESPONDANTS. — VOYAGE A LA MILITAIRE. —
SIMPLE COMME UN BONJOUR. — BONS CONSEILS. —
RÊVES DORÉS. — IL VOULAIT TOUT VOIR ET IL N'A
RIEN VU.

Vous prévenez d'abord 24 heures à l'avance (dépêche
ou lettre), MM. Justin Malaval ou St-Jean, hôteliers à
Ste-Enimie, MM. Justin ou Casimir Monginoux, auber-
gistes à la *Malène*, MM. Vernhet, Solanet Alphonse,
Costecalde Théophile, bateliers aux *Vignes*, suivant
que vous voulez prendre le bateau à l'un de ces trois
endroits; ayant soin d'indiquer le *jour de l'arrivée*,
l'heure de *l'embarquement*. C'est l'affaire de 0 fr. 15.

Ne craignez rien. Si on vous attend, vous serez traité
en *grand seigneur*; le déjeuner sera confortable; vos
bateliers seront à leur poste, *choisis sur le volet*.

Ceux de Ste-Enimie auront leurs correspondants à la
Malène et aux Vignes, sans éprouver une minute de
retard, vous arriverez au Rozier dans un jour, trois
temps et quatre mouvements. Que dis-je ! C'est bien
plus fort ! parti le matin de Mende, de Balsièges, de
Chanac, de la Canourgue, de Florac, de Meyrueis, de
Sévérac, voire même de Millau, de Rodez, etc. Vous
arrivez à Ste-Enimie (ou à un autre point du cagnon)
vers 9 heures du matin ; vous montez en bateau ; à midi,
vous déjeunez à la Malène ; à 4 heures, vous êtes aux
Vignes et à 7 heures vous dînez au Rozier chez MM.
Rascalou ou *Dieudonné*, vous vantant d'avoir fait
mentir ce dicton populaire :

> Qué passo lou Lot, lou Tarn et l'Aveiroun,
> N'ès pas ségur dé tourna dins sa maisoun.

C'est *simple comme un bonjour*. Il est vrai que dans

cette *étape toute militaire,* vous ne pourrez pas voir, admirer les beautés du Cagnon dans tous leurs détails, mais vous aurez de l'ensemble une idée si frappante, si grandiose, que cette écrasante synthèse fera encore l'objet de vos *rêves dorés* de longs mois plus tard : Tantôt vous vous croirez suspendu au haut des immenses falaises de *Cerbère,* du *Chante,* de l'*Escalette,* des *Pinieïraous,* du *Ron-Rouge,* vous vous accrocherez aux broussailles, aux fentes de la roche, pour ne pas faire le plongeon, et ne pas rouler dans l'abîme béant. Tantôt voguant avec délices, sur un planiol poétique, ou descendant un *rapide* quelconque, vous croirez que le frêle esquif va heurter contre un écueil, où il se brisera avec fracas et vous vous trouverez englouti dans le Malstrom. Qu'on ne dise pas de vous ce qu'on disait naguère de ce provincial arrivé à Paris pour visiter l'*Exposition:* « *Il voulait tout voir et il n'a rien vu.* »

Qui trop embrasse, mal étreint, dit encore un proverbe connu.

— Nos finances nous permettent d'agir avec une sage lenteur, ajouta le gascon d'un ton platonique ; nous suivrons votre conseil. — Pourriez-vous nous dire quel est l'*heureux mortel* qui a exploré le premier ce *fameux Cagnon ?*

VIII. — **Premiers explorateurs du Cagnon.**

MM. DE MALAFOSSE. — DE CHAMBRUN. — LEQUEUTRE. — MARTEL, LE GRAND LOZÉRIEN. — ETC.

Avant 1860, le général Meinadier (1842), MM. de Billy, le général Costes, Fossat, etc... quelques rares *Millautins* avaient seuls visité le fameux Pas-de-Souci, qui est encore le *Cloton* des gorges du Tarn.

A cette époque, M. *Louis de Malafosse* se mit à travailler à l'illustration des fameuses gorges, mais *timidement* et dans un cercle assez restreint. Nous, *Lozériens*, nous ne sommes pas des gens d'*initiative*.

En septembre 1866, il prit fantaisie à M. le *comte de Chambrun*, alors *député (et roi de la Lozère)*, de visiter les gorges du Tarn. Son excursion qu'il signala par une distribution abondante de *napoléons*, tant aux bateliers, qu'aux pauvres et aux églises, eut un certain retentissement. La presse s'en mêla (jugez donc, les braves riverains avaient fait plusieurs décharges de mousqueterie et réveillé tout naturellement les échos de la vallée) et les sites pittoresques du Tarn commencèrent à fixer l'attention des *amateurs*.

De ce nombre fut M. *Alphonse Lequeutre, notre excellent ami*, un touriste passioné, infatigable, explorateur des vallées d'*Arrasas*, de *Nisle*, du *Barranco Mascun*, des *Clus* de l'*Aude* et de *Rebenty*.

Cet illustre membre du *club alpin*, nous arriva en 1879. Bientôt il s'aperçut qu'il y avait au milieu de nous tout un monde de *merveilles* à explorer, à découvrir, à faire admirer. A l'œuvre, se dit-il.

Après dix ans de constants efforts, de courses échevelées par mons et par vaux, précipices, ravins et abîmes, cet apôtre infatigable du beau naturel fit sortir les merveilles du Tarn de la nuit du tombeau. Honneur à lui ! *Onésime Reclus, l'adorateur des sources et des belles eaux*, encouragea M. Lequeutre et de la voix et de la plume.

Toutefois, heureux d'attribuer à chacun la part du mérite qui lui revient, nous devons à la vérité de dire et de publier hautement que le premier *apôtre du Cagnon du Tarn* est, sans conteste, *M. E.-A. Martel.*

Ce savant naturaliste, ce *géologue*, ce *grottologue* distingué n'est pas *Lozérien*. Nous le regrettons ; car il ferait l'honneur de notre vieux Gévaudan : mais nous pouvons dire, sans crainte d'être démenti, que notre sol ne compte pas de *patriote* plus ardent. Il l'aime avec passion et il travaille à le faire aimer. Si d'autres personnages ont été sacrés du nom de *grands Français*, de *grands patriotes*, pourquoi ne sacrerions-nous pas M. Martel du nom de *grand Lozérien ?*

Ce titre, il le merite, il l'a conquis à la pointe de l'épée. Il le portera fièrement, soyez-en sûrs. Son nom est très populaire au sein de nos montagnes. Tous nous le connaissons ; nous l'aimons, nous l'admirons. Conclusion : Si M. Lequeutre a été l'*Explorateur* du Cagnon du Tarn, M. Martel en a été le *Vulgarisateur*.

Aux noms déjà cités nous pourrions ajouter ceux de MM. Louis Rousselet, l'abbé Boissonade, l'abbé Solanet, l'abbé Bosse, le docteur Prunières, Broca, etc. etc.

— Nous ne serons donc pas les Fernandez du Cagnon du Tarn, dit le Gascon avec tristesse.

— Qu'en savez-vous ? reprit l'enfant de la Lozère. Il y a là une riche mine d'or à exploiter. On n'a encore découvert que quelques filons. Un de ces quatre matins, vous aurez peut-être la chance de déterrer quelque *pépite* inconnue, extraordinaire.

— Ne désespérons de rien, dit Raoul. Quand partons-nous ?

— Demain matin, répondis-je. Ce soir, nous allons nous camper un peu sur le vieux *Gévaudan* et sur *Mende* sa capitale. — Entendu ! Adopté !

CHAPITRE II.

I. — **Le Gévaudan.**

Son histoire en quatre mots.

PRÉHISTOIRE. — DOLMENS. — GROTTES. — TRÉPANA-
TION. — GABALES. — ANTIQUITÉ. — JULES CÉSAR.
— VERCINGETORIX. — GABALUM. — VOIES ROMAINES.
— VISIGOTHS. — CLOVIS. — RÉGIME FÉODAL. —
PARÉAGE. — BERTRAND DU GUESCLIN. — INVASIONS
DIVERSES. — CROCUS. — SARRASINS. — ALBIGEOIS.
— CAMISARDS. -- RÉVOLUTION.

Sur nos causses lozériens on trouve de nombreux
vestiges des races préhistoriques. Appartenaient-elles
à l'âge de la pierre *brute, polie* ou *taillée*, à l'âge du
cuivre, du *fer* ou du *bronze* ; étaient-elles antédiluvien-
nes ou postdiluviennes ? Nous l'ignorons.

Cependant ils sont beaux, magnifiques, les *dolmens*
qui couvrent nos plateaux et nos causses ! Ne citons que,
pour mémoire, les monuments mégalithiques de la
Fare, du *Camp des Anglais*, de la *Roucière*, de la
Condamine, de Bramonas, de Grèzes, de *Marconnières*,
de l'*Aumède*, de la *Tieule,* de Malavieillette, de la *Peyre-
Goionde*, des Fonts, le peulvan de *Ste-Hélène*, ou *lou
Bertel de los Fados*, etc. etc.

Elles sont belles les *grottes lozériennes* de *Nabrigas*,
de *Dargilan*, de l'*Homme-Mort*, des *Baumes-Chaudes*,
de *Pougnadoires*, de St-Chély-du-Tarn, de Castelbouc,
de *Chabrits*. Demandez-en des nouvelles à MM. Martel,
Prunières, Paul Broca... Ils vous diront qu'ils ont
trouvé dans ces dolmens et dans ces cavernes la preuve

certaine que nos vieux ancêtres se servaient d'armes (flèches, haches, lances, couteaux...) et d'outils en pierre: c'est bien plus fort ; avec des instruments en silex très perfectionnés, ils pratiquaient avec une précision et une délicatesse remarquables l'opération très difficile de la *trépanation*. Etaient-ils habiles nos *Montagnards, Lozérots, Cévenols* ou *Caussenards* qu'on ne connaissait à Rome que sous le nom de *Gabales*?

— *Gabales (montagnards ou habitants des hautes terres)*. Ce nom me paraît indiquer un peuple belliqueux, dit le Gascon.

— Vous connaissez le mot célèbre de Napoléon Ier, reprit le cicérone. En parlant des Lozériens : « S'il faut des *cordes*, disait-il, pour les conduire au combat, il faut des *chaînes* pour les en retirer. »

— Jetons un coup d'œil général sur l'histoire du Gévaudan. « Nous admettons, dit un chroniqueur gévau-
« danais, que la terre que nous foulons a été peuplée
« par les Celtes, défrichée par les Grecs, civilisée par les
« Romains et que les *Gabali* tirent leur origine de ces
« divers peuples. » (Prouzet). (1)

Avant la conquête romaine (50 ans av. J.-C.), les *Gabales* (Goths ou Gaboths) faisaient partie de la grande confédération des Arvernes. Le génie, la valeur guerrière de Jules César lutta pendant 10 ans contre le patriotisme de nos pères. Ce vaillant capitaine traversa les Cévennes, la Margeride et les montagnes d'Auvergne couvertes d'une épaisse couche de neige et par un froid très intense, ce qui ne lui empêcha pas, disons-le en passant, de goûter la bonté du fromage de nos Causses *(Laus caseo gabaliticique pagi)*.

---

(1) Les Gabales avaient pour voisins: au nord et au nord-est, les Vélaves; à l'est, les Helviens ; au sud, les Volces arécomiques (capitale Nimes : à l'ouest, les Ruthènes (Pagus gabalicns).

Le Gévaudan était borné au nord, par la Dège et le versant des montagnes ; à l'est, par l'Allier et la Borne: à l'ouest, par l'Aubrac, le Bès et la Truyère ; au midi, par la Jonte et les contreforts des plateaux calcaires.(id.)

Ce fut pendant ces 10 ans de guerres sanglantes que s'immortalisa *Vercingétorix*, général des Arvernes et chef de la défense nationale.

La fortune de 35.000 Gabales fut enchaînée au char de cet Abd-el-Kader des temps antiques. Lorsque le héros tomba vaillamment sous les murs d'Alésia, nos pères tombèrent avec lui sous le joug des fiers Romains.

Durant 470 ans, leur fortune et leurs intérêts se lièrent à la fortune et aux intérêts de Rome.

Leur ville capitale ne fut pas Mende, mais *Anderitum* ou *Gabalum* (Javols), d'où leur vint le nom de *Gabales*. Le Gévaudan fit partie de la province d'Aquitaine.

Nos montagnes furent alors dotées de deux grandes voies romaines : la *Régordane* à l'est et la voie d'Agrippa ou l'*Occitane* à l'ouest.

Des Romains, le Gévaudan passa en 419 entre les mains des Visigoths. Euric en fit la conquête.

Cent ans plus tard, l'épée de Clovis refoula ces derniers au-delà des Pyrénées (507). (1)

Sous les rois carlovingiens et la féodalité, tout le Gévaudan, si nous en exceptons *le vicomté de Grèzes*,

---

(1) Sous les Mérovingiens, le Gévaudan fut gouverné par des Comtes. Ces derniers avaient des *viguiers* chargés d'administrer la justice dans leur district ou *viguerie*. Les *vigueries* semblent avoir eu pour base les principales vallées du territoire. Nous connaissons :

1° La Viguerie de *Banassac* (*Pagus Bannazazense*). C'est là que les rois francs Childebert II, Caribert II, Dagobert Ier, etc. firent frapper leur monnaie.

2° La viguerie de Grèzes ; 3° de Miliac, mont *Milau* à 3 kil. de Langogne ; 4° du Valdonnez ; 5° du Chassezac ;

6° de Tarnenche ou du Tarn ; 7° de Dèze ; 8° de la Vallée-Française ; 9° des deux Gardons... (Pagus g.)

Sous la *féodalité*. les *vigueries* firent place aux territoires 1° de Peyre, 2° de Serverette, 3° d'Apcher ; 4° de Châteauneuf, 5° d'Auroux, 6° de Mercoire, 7° de Canillac, 8° d'Aubrac, 9° d'Anduze, 10° de Ste-Enimie (Salvaterra, 11° de Guérin, etc. etc. On distingua la terre *royale, épiscopale* et *seigneuriale*. Le Gévaudan compta 8 baronnies : Apcher, Canillac, Cénaret, Florac, Mercœur, Peyre, Randon et le Tournel.

(1) reconnut comme souverains et *comtes* les évêques
de Mende.

En 1307, d'après un paréage signé entre Philippe-le-
Bel et Guillaume Durand, la souveraineté du Gévaudan
fut partagée entre le roi et l'évêque. Notre pays fit dès
lors partie de la province du Languedoc.

Après la fameuse guerre de *Cent Ans* (XIV⁰ et XV₀
siècles) le pouvoir temporel passa tout entier entre les
mains du roi de France. La mort de l'illustre Bertrand
du Guesclin, sous les murs de Châteauneuf-de-Randon,
attacha le cœur des Gabales à l'autorité royale. Notre
sol gévaudanais a été souvent ensanglanté par des
guerres cruelles.

Au IIIᵉ et IVᵉ siècles, il fut désolé par une cruelle
invasion de *Vandales* qui, sous la conduite de *Crocus*,
le dévastèrent dans tous sens. Vinrent ensuite les Vi-
sigothset les Austrasiens (Vᵉ et VIᵉ siècles).

Au VIIIᵉ siècle, parurent les *Sarrasins* ; au IXᵉ les
Hongrois ; au XIIIᵉ les *Albigeois ;* au XIVᵉ les *Anglais ;*
au XVIᵉ les fanatiques *protestants* (2). Enfin la guerre

(1) La vicomté de Grèzes, appartint pendant plusieurs siècles aux *vicomtes*
de Millau (550-1112). Les *comtes* principaux furent Pallade, Innocent, Dalila,
Etienne, Bernard, Guillaume-le-Pieux, Ermengard, Raymond, Pons, Bernard, Richard (1060) et Gibert, père de Dulcie ou Dou e, qui épousa, en 1112,
Raymond Bérenger comte de *Barcelone* et lui apporta en dot les vicomtés
de *Grèzes, Millau* et *Carlat.* 1º Raymond Bérenger (1112-1130), 2º Raymond
Bérenger II de (1130-1144), 3º Raymond Bérenger III de (1144-1166), 4º Douce
(1166-1172), 5º Alphonse, roi d'Aragon et Raymond Bérenger (1172-1181),
6º Sanche (1181-1185), 7º Alphonse (1185-1196), 8º Pierre II, roi d'Aragon
(1196-1213), 9º Jacques Iᵉʳ (1213-1258). Ce dernier céda la vicomté de Grèzes au roi saint Louis. (pagus gab.)

(2) En juillet 1562, le baron d'Alais, comte de Crussol, arrive en Gévaudan,
soutenu par Astorg de Peyre. il prend, pille, saccage, ou rançonne Quézac,
Mende, Balsièges, Barjac, St-Bauzile, Badaroux, Rieutort, Chirac, Chanac, etc.
et il repart pour les Cévennes.

La *Cruelle Guerre* venait de commencer ; toujours armés les protestants
continuérent à semer en Gévaudan la ruine et la dévastation. Bientôt arriva
Merle. Né à Uzès, en 1548, d'un cardeur de laine, Mathieu Merle fut un
bandit à 20 ans. Garde-forestier du baron d'Acier, puis intendant et écuyer

des *Camisards* (1702-3-4) vint encore semer pendant trois ans le pillage, la dévastation et la mort au cœur des Cévennes. Cette guerre acharnée et fratricide ne se termina que grâce aux talents militaires du *Maréchal de Villars*. Ce dernier visita Florac le 24 mars 1705; il reçut la soumission de *Cavalier*.

Lors de la *Révolution*, nos pères virent l'échafaud se dresser à Mende, à Florac et à Meyrueis.

En 1790, le Gévaudan forma le département de la Lozère.

II. — La Lozère.

ETYMOLOGIE. — MONT LOZÈRE. — TOPOGRAPHIE. — SUPERFICIE. — POPULATION. — CULTES. — MONTA- GNES. — COURS D'EAU. — CLIMAT. — ALTITUDE DES COMMUNES. — ROUTES. — VOIES FERRÉES. — DO- MAINE AGRICOLE. — FORÊTS. — TROUPEAUX. — MINES. — EAUX MINÉRALES. — EAUX THERMALES. — VIGNES. — VALLÉES. — LA BORNE. — RÉCOLTES. -- MERVEILLES.

Le département de la *Lozère* tire son nom du *Mons Lesora* (mont Lozère) que saint Sidoine compare au *Caucase* des Scythes.

> Hinc te Lesora Caucasum Scytharum
> Vincens aspiciet...
>
> *Libellum, c. 44 et 45.*

C'est la plus haute de ses montagnes (1702^m). Elle est

---

du baron de Peyre, ce fanatique, *aux grandes moustaches*, arme quelques aventuriers, après la St-Barthélemy, échoue devant St-Chély-d'Apcher, surprend le Malzieu (1573), y égorge 13 prêtres; emporte d'assaut Issoire; s'y maintient 2 ans; revient au Malzieu, prend, pille, saccage Clamouse, Monthel, Marchastel, Montjézieu, Chenevrier, Baldassé. Prades, Pradassous, (1576); reprend Issoire, réduit Ambert, échoue devant St-Flour (1577-1578).

La nuit de Noël (1579), il pénètre dans Mende par escalade et par trahison, avec 500 partisans, y massacre, pille, brûle, saccage, rançonne pendant trois jours, s'y installe et delà il rayonne aux alentours.

formée d'une immense masse de granit, de calcaire, de schiste et de mica-schiste...

La *Lozère* comprend la plus grande partie du Gévaudan, moins le canton de Saugues. Jadis ce coin de la France relevait de la *généralité* de Montpellier.

Séparée de la Méditerranée par le Gard et l'Hérault, de l'Océan par l'Aveyron, le Lot, le Lot-et-Garonne et la Gironde, la Lozère est à 600 kilomètres au sud-est de Paris.

Ce département est compris entre 44° 6' 29" et 44° 58' 16" de longitude nord et entre 0° 38' 40" et 1° 39' 48" de longitude est (guide Joanne).

Superficie. 516,972 hectares. Il tient en France le 73e rang.

Population, 141.264 habitants, dont près de 70,800 du sexe masculin; et 69,900 du sexe féminin; 27 habitants par kilomètre carré. En 1696, l'intendant Lamoignon y trouva 150.000 habitants. Seules les Hautes et Basses Alpes sont moins peuplées. Cantons 24; communes 198, dont 93 ont moins de 500 hab. et 192 moins de 2.000.

En 1696, de Bâville compta 128,464 catholiques et 18,203 protestants. Aujourd'hui, il y a en Lozère 120,000 catholiques et 21,000 protestants. Naissances 4,500. Décès 3,186; mariages 1,012. *Vie moyenne*, 38 ans, 6 mois.

Dans une 1re campagne, il prend, détruit, rase ou démantelle le Chastel, Balsièges, La Vigne, Recoulettes, Grèzes, Marvejols, le Chayla, Combettes, le Cros, Serverette où il précipite 24 prêtres dans un puits.

Dans une 2e excursion, il reprend Marvejols, saccage Chirac, le Monastier, Mallevieille, Saint-Léger, Ussels, Crouzet, le Besset, etc.; et dans une 3e, il s'empare du Roy, de Quézac, d'Ispagnac, Bédouès, Florac, etc. Enfin ce scélérat « capable de faire trembler l'enfer, fut-il plein de 50,000 diables », après 8 ans de massacres et 18 mois de domination, se retire à la Gorce et Salavas avec 20,000 écus et un immense butin (1581). Il meurt 4 ans plus tard « haletant comme un chien et sortant une langue noire comme un charbon (*Pourcher, Ollier, Louvreleuil*).

La *longueur* du département est de 105 kil. Largueur 80 kil. Pourtour, 400 kil.

La Lozère est sillonnée par cinq grandes chaînes de *montagnes.* 1° L'Aigoual ; 2° les Cévennes ; 3° la Lozère ; 4° la Margeride ; 5° l'Aubrac. La hauteur moyenne de ces hauts plateaux est de 1,500 m. (1)

Du flanc ou du pied de ces montagnes s'échappent *437 cours d'eau*, qui s'écoulent dans le Rhône par le Chassezac, par la Cèze et les Gardons ; dans la Loire par l'Allier ; dans la Garonne par le Lot et le Tarn. Seul ce dernier est navigable de Montbrun au Rozier. Encore ne peut-il porter que de petits bachots ou des barques à fond plat. Le Gévaudan ne reçoit aucun cours d'eau, mais il en envoie 156 dans le Rhône ; 226 dans la Garonne et 55 dans la Loire (Pagus gab.).

La Lozère, plus rapprochée de l'Equateur que du Pôle, se trouvant au centre de la zône tempérée, participe des *climats* de l'Auvergne et de la Méditerranée. Au nord, dans la région montagneuse, il fait froid en toutes saisons ; à l'ouest et sur les causses, l'hiver est *sibérien* et l'été *brûlant* ; à l'est et au sud, le climat varie suivant les pentes et les bas-fonds ; au centre, la température moyenne est de $+ 9° 95$ centigrades.

L'*altitude* de 137 communes s'élève de 800 à 1,320^m et 7 communes seulement ont une altitude inférieure à 400 mètres.

La Lozère compte sept grandes routes nationales de 450 kilom. ; départementales, 23, longueur, 700 kilom. ; chemins vicinaux de grande communication, 35, longueur, 800 kilom. ; chemins vicinaux ordinaires, long. plus de 5,000 kilom.

Ce département est favorisé de deux *lignes de che-*

---

(1) *Tota terra illa difficillima aditu et montuosa* (Bulle d'or de Louis VII).

Quæ montibus ardua summis

Gens habitat caná pendentes rupe Cebennas (poète Lucain).

min de fer: (Est) d'Alais à Brioude ; (Ouest) de Millau à Neussargues.

Le *domaine agricole* comprend 499.858 hectares.

Terres de labour : 134.800 hectares ;
Prairies : 37.259 hect. ;
Vignes avant le phylloxéra : 1.200 hect. ;
Mûriers, châtaigneraies : 39.950 hect. ;
Pâturages, bois, landes ; 265.457 hect. ;
Jardins, vergers, pépinières : 1.085 hect. ;

(Guide Joanne et Le Vavasseur).

Les bois de la Lozère couvrent 30.000 hectares. On compte 6 grandes forêts : de l'Aigoual, d'Altefage, des Armes, de Mercoire, de la Boulène, des Salces.

La Lozère nourrit 10.000 chevaux, mules, mulets, ânes ; 50.000 bêtes à cornes ; 300.000 moutons ou brebis ; 30.000 porcs ; 16.900 chèvres. On y compte 14.000 rûches. *Troupeaux transhumants : 250.000* têtes.

Ce département produit 1.200.000 hectolitres de céréales.

Les mines de Vialas, Villefort, Meyrueis produisent 86.000 quintaux métriques de plomb ; 1.279 kilogr. d'argent fin (267.000 fr.) et 2.760 q. m. de litharge, ce qui donne 125.000 fr. (*Argenti metalla Ruteni habent et Gabales. —* Strabon).

On trouve des *eaux minérales* au Mazel-Laubies, Mazel-Chabrier, à la Pic, près Villefort, à Saliéges, près Florac, à Quézac, à Auroux, etc.

Le département a deux établissements d'eaux thermales : Bagnols-les-Bains et la Chaldette. Les Romains utilisèrent les eaux thermales de Bagnols (*Pagus g.*). Elles sont très efficaces contre les affections rhumatismales et pour les maladies du cœur.

Naguère on cultivait la vigne dans les vallées du Lot et du Tarn.

3.

Le *vin des gorges du Tarn* est surtout renommé par son bouquet.

Les vallées les plus fertiles sont celles de la Colagne, de Chanac, du Valdonnez, de Florac, d'Ispagnac et de la Borne.

Cette dernière vallée est une des plus riches du Midi.

« La place faisant défaut, les habitants ont construit des terrasses ; la terre manquant, ils l'ont apportée à dos d'hommes. Sur ces terrasses gigantesques ils ont planté des châtaigniers, des vignes, des pêchers, arbres fruitiers, légumes... On a construit des *béals* longs de 3 à 5 kilom. et on en prépare un nouveau de 16 à 17 kilom. » *(Guide Joanne)*.

En 1876, la récolte du département de la Lozère fut évaluée ainsi : froment, 2.636.879 fr. ; méteil, 1.071.940 fr. ; seigle, 13.483.500 fr. ; orge, 1.737.764 fr. sarrasin, 111.300 fr. ; avoine, 3.173.625 fr. ; pommes de terre, 2.835.000 fr. ; légumes secs, 107.800 fr. ; betteraves, 124.800 fr. *(id.)*.

On vante les pierres lithographiques du Bac (Causse de Sauveterre) ; les marbres rubanés de Meyrueis ; les carrières de pierres de Mende ; les ardoises de Lachamp, Badaroux, Tournel ; la chaux de Limouse ; les draps, serges, escots de Marvejols, Mende ; les pommes grasses de Chirac ; les prunes de Florac, Cocurès, Montrodat. etc., etc.

Le sabotage de la Lozère est évalué à près d'un million de francs.

III. — Merveilles.

Le Père Louvreleuil comptait, en 1724, *sept merveilles* en Gévaudan : 1º une source de sept rivières ; 2º sept sources minérales ; 3º des noyers qui, à la veille de la fête de Saint Jean-Baptiste, produisent dans une nuit leurs feuilles et leurs fruits ; le toit d'une maison sur l'Aigoual, d'où la pluie qui tombe d'un côté va se jeter dans l'Océan et celle de l'autre côté dans la Méditerranée ; 5° un gros rocher qu'on fait branler avec la main, sans jamais détruire son centre de gravité (pierre branlanle du Buisson) ; 6° des pierres luisant comme des escarboucles, 7° un terrain qui ne souffre ni serpent, ni bête venimeuse (Commune de Chasséradès)*(mém.hist.)*.

IV. — **Administrations civiles**.

La Lozère forme avec l'arrondissement de Millau la 3ᵉ subdivision de la 16ᵉ région militaire (Montpellier).

Elle est du ressort de la Cour d'appel de Nîmes et de l'Académie de Montpellier ; est rattachée à la 25ᵉ légion de gendarmerie ; à la 8ᵉ inspection des Ponts et Chaussées ; à la 27ᵉ conservation des forêts (Nîmes) et à l'arrondissement minéralogique d'Alais.

Elle forme 3 arrondissements (Mende, Marvejols, Florac).

C'est à Mende que résident le Préfet, l'Inspecteur d'Académie, le Trésorier-Payeur général, l'Ingénieur en chef, les Directeurs des Postes, des Contributions directes et indirectes, de l'Ecole normale, etc., etc.

Depuis 1827, le département de la Lozère possède une Société d'agriculture, sciences et arts, dont les bulletins mensuels reproduisent ou contiennent de très intéressants mémoires.

Membres honoraires, 12 ;

Membres titulaires, 51 ;

Membres associés, 90 ;

Membres correspondants, 20.

Président : M. Monteils Amédée, ancien députe, docteur-médecin, conseiller général de Mende.

CHAPITRE III.

I. — **Mende.**

ETYMOLOGIE. — TOPOGRAPHIE. — SITE. — IDIOME. —
VILLE DANS UN PUITS. — ST-MARTIAL. — ST-SÉVÉ-
RIEN. — ORIGINE. — CASTEL-FRAG. — TROIS BARONS
ANTICLÉRICAUX. — FORTIFICATIONS. — SYNAGOGUE.
— BARON D'ALAIS. — MERLE. — MASSACRES. — LE
DUC DE VENTADOUR. — CHARRIER. — LA GUILLOTINE.
— VICTIMES. — UN PRÊTRE A LA MARGERIN. —
ETATS PARTICULIERS. — 1re CONVOCATION.

Mende (évêché; préfecture: 8,033 habitants; 740
mètres d'altitude; à 570 kilomètres de Paris; chef-lieu
du département de la Lozère) est la première et une
des plus anciennes villes du Gévaudan.

Son étymologie vient de *Mimas* ou *Mimat*, montagne au pied de laquelle se trouve assise l'antique cité
royale.

Au temps de saint Grégoire de Tours (Ve siècle) on
l'appelait *Mimata, Mimatum, Mimate* et on disait;
Privatus ex Mimata, comme *Julianus ex Bricate*.
(Grég. T.)

Située au 44e degré de latitude Nord, 32e minute,
sans abri immédiat du côté du septentrion, privée en
partie des rayons du soleil, Mende doit être affligée en
hiver d'une température glaciale.

Toutefois agréables et pittoresques sont ses alentours.
Beaux sites: prospects enchanteurs, surtout du haut de
la grotte de saint Privat; charmantes promenades.

« Mende m'a tout l'air d'une ville espagnole, dit
M. Rousselet. Ses hautes maisons, aux façades nues,
badigeonnées de jaune ou d'ocre, enserrant d'étroites

rues tortueuses, ombreuses : ses places irrégulières, avec des fontaines de pierres où les femmes viennent puiser l'eau dans de grandes cruches de grès ; ses anciens couvents ; ses vieilles églises, dont les campaniles laissent voir les cloches se balançant au vent, rappellent les villes d'Aragon et de Catalogne. Au-dessus des toits en tuiles rouges ou rondes, s'élancent les deux superbes flèches de la cathédrale. On s'y trouve en plein pays de *Langue d'Oc*, et ce n'est plus le français qui résonne à vos oreilles ; c'est le sonore patois de Mistral et des Jasmins. La ville elle-même est dans un site sévère, mais pittoresque, blottie en un cirque étroit qu'arrose le Lot naissant et qu'enserrent de toutes parts les remparts des Causses. » (Relation de voyage).

Sublimem in puteo vidi urbem, a écrit saint Sidoine. « J'ai vu une belle ville au fond d'un puits. » D'aucuns, continua notre cicerone, prétendent que l'évêque-poëte a voulu parler de Mende, dans son intéressant *Libellum*.

Montez, Messieurs, sur les hauteurs de la Boulène, que vous voyez là-haut, au nord-ouest. En face, vous aurez la *Conque* de Lavabre, ancien noyau de la ville de Mende et où s'élève encore l'antique sanctuaire de *Saint-Gervais*, jadis église paroissiale. Les murailles du causse de St-Privat se fondant avec les hauteurs de Chabecoste, les bastions du Mimat, de Changefège et de Chanteruéjols, et cachant entièrement à vos yeux la riante vallée du Lot, donneront à cette Conque l'aspect et la forme d'un véritable puits.

Au Ier siècle, Mende fut visitée par saint Martial, disciple de Notre-Seigneur. Ce héros de la bonne nouvelle dota cette ville d'un sanctuaire, d'un autel de la B. Vierge, de plusieurs reliques insignes, et en partant il sacra son disciple Sévérien, évêque de Mende et du Gévaudan. Au temps de saint Privat (IIIe s.), Mende n'était qu'un simple *Viculus* (petit village). Deux siècles plus tard, saint Sidoine, évêque de Clermont, l'appelle encore *Viculus Mimatensis*. Au VIe siècle, saint Grégoire de Tours l'honore du nom d'*Urbs Gabalitana*, ville du Gévaudan.

D'après les Bollandistes, « la petite localité de Mende devint célèbre et acquit une certaine importance par le concours des peuples qui accouraient au tombeau de saint Privat. » Boll. 21 aug.

Au XIe et XIIe siècles, Mende devint une place forte. Les rois d'Aragon y élevèrent un château-fort, qu'on appela *Castel-Frag. (Pagus Gabalicus*, par M. André).

Vexé à outrance par les barons de Dolan, de Cabrières et de Canilhac, qui, dans le but de troubler les offices divins et faire pièce à l'évêque Aldebert, assemblaient dans leurs maisons situées aux trois angles de la cathédrale (l'évêché se trouvait au 4°), tantôt de la cavalerie, tantôt de l'infanterie, l'illustre Prélat (1151-1186) surnommé le Vénérable, dissimula et patienta pendant quelque temps. « Bientôt, dit le P. « Louvreleuil, il fit bâtir les murailles de Mende, « flanquées de plusieurs grosses et fortes tours, munies « de fausses-brayes et de fossés profonds, qu'on peut « remplir d'eau en deux jours, avec les quatre entrées « de la ville fortifiées de ravelins, ayant chacune, d'es- « pace en espace, trois portes séparées, dont la seconde « un pont-levis et la 3° une herse. » Peu après l'évêque Aluebert fit acheter par ruse les trois maisons des perturbateurs et il les rasa jusqu'au sol (id).

En 1311, l'Evêque Guillaume Durand chassa les juifs de Mende et il fonda sur le sol de leur synagogue un collège de neuf prêtres, sous l'invocation de tous les Saints.

Au XVIe siècle, la ville de Mende fut sept fois prise, reprise ou saccagée par les protestants ou les catholiques.

Le 21 juillet 1562, après la prise et le pillage de Quézac, le baron d'Alais, le seigneur de Gabriac et le ca-

pitaine Lacroix de Millau arrivent à Mende, à la tête de
4.000 calvinistes; ils brûlent et saccagent le couvent
des Carmes, l'ermitage de St-Privat, l'église et la maison de St-Ilpide, le couvent des Cordeliers et l'église
de N.-D. du Pont; ils massacrent plusieurs prêtres, pillent, brûlent plusieurs maisons, etc.

Enfin, après la capitulation de Mende (25 juillet), *et
un sermon prononcé par un ministre protestant du
haut de la chaire de la cathédrale*, ces vandales s'en
vont porter ailleurs le brandon de l'incendie, en emportant un riche butin et une rançon de 62.000 livres tournois.

La nuit de Noël 1579, Mathieu Merle s'empara de
Mende par trahison, la pilla, y massacra 400 prêtres ou
fidèles (bien que le notaire Jean d'Estrictis n'avoue que
225 victimes), l'occupa pendant 18 mois, 11 jours, et y
commit mille brigandages. Ce forcené pilla les reliques
des saints « si nombreuses qu'on aurait pu en charger
trois charretées », les archives de la ville et de l'évêché,
les couvents, les églises, fit démanteler la cathédrale
presque de fond en comble, degrader ses deux belles
flèches et il fondit 130 cloches pour en faire des boulets
et des canons *(Id. Denisy)*.

En 1597, un autre chef protestant, le duc de Ventadour, assiégea Mende. Mais Fosseuse et le duc de Bouil-
lon, à la tête de 1.000 soldats, l'obligèrent à lever le
siège.

A la suite de cette échauffourée, qui fut la dernière, on
rasa le fort de Mende, construit trois ans auparavant.
Seule la *Tour des Pénitents* fut conservée *(Bul. Ag.)*.

Le 28 mai 1793, le royaliste Charrier, chef des Vendéens du Midi, entrait dans Mende sans coup férir;
mais trois jours après, la capitale de la Lozère était reprise par les forces coalisées des patriotes du Cantal, de
la Haute-Loire et de St-Chély-d'Apcher (Délibérations
du Conseil départemental).

Quelques jours plus tard, la guillotine était dressée sur la place d'Angiran, et Mende devenait le théâtre de sanglantes exécutions.

Ce fut sur cette place publique que roulèrent du haut de l'échafaud dans la poussière les têtes vénérées de MM. Allier, prieur de Cambonas (Ardèche); Berjon, aumônier des Baumes, près Florac; Bruguière, curé de Gabriac; Chardon, vicaire d'Arzenc-de-Randon; Charrier, curé de Malbouzon; Forestier, prêtre de la Canourgue; Gély, curé de Barjac; Gigonzac, vicaire de Fontans; Jarrigion, curé de Recoules-d'Aubrac; Jarrigion, vicaire de St-Chély-du-Tarn; Jourdier, vicaire de Sévérac, natif d'Inos; Mestre, curé de Marchastel; Paparel, prêtre de Chanac; Popel, curé de Meyrueis; Polverel, prêtre de Chanac; André-Portefaix-Borie, supérieur du séminaire d'Alby; Rouel, vicaire de Nasbinals; Rouffiac, curé de St-Roman; Janvier-Savel, capucin; Toiron, vicaire de Prinsuéjols, etc., etc. (L'abbé Charbonnel).

On raconte qu'un prêtre (peut-être François Montialoux, vicaire de Mende), caché dans une maison voisine suivait du regard, par une petite lucarne, les malheureux suppliciés; il priait pour eux et, au moment fatal, il levait la main pour donner aux pauvres condamnés l'absolution générale *in articulo mortis* (*Sem. Rel.*)

Puisse la ville de Mende, si catholique, ne plus revoir de pareilles horreurs!

Avant 1789, les Etats particuliers du diocèse s'assemblaient chaque année alternativement à Mende et à Marvejols, sous la présidence de Mgr l'Evêque. Ils se composaient de 50 membres: 8 du Clergé; 20 de la Noblesse; 22 du Tiers-Etat.

Des syndics, un vicaire général, un des 8 barons et les premiers consuls de Mende et de Marvejols, étaient chargés tous les ans de la gestion des affaires dudiocèse. On envoyait encore, chaque année, trois représentants aux Etats-Généraux de la province du Languedoc.

La première convocation des Etats du Gévaudan eut lieu le 25 août 1360, en vue d'aider les habitants de St-Flour et d'Aurillac à chasser les Anglais qui ravageaient l'Auvergne et nos montagnes.

II. — La cathédrale.

STYLE. — CONSTRUCTION. — DÉDICACE. — RESTAURATION. — ASSASSINAT DU BARON D'APCHER. — NOSTRADAMUS. — BEAU TABLEAU. — STALLES. — ORGUES. — SANS-CULOTTES. — CURIOSITÉS DIVERSES. — CRYPTE.

La merveille de Mende, c'est son église Cathédrale. Ce beau monument en style ogival, d'une rare perfection, aux colonnes élancées, divisé en trois nefs, flanquées de chaque côté de dix chapelles, fut commencé, en 1368, sous la direction du pape Urbain V. L'édifice fut achevé et consacré cent ans plus tard, le 2 août 1467, par Mgr Guy de la Panouse. Chanteruéjols fournit les pierres nécessaires pour la construction de la cathédrale.

Détruite en partie par les calvinistes, elle fut réédifiée de 1599 à 1620, sur le même plan.

A cette belle œuvre, Mgr de Hurtelou consacra 10,000 pistoles. Le 10 octobre 1620, on procéda à une nouvelle dédicace (M. Pourcher).

Cependant en 1605, la cathédrale avait été le théâtre d'un sanglant forfait. M. Mauras célébrait la messe dans une chapelle, vers neuf heures.

Le baron d'Apcher y assistait à genoux. C'était après l'offertoire.

Tout à coup la porte s'ouvre, le sieur de Villefort, frère du vicomte de Polignac, entre fièrement dans l'église, accompagné d'un escadron de soldats. Il va droit au baron d'Apcher et décharge à bout portant un coup de pistolet sur sa personne. Blessé à mort, ce dernier expirait trois jours plus tard, Epouvanté, le célébrant s'enfuit à la sacristie. Le coupable est arrêté, jugé, condamné et exécuté à Toulouse, le 26 mars 1605, place des Salins (Louvreleuil, m. h.)

50 ans auparavant, Nostradamus avait écrit cette strophe :

> Seize cents et cinq, très grande nouvelle.
> De deux seigneurs grosse querelle ;
> Dedans le Gévaudan, sera,
> A une église, après l'Offrande.
> Meurtre commis. Prêtre de Mende
> Tremblant de peur se sauvera.
>
> *(Centuries et prophéties).*

Vraie ou fausse, la prophétie porta juste.

La cathédrale de Mende possède une œuvre d'art en fait de peinture. C'est un tableau qui se trouve à la chapelle des catéchismes sous le clocher. Il représente l'*Assomption de la Ste Vierge*. Quelle belle physionomie! Quel front radieux ! Quelle beauté rayonnante, céleste!!

. De la tête seule de la Vierge, des artistes ont offert plus de 10,000 francs. Venu d'Italie, ce tableau fut donné à l'église cathédrale par Mgr Sylvestre de Marcillac (Charbonnel).

Les stalles et les boiseries du chœur méritent aussi une mention. Le 27 janvier 1794, les révolutionnaires Mendois décident: « que les sièges connus sous le nom de stalles seront conservés pour les *sans-culottes* de la Société populaire de Mende. » (Bul. 1890).

C'est en effet, dans le chœur de la cathédrale, que ces derniers tinrent leurs séances tapageuses pendant de longs mois.

L'orgue de la cathédrale est d'une puissance très grande. C'est l'œuvre du chanoine Agier (1640). Il a donc 250 ans d'existence. En 1794, il allait tomber sous le marteau des septembriseurs, lorsque l'organiste, M. Sauvage, eut une idée sublime. Il joua aux patriotes l'air de la *Marseillaise*. Ce chant guerrier désarma leur rage. L'orgue fut sauvé. (L'abbé Charbonnel).

La rose du portail; celles qui ornent les fenêtres du collatéral du nord, les vitraux, les boiseries du baptistère, deux candélabres de la Renaissance en bois sculpté, un bel ostensoir, plusieurs rétables,etc... méritent d'attirer l'attention du visiteur.

Entre le siège et la chaire de Mgr l'Evêque, se trouve une crypte, jadis chapelle de St-Julien, où on célébrait le saint-sacrifice. Cette crypte renferme les restes de Mgr de la Brunière, Mgr Foulquier et Mgr Costes.

III. — Flèches.

Les deux belles flèches de la cathédrale sont l'œuvre de Mgr François de la Rovère (1508-1512).

Le plus grand clocher est un chef-d'œuvre. C'est du fini. Quelle justesse de lignes! quelle hardiesse de formes! quelle délicatesse d'exécution! Elévation du petit clocher 65 mètres : du grand 84 mètres : marches 241, jusqu'à la 4e galerie où repose l'horloge de la ville. Sur une base de 11 mètres carrés s'élèvent des contreforts qui supportent trois galeries superposées et de magnifiques pinacles qui entourent l'édifice jusqu'à la naissance de la flèche. Cette dernière, ornée de clochetons, s'appuie sur de nombreux arcs-boutants très légers. Le dôme de la tour en forme de cône renversé représente les dimensions colossales de la grande cloche la *Non-Pareille*. (Ignon,tom. VI.)

Le 2 août 1508, Mgr François de la Rovère posa la première pierre du grand clocher ; en voici la preuve en idiome provençal, ou patois :

« *Sapion tous présens et advenés, qué l'an qu'on*
« *conto 1508 et lou 2 del més d'aoust, iou Géorgi*
« *Marroc ay vist coumença lou clouquio de la gleyzo*
« *cathédralo dé Mendé et ay vis pausa la premièro*
« *peiro à M. Antony dé Roqueto, canoungè dé Mendé*
« *et priou d'Almount, prévost dé Moussu dé Mendé et*
« *mest de costa la peiro un escut al soleil.* » (arch.
dép.).

La première pierre du second clocher fut posée :
« *Lou 13 del més dé juillet, à l'houro dé sextio 1509*
« *et lo pauset Moussu Peyre, capelo, official dé*
« *Moussu dé Mendé et mest déjost la peiro un escut al*
« *soleil.* » (id.).

Les figurines et les gargouilles qui ornaient ces deux
monuments furent affreusement mutilées par les protestants.

En 1793, les patriotes séchaient d'envie de raser les
deux clochers, mais il reculèrent devant la dépense (B.
A. 1890).

— Q'était-ce donc que cette fameuse cloche *Non-
Pareille ?* demanda le Périgourdin.

IV. — **La Non-Pareille.**

Poids. — Epitaphe. — Battant. — Merle. — Fameux Bourdons du Monde.

De son temps (1517 à 1580), la *Non-Pareille* était le
roi des bourdons du monde entier.

Mgr de la Rovère fit fondre 14 cloches : il en plaça
12 dans le petit clocher et 2 seulement dans le grand.
De ces deux dernières, l'une pesait 380 quintaux et
l'autre 480. Celle-ci s'appela la *Non-Pareille.*

Voici son épitaphe :

L'an 1517, un mercredi, jour dix-sept juin, à Mende,
Fut fait, chacun le sait, par le bon évêque François,

(Aussi François par mon nom l'on m'appelle »
De quatre-cent-trois-vingts quintaux de poids.
Advisez bien sy je suis Non-Pareille?
Ma voix bruyant les citoyens éveille;
L'on m'entend à des lieues bien quatre;
Je espars (dissipe) tonnerres et tempêtes, grelles.
Foudre aussi de l'air je fais débattre.
Qui me voudra hors de Mende esbattre,
Fasse les murs de la cité abattre.
Vu ma grandeur je veux bien une tour.
Onze pans d'ault et treize de largeur;
Au bas je tiens un bon pied d'épaisseur;
Ma langue a onze *quintals* de fer,
Considérez si j'en dois mieux parler?
Supplie Dieu et saint Privat, ton patron
Que des François soit toujours maintenu le nom.
Et florir puisse en mémoire éternelle,
Ce nom François qui en terre prospère;
En paix et en joie soit Mende, la cité,
Dessous François et sans nécessité.   (*Arch. dép.*).

En Lozère grands et petits connaissaient le dicton
suivant:

Je m'appelle *Marie-Thérèse*,
Cinq cents quintaux je pèse,
Qui ne voudra pas le croire
Me pèse et me repèse,
Et qu'il me remette à mon aise.

La Non-Pareille fut fondue à Mende.

Fondu à Nones, sur le Gardon, en face de Trescol,
tout près de la Levade, commune de Brenoux (Gard), le
battant de la Non-Pareille fut porté à Mende sur un
mulet blanc qui en creva. On voit encore ce battant à
l'entrée de la porte nord de l'église cathédrale. Longueur 2 m. 10; circonférence 1 m. 06.

Les calvinistes détruisirent la magnifique sonnerie de
Mende. Merle en fit fondre 4 pièces d'artillerie, 10 canons du calibre du roi, 2 coulevrines et une grande
quantité de boulets.

Reconstituée après les guerres de religion, la sonne-

rie de Mende fut enlevée par les Sans-Culottes en 1795.
Ce n'est qu'en 1846, qu'une nouvelle sonnerie de 9 cloches a été installée dans le grand clocher.

GROS BOURDONS.

Le *Cardaillac* de Toulouse............	25.000	kilog.
La *Jacqueline* de Paris..............	7.500	—
La *Non-Pareille* de Mende..........	25.000	—
Marie de Strasbourg................	21.000	—
La *Balska* de Moscou..............	65.000	—
Le *Bourdon de la Trinité*, à Moscou..	65.000	—
Le tzar *Kolokal* ou l'impératrice des cloches......................	198.000	—
Le Bourdon de Pékin..............	60.000	—
Le *Kaiser* de Cologne, fondue avec 22 canons français...............	29.000	—
La *Savoyarde* de Montmartre à Paris.	16.000	—

V. — La Vierge Noire.

STATUE MIRACULEUSE. — RELIQUES DE LA B. V. MARIE.

Notre-Dame de Mende est connue sous le nom de la
Vierge Noire. *Nigra sum sed formosa* : « Bronzée par
le soleil d'Afrique, je suis noire mais belle. » Cette
statue se trouve dans la chapelle nord de l'abside de la
cathédrale.

« On rapporte, dit un manuscrit des archives dépar-
« tementales, que les protestants de Merle ayant su que
« les Mendois avaient une très grande dévotion à une
« image de la Très Sainte Vierge, qui avait été faite par
« le prophète Isaïe, ils furent la prendre et l'ayant trai-
« née dans la ville, ils la jetèrent au milieu du feu;
« mais quels mouvements que se donnassent ces perfi-
« des, il ne fut jamais de leur possible de brûler cette

« image miraculeuse ; ils ne l'avaient pas plus tôt jetée
« au feu qu'elle s'en retirait; et une pauvre femme, qui
« était fort dévotieuse, pria instamment un de ces bri-
« gands de lui donner cette *souche*. Cet athée la lui jeta
« avec le pied ; elle, fort contente d'avoir ce trésor, le
« porta chez elle et le cacha dans un coin de sa cave,
« appréhendant qu'on ne vint le lui ôter. Mais après que
« les hérétiques se furent retirés, on envoya deux hom-
« mes pour chercher l'image de la Vierge, laquelle ils
« ne purent jamais remuer, et il fallut qu'on y allàt en
« procession. On la remit en sa place où elle est encore,
« sans avoir reçu aucun dommage du feu. » (Arch.
dép. G-971).

« On ne put retirer du criminel incendie des archives
« et reliques de Mende, ajoute Louvreleuil, que la figure
« de la Sainte Vierge, Mère de Dieu, qui est au milieu
« du grand-autel de la cathédrale (1724) et devant la-
« quelle le sacristain était obligé, par un acte de 1314,
« de faire brûler jour et nuit un cierge, ce qui prouve
« l'antiquité de cette image. » (Mém. hist.).

La statue bien enjolivée renferme un soulier et quelques cheveux de la B. Vierge Marie (*Capilli Beatæ
Mariæ Virginis)* (procès-verbal de 1857 et documents
de 1275).

VI. — Liste chronologique des Evêques de Mende.

S. Sévérien, disciple de saint Martial (47-49).
S. Privat, patron du diocèse, martyrisé vers 262.
Génialis, assiste au concile d'Arles (314).
Saint Firmin.
Valère, signe une lettre au pape S. Léon I (451).
Leonicus, envoie le diacre Optimus au concile
    d'Agde (506).

S. Hilaire, assiégé dans le *Castrum de Melena* (535).

Evanthius, assiste au concile d'Orléans (541).

Parthénius, persécuté par le comte Pallade (561-575).

S. Ilère, consacre abbesse sainte Enimie (620-628).

Agricola, assiste au concile de Reims (630).

Jean, présent à la consécration de l'autel de St-Sauveur-
d'Aniane (804).

S. Frézal, mort le 4 septembre (826).

Agénulphe, reçoit un lettre du pape Jean VIII (879).

Etienne, cède le monastère de Ste-Enimie à la Chaise-
Dieu (951).

Guillaume de Peyre, fait un voyage au Puy (958).

Matefred, approuve la fondation du monastère de Langogne (998).

Raymond, assiste aux conciles de Limoges, Bourges (1050).

Aldebert de Peyre, cède le monastère de la Canourgue
à S. Victor de Marseille ; fonde celui du Monastier ;
reçoit Urbain II (1065).

Guillaume, assiste à la consécration de l'Eglise du monastère de St-Flour, par Urbain II (1095).

Robert, prend part à la première croisade en 1098.

Aldebert de Peyre (de 1099 à 1123).

Guillaume de Peyre ou de Châteauneuf, va à Rome (1150).

Aldebert du Tournel, dit le Vénérable, va à la Cour de
Louis VII (1180). (1)

Guillaume de Peyre, reçoit saint Antoine de Padoue à
Mende. (1223).

Etienne d'Arrabagme, sacré à Rome par Honorius III
(1247).

Odilon de Mercœur, petit neveu de saint Odilon de
Cluny. (1273).

Etienne d'Auriac, assiste au Concile d'Aurillac. (1285).

---

(1) « Vraiment, dit Louis le Jeune, de mémoire d'homme, on n'avait vu
« à la cour des rois, mes prédécesseurs, un évêque du Gévaudan. »

Guillaume Durand, dit *Speculator*, grand savant (1296).

Guillaume Durand, neveu du précédent, nommé par Boniface VIII (1330).

Jean d'Arcy, transféré à Autun (1331).

Albert Lordet de Chirac, fonde le collége de St-Lazare (1361).

Guillaume Lordet, neveu et official du précédent (1366).

Pierre d'Aigrefeuille, transféré d'Uzès à Mende et de Mende à Avignon (1368).

le B. St Urbain V, régit le diocèse par Bernard Fabre et Astorg-d'Auriac, v. g. (1370).

Guillaume de Chanac, transféré de Chartres, nommé cardinal (1371).

Bompart Virgile de Mende, transféré d'Uzès à Mende (1375).

Pons de la Garde, élu en 1375, mort en 1387.

Jean d'Armagnac, transféré à Auch (1391).

Robert de Bosc, transféré d'Aleth, reçoit St Vincent Ferrier (1408).

Jean de Costa, transféré de Châlons à Mende (1408).

Guillaume de Boisratier, chancelier de Charles VI (1409).

Pierre de Saluces, chanoine, comte de Lyon (1412).

Gérard du Puy, transféré de St-Flour par Jean XXIII (1413).

Jean de Corbie, nommé le 18 septembre 1413, transféré à Auxerre (1427).

Ramnulphe de Pérouse d'Escars, transféré à Limoges (1441).

Aldebert de Peyre, mort à Chanac le 23 août 1443.

Renauld de Chartres, cardinal, archevêque de Reims (1444).

Guy de la Panouse de Loupiac, sacré à Mende le 17 février 1445 à 1468.

Antoine de la Panouse, son neveu, prête serment à Louis XI à Senlis (1473).

4

Pierre Riario, cardinal, neveu de Sixte IV (1474).

Jean Petitdé (Joannes Parvi), nommé lieutenant-général du Languedoc (1478).

Julien de la Rovère,cardinal, puis pape sous le nom de Jules II (1483).

Clément de la Rovère, cardinal, mort à Rome le 17 août 1504.

François de la Rovère, frère du précédent, meurt à Balsièges le 24 mai 1524.

Claude Duprat, premier évêque nommé après le Concordat de Léon X et François Ier (1532).

Jean de la Rochefoucauld, installé en 1532, mort en 1538.

Charles de Pisseleu, transféré à Condom en 1544.

Nicolas d'Angu, transféré de Séez, plénipotentiaire au traité de Château-Cambrésis en 1559, mort à Jully en 1567.

Renaud de Beaune, transféré à Bourges, garde les deux évêchés (1586).

Adam de Heurtelou, sacré à Paris le 11 juin 1586, mort en 1608.

Charles de Rousseau, neveu du précédent, établit la liturgie romaine, consacre la cathédrale (1620), meurt le 4 novembre 1623.

Daniel de la Mothe Duplessis-Houdancourt, meurt au siège de la Rochelle le 5 mars 1628.

Sylvestre de Cruzy de Marcilhac, mort à Paris le 20 octobre 1659.

Hyacinthe Serroni, transféré d'Orange, fonde le Séminaire et le Collège, nommé à Alby comme premier archevêque en 1677.

François Placide de Baudry de Piencourt, donne au diocèse le premier catéchisme abrégé, plante l'Allée, mort en 1707.

Pierre Baglion de la Salle, donne un nouveau Propre à son clergé (1723).

Gabriel-Florent de Choiseul-Beaupré, transféré de St-Papoul (1767).

Jean Arnault de Castellanne, immolé à Versailles le 9 septembre 1792.

Jean-Baptiste de Chabot, transféré de St-Claude en 1802, démissionne en 1805.

Etienne-Martin Morel de Mons, aumônier de Bonaparte, transféré à Avignon en 1821.

Claude-Jean-Joseph Brulley de la Brunière, mort en 1848.

Jean-Antoine-Marie Foulquier, rétablit la liturgie romaine et assiste au Concile du Vatican, démissionne en 1872.

Joseph-Frédéric Saivet, transféré à Perpignan (1875).

Julien Costes, construit le Petit-Séminaire. démissionne le 26 février 1889.

François-Narcisse Baptifolier, curé de St-Bernard-la-Chapelle, à Paris, nommé le 24 avril 1889.

De ces 76 évêques connus, l'auréole des saints brille sur le front de sept prélats.

VII. — Les 44 Curés de Mende connus.

Amouroux, avant..	1291	Le Chapitre *pleno jure*	1441
Brorégat, en.......	1291	Jean Ferrier.......	1447
Jean, recteur......	1324	Antoine Ferrier....	1460
Etienne Augier.....	1335	Etienne Bertin.....	1483
Jean de l'Eglise.....	1343	Jean Jassin........	1521
Jean Valdun.......	1348	Pierre Duprat......	1530
Bertrand de Chantelouve	1360	Antoine Pasturel...	1534
Guillaume de Molines	1366	Jean Gueydan......	1537
Jean Boyrand......	1401	André de Grandmont	1546
Pierre de Janaris...	1401	Jean de Tertre.....	1549
Raymond Grégoire.	1401	Louis Fontugne....	1560
Vital Tarnesche....	1402	Gilbert Fontugne...	1583

Antoine de Calmels.	1584	Jacques Saltel......	1761
Pierre Guérin......	1603	Chaleil et Brun, *con-*	
Jean Raynal.......	1609	*currents*.........	1802
Antoine Raynal....	1610	Cros Vital André,	
Jean Raynal.......	1656	6 décembre......	1802
Jacques Raynaldy..	1662	Bragouse.........	1803
Louis de Rivière de		Jean Vernon.......	1805
Corsac	1700	Jean-Antoine Vors..	1826
Louis de Martineau.	1711	Dominique Tuffier..	1851
Nicolas Caylar.....	1720	Louis-Henri Blanc	
Jean-Louis	1742	9 mai..........	1857
Jean Vanel........	1747	M. Bouniol........	1885

(Liste dressée par M. ANDRÉ, *archiviste.) (ordo) Bul. A.*

VIII. -- **Liste des Prêtres de Mende en l'année 1556,**

Dont près de la moitié furent massacrés par les protestants.

Nous n'en connaissons qu'un petit nombre; leur nom sera mis en *italique*.

CHANOINES.

Raymond de Grammont, archidiacre; — Jean Delrus; -- Jean de Cuyromont; — Louis de Grammont; — Jean de Périère; — Jacques Durand; — Pierre Cogner; — François Maillan; — Jacques Marcel; — Paul de Cran; — Guillaume de Temps; — *Guillaume Astain*; — Jean de Tertre, curé de Saint-Gervais.

PRÊTRES DE L'UNIVERSITÉ OU COMMUNAUTÉ.

Guillaume Aragon; — François Lagente; — Pierre Malaval; — Jean Brugeyron; — Pierre Baldit; — Pierre Michel; — Jacques Desprets; — *Pierre Fon-*

tugne, prieur de La Croix, massacré plus tard en 1579, lors de la prise de Mende par Merle à l'âge de 60 ans ; — Charles Bompar ; — Elie Richard ; — Bertrand de la Fare ; — Guillaume Ladet : — Jean Clauson ; — Jean Valméry ; — Pierre Bazalgette : — Arnault Dubois ; — Pierre Truel : — Jean de Fabrègues ; — François des Aires ; — Guillaume Bazalgette : — *Robert Enjalvin :* — Jean Lagente ; — Etienne Grailhe ; — Jean Icart ; — Pierre Lagente ; — Pierre Berhounhe ; — Jean Péla-prat ; — Antoine Andrieu ; — Gabriel Delafont ; — Barthélemy de Brolhes ; — Antoine Lascurol ; — *Jean Chaptal,* creusa lui-même sa fosse et on l'y massacra en 1579 ; — Antoine Rayrat ; — Jean Calmet ; — Pierre Massador : — Bertrand-Dumont : — Etienne Comman-dré ; — Clavel Terrasson ; — Bernard Rasson ; — Jean Martin ; — Hugues Coronary ; — Jean Rossant ; — Antoine Aspart ; — Pierre Andrieu ; — Jean Portal ; — Claude Aribert ; — François de Cayrès ; — *Arnal Fontibus,* massacré en 1579, 65 ans ; — *Jean Dalverny,* massacré en 1579, 60 ans ; — *Jean Petit,* massacré en 1579, 65 ans : — Privat Valentin ; — *Jacques Cheva-lier,* massacré en 1579 ; — *Gaspard Malet,* massacré en 1579 ; — *Vital Solignac,* massacré en 1579 ; — *Guil-laume Cestany* pourrait être le même que Guillaume Astain, fut massacré en 1579 ; — *Jean Rossel,* massacré en 1579 ; — *Pierre Fontanel,* massacré en 1579 ; — Jean Bonyol, fut rançonné 2.000 écus ; — Pierre Julien ; — *Torrentis* fut poignardé en 1579 ; — *Brès,* poi-gnardé en 1579 ; — *Maignac,* poignardé en 1579 ; — Bertrand de Montjézieu fut rançonné.

Il y en a 6 ou 7 autres dont le nom est illisible.

(Acte du 24 août 1556, pour le rachat des rentes de la Baronnie de Peyre. Torrent, notaire de Mende et Olver, notaire de Marvejols.)

(Communiqué par M. l'abbé L. Costecalde).

IX. — Etat des Chapellenies et Bénéfices de l'Eglise de Mende avant les guerres de religion.

Avant l'arrivée de Mathieu Merle, Mende comptait plus de 60 bénéfices : 1° les Chapellenies ou Bénéfices du Collège de tous les Saints ; 2° de St-Lazare ; 3° du Bon Conseil ; 4° de St-Grégoire et de St-Privat de la Roche. Nous pensons que ce dernier était l'Ermitage.

St-Gervais comptait les Chapellenies :

1° de St Roc ; 2° de St Barthélemy ; 3° de St Robert ; 4° de St Loup ; 5° du St Sépulcre ; 6° de St Ilpide ; 7° de St Laurent ; 8° de St Jean : 9° des notaires ; 10° de Raymond Montbel ; 11° de Condom ; 12° de Raymond Dumas ; 13° de la Neige ; 14° de l'Aurore ; 15° dels Amats ; 16° dels Baladats ; 17° de Pierre Sévénier ; 18° de St Michel ; 19° de St Pierre : 20° de St Jean év. ; 21° de St Thomas ; 22° de St Jean-Baptiste ; 23° de St Léonard ; 24° de St Privat sous Ste Lucie ; 25° de Chazot au Castel-Nouvel ; 26° de Sperges ; 27° de Ste Agathe ; 28° de St Martial ; 29° de la Ste Trinité ; 30° de St Véran ; 31° de St Sébastien ; 32° de St Antoine ; 33° de Ste Agnès ; 34° du St-Sauveur ; 35° de St Bonnet et de St Vincent ; 36° de St André ; 37° de St Philippe et de St Jacques ; 38° de St Gilles ; 39° de St Privat sous la Croix ; 40° de St Jacques ; 41° de St Martin ; 42° de Salvanhac ; 43° de Boysson ; 44° de l'Annonciade ; 45° de Ste Anne ; 46° de St Paul ; 47° des Barrals ; 48° des Auriac, Pierre Guygnel, Bonnepeyre, Bernard Solers, Isabelle Batailhe, des Ferriés, Pierre Rossals, Alteric, Pendut, Martis, Bonne-Aure, Tourans etc., etc.

(Archives, fonds du Clergé).

X. — Nombre des Prêtres de Mende en 1528.

Evêque	1
Chanoines.	15
Clergé de la Cathédrale	100
Collège de la Toussaint	9 (1)
Collège de St Lazare	4
Collège du Bon-Conseil	4
Collège de St Grégoire et Ste Catherine	4
Collège de St Privat de la Roche (ermitage)	4
Total	141

Le diocèse de Mende comptait alors 2.378 prêtres, et après le passage des protestants, ce nombre fut réduit à 400. Il n'est donc pas étonnant qu'on multipliât les bénéfices.

(Bull. 1856, p. 467).

XI. — Etat du Clergé de Mende en 1724.

Le Gévaudan comptait :

1° *Six chapitres ou collégiales :* 1° Mende ; 2° Marvejols ; 3° Quézac ; 4° Bédouès ; 5° Malzieu ; 6° Saugues.

2° *Quatre églises de bénédictins :* 1° Langogne (St Gervais) ; 2° la Canourgue (St Martin) ; 3° Ste-Enimie (Ste Vierge) ; 4° Ispagnac (St Pierre).

3° *Quatre archiprêtrés :* 1° des Cévennes ; 2° de Barjac ; 3° de Saugues ; 4° de Javols.

Le 1er comptait 42 paroisses ; le 2e 42 ; le 3e 57 et le 4e 57 ; total 198.

(1) On appelait collège une communauté de prêtres au service d'une église ou d'une chapelle.

4° *Prêtres ou ecclésiastiques* de 1200 à 1300.
5° *Catholiques* 80.000.

(LOUVRELEUIL).

XII. — Etat du Clergé de Mende en 1891.

Evêque 1 ; vicaires généraux 2; secrétaires 2 ; vicaires généraux honoraires 3.
Chanoines d'honneur 5 ; titulaires 10 ; honoraires 56.
Séminaires 4; professeurs 43 ; élèves 410.
Missionnaires 7.
Curés 213; vicaires 139 ; doyennés 27 ; paroisses 213.
Aumôniers 24.
Prêtres retirés 34.
Communautés religieuses d'hommes 31, de femmes 94.

XIII. — Enseignement secondaire et primaire.

Un collège à Mende.
Ecoles primaires 790 ; élèves 27.238.
Salles d'asile 10 ; élèves 1.184.
Cours d'adultes 265; élèves 3.019.
Une école normale des deux sexes et un cours normal.

XIV. — Autres divers souvenirs de Mende.

Le grand séminaire et le collège de Mende ont été construits par Mgr Hyacinthe Serroni (1667).
Le Petit Séminaire a été construit par Mgr Costes en 1878.
Mgr de Piencourt fonda l'hospice de Mende (1680) ; appela les Frères des écoles chrétiennes (1690); établit le couvent de l'Union chrétienne (1692); et fit planter la belle allée de peupliers qui porte son nom.
L'Empire avait fait construire une belle préfecture,

mais en 1888, elle est devenue la proie des flammes. On vient de la reconstruire à peu près sur le même plan.

Les casernes, les prisons, les écoles normales sont des édifices de construction récente.

L'antique *chapelle de St Gervais* (cimetière), ancienne église paroissiale, mérite une mention. Deux fois ruinée. en 1360 et en 1562, restaurée en 1608.

Mgr G. Lordet (1361 à 1366) défendit aux Mendois de recevoir, durant le temps pascal, l'Eucharistie ailleurs qu'à St Gervais.

Au dessus de Mende se trouve la source de *Merdançon* qui, à l'époque des grandes pluies, sort d'une large crevasse à gros bouillons et jette la terreur dans la ville de Mende.

Le souvenir le plus antique est la grotte et l'ermitage de St Privat, où se sanctifièrent l'apôtre du Gévaudan et St Lupentius (ermite). et où accouraient jadis les pèlerins de la France entière.

XV. — Personnages illustres.

Guillaume de Chanac, abbé de Saumur, évêque de Chartres et de Mende, mort cardinal en 1394.

Bompar Virgile, évêque d'Uzès et de Mende, bienfaiteur des prêtres de l'Université auxquels il donna 25.000 florins d'or, mort en 1375.

Gaston, évêque de Rodez ; Bernard Allemand, évêque de Condom ; Polverel, évêque d'Alet ; Delestang, év. de Carcassonne ; Guillaume et Foulques de Villeret, grands-maîtres de St Jean.

Louis de Boisverdun, intrépide capitaine, massacré rue Aiguespasse, au moment où il allait poignarder le perfide Merle (1579).

Jean-Antoine Chaptal, né à Nojaret, près Mende (1756), Ministre de Napoléon Ier, savant chimiste, professeur, écrivain, académicien, homme d'Etat, agronome, pair de France, l'inventeur de l'alun artificiel, du salpêtre, acide sulfurique. vernis, mort en 1832. Une place de la ville porte son nom.

Molin, *dit du Moulin*, célèbre médecin, grand praticien de Paris, au siècle dernier.

DEUXIÈME JOURNÉE.

CHAPITRE PREMIER.

I. — De Mende à Ispagnac.

Départ. — Le Lot. — Un Lion. — Balsièges. — L'Estrade. — Le Causse. — Le Choizal. — Le Camp de la Garde nationale en 1790. — Beau Panorama. — Florac. — Bédouès. — Runes. — Pont-de-Montvert.

Le 23 juillet, les cloches de Mende envoyaient un bonjour cordial à la Reine du Ciel; à l'horizon, l'astre du jour dorait à peine de ses reflets empourprés les cimes des hautes montagnes, que notre berline roulait à grand train sur la route de *Balsièges*. Voici les casernes. Le clairon joyeux sonne le réveil : *Soldats, réveillez-vous, réveillez-vous !...*

A nos pieds coule le *Lot (Olt)* clair, rapide, au fond d'une étroite vallée. Né à 1428 mètres d'altitude, près du village de Bonnetès, cet *enfant du Goulet* (1500 m.) arrose le Bleymard, St-Julien-du-Tournel, Bagnols, Chadenet, Ste-Hélène, Badaroux, Mende, Barjac, Esclanèdes, Chanac, le Villard, les Salelles, la Mothe, reçoit en Lozère le *Bonnetès*, le *Combesourdais*, l'*Houltès*. le *Rioufred*, le *Villaret*, l'*Alleniet*, l'*Esclancide*, le *Pel-*

gères, le *Bouisset*, les deux *Rieucros*, le *Bramon* grossi de la *Nize*, le *Ginest* et l'*Urugne*, après la *Colagne*, pénètre dans l'Aveyron, est presque doublé par la *Truyère* à Entraigues, traverse le Lot, le Lot-et-Garonne et va se jeter près d'Agen (au bourg d'Aiguillon), par 22 m. d'altitude, dans la *Garonne*, à laquelle il apporte 10 m. cubes d'eau par seconde, à l'étiage (cours 480 k. m.). Ses crues subites et fréquentes élèvent parfois son débit à plusieurs milliers de mètres cubes.

Nous passons à côté du Luxembourg ; sur nos têtes perche l'Ancien ermitage de St Théodore. Au loin, un *lion* rocheux semble vouloir hérisser sa crinière encore humide de la rosée du matin.

Voici *Balsièges*, juché sur un dos d'âne, dont l'antique château (XIIIe s.), propriété des évêques de Mende, défendu par 300 soldats, défia pendant 12 jours (1580) tous les efforts de l'armée de Merle. Le 19 août 1363, cette forteresse était tombée au pouvoir de Bérard de Lebret et Tonet de Badefols, chevaliers anglais qui s'y étaient installés pendant 15 jours (B. A.).

Escaladons les puissants contreforts de *Sauveterre* et suivons *l'Estrade (via strata)*, ancienne voie romaine ou gauloise, qui mettait en communication l'Auvergne avec le Bas-Languedoc. Peste ! Que c'est ennuyeux de suivre les longs lacets de la route ! Comme notre patache va lentement ! Encore un lacet ; puis un bois de sapins ; enfin nous respirons. *Denique tandem*, nous voilà sur le rebord du plateau. Notre pauvre coche suait, soufflait, était rompu. *Sudavit et alsit.*

Fi donc ! la forêt de pins se continue : bientôt elle finit et nous roulons en plein *causse de Sauveterre*.

Par Onésime Reclus, quel effrayant spectacle d'aridité se déroule à nos regards ! Quelle désolation ! Pas un oiseau, pas un arbuste, pas une plante vivante ; des pierres, des clapiers ; des monticules, des murs croulants, et toujours des pierres et toujours des clapiers.

C'est le désert avec sa nudité, sa laideur, sa stérilité, ses horreurs, jusqu'aux confins de l'horizon. Je me trompe.

Voyez-vous là-bas à gauche émerger ces vieilles tours? C'est le *Choizal*, vieux manoir féodal, construit en 1655.

Voici tout près de nous un troupeau de moutons.

— Mais que doivent-ils brouter, exclame le périgourdin?

— Des cailloux, répondis-je *ex abrupto*. Pends-toi, brave gascon! Enfoncé! Enfoncé!

— C'est dans ce désert, nous dit l'enfant de la Lozère, qu'en 1790 s'assembla l'armée de la garde nationale du département. Elle comptait 6.000 hommes. Quarante drapeaux flottaient au vent. M. de Rochefort fut nommé commandant. On prêta serment de fidélité au roi et à la Constitution. Tout à coup survint une forte averse et nos citoyens furent obligés de se séparer. *Alii alio dilapsi sunt.*

(DENISY)

Le désert va finir. La *Baraque des Gendarmes* est déjà loin derrière nous. Voici celle de l'*Estrade*. Un nouvel horizon s'ouvre devant nous. Comme il est vaste! Comme il est beau, grand, spatieux! Nous nous trouvons au centre des cinq grandes chaînes des montagnes lozériennes: l'*Aigoual*, les *Cévennes*, la *Lozère*, la *Margeride*, l'*Aubrac*.

Voyez-vous, à gauche, dorés par les premiers feux du jour, les croupes altières du *Caucase des Cévennes* et les cimes du Bougès (1424 m.); l'*Eschino de l'Asé* (1235 m.); le *Roc* et le *Signal des Laubies* (1660 m.); le *Pic de Finiels* (1702 m.); le *Truc pointu de Ventalon* (1354 m.); *Altefage* (1424 m.) etc., etc.

Devant nous se dressent les bastions sauvages du Causse Méjean et de Montvaillant (1083 m.); la *Can de l'Hospitalet* (1112 m.); les dômes du Méjean (1100 à 1200 m.) et les noires crêtes de l'Aigoual (1550).

A droite, le Causse de Sauveterre (1000 m.) et les *Gorges du Tarn* qui s'ouvrent déjà béantes sous nos pieds.

Au milieu de cet océan de merveilles naturelles, le *mont Lozère*, aux vertes pelouses, nous paraît réellement beau, majestueux. *Benedicite montes et colles domino*, disons-nous avec une sorte de transport.

Çà et là, mille vallées charmantes, mille oasis fertiles; des collines boisées, des prairies verdoyantes : c'est un panorama des plus beaux, des mieux réussis par le grand Peintre de la nature.

Voilà Florac (*Floriacum*, villa de *Florus* ou *Flos aquarum* (la fleur des eaux) 2.157 habitants, à 600 kil. de Paris, à 36 kilomètres de Mende, sur le Tarnon; 609 mètres d'altitude. Sur un petit plateau, ancien château seigneural des Anduze et des Mirand, flanqué de deux tours rondes, décapitées en 1793 et servant de prison. A l'ouest s'élève le pittoresque bastion de Rochefort au pied duquel jaillit la belle *source du Pêcher*, très limpide, très abondante, l'une des plus fortes de la France ; elle forme une rivière qui se précipite en cascades, traverse la ville, passe sous trois ponts et se jette dans le Tarnon.

(Guide Joanne).

En mars 1363, Florac appartenait à Bernard d'Anduze. Cette ville fut prise par Fabrosse, qui l'assiégea à la tête de 1.000 anglais et l'incendia, en grande partie.

(DENISY).

A 3 kilomètres de Florac, dans la vallée du Tarn, se trouve *Bédouès*; 512 habitants: On croit que c'est dans l'église de Bédouès que fut baptisé le pape Urbain V. Cette église était dédiée à saint Saturnin ; elle fut érigée en collégiale par le Bienheureux pape Urbain V ;

en 1363, elle était fortifiée et elle le fut jusque vers la fin du 16e siècle (1).

Merle s'empara de ce bourg, le 17 janvier 1581, y égorgea tous les chanoines, ou les fit griller à la façon du cruel Néron, enterrer vivants, ou jeter dans un puits qu'on montre encore.

Il poignarda de sa propre main le traître Montals, commandant de la garnison, qui venait de lui livrer la place, en lui disant : « C'est ainsi que je paye les traîtres ; si je m'en sers, je m'en méfie et les punis. »

(M. POURCHER.)

Le château fut rasé.

Seuls MM. le Doyen et le Curé de Bédouès, qui se trouvaient à Miral, échappèrent au massacre.

A 5 kilomètres en amont de Bédouès, se trouve la belle cascade du torrent de *Runes*. Elle a deux chutes ; l'une de 46 mètres et l'autre de 24 mètres de hauteur. Le site est des plus pittoresques. Le village de Runes fut pris par les *Camisards* dans la nuit du 14 au 15 décembre 1703. Ces forcenés l'incendièrent en grande partie et ils firent brûler tous vifs 4 catholiques : Pierre Folcher, notaire, Cabanes, jeune homme malade, la fille de feu Henri Firmin et un quatrième inconnu. M. Viguier, vicaire de Fraissinet-de-Lozère, se retrancha dans une maison avec quelques hommes intrépides, s'y défendit vaillamment et les sauva. Le matin, comme les incendiaires gagnaient leur repaire de la *Faux des Armes*, M. de Palmerolle leur dressa une embuscade à l'*Hôpital*, en tua une soixantaine et enleva leurs dépouilles.

Le 29 novembre 1703, le vainqueur, commandant au Pont-de-Montvert, avait surpris 8 protestants, à Runes, 4 hommes et 4 femmes ; il avait fait fustiger celles-ci et

___

(1) C'est dans cette église que par les soins du Pontife furent inhumés le père et la mère d'Urbain V.

mourir ceux-là, à savoir : Pierre Chapelle, le fils de Bertalais, le jeune Goût et Bonnet, domestique de Méjean.

LOUVRELEUIL. *(Relation de Velay)*.

Les *Camisards* tirent leur nom du mot patois *Camisa* chemise, ou *Camis* chemins, parce qu'ils portaient une chemise de toile blanche sur leurs habits, ou couraient pendant la nuit les grands chemins. La *guerre des Camisards* fut suscitée par la révocation de *l'Edit de Nantes*. Un verrier dauphinois, Guillaume Serre, lança la première étincelle de l'incendie; gagné par les ministres protestants exilés à Genèves, il enlève une vingtaine d'enfants des deux sexes, les enferme dans la *Tour-Maudite*, les crétinise, les transforme en *prophètes* ou *prédicants* et les lance dans les Cévennes. A leur voix les protestants s'agitent. On regarde ces prédicants: *Astier, Goût, Esprit-Séquier, Gras, Rose, Marguerite, François Brès*, comme des messagers célestes.

« Plus d'impôts et liberté de conscience » s'écrient les calvinistes. Les bois, les montagnes, les cavernes leur servent de lieu de réunion. Ils s'y trouvent jusqu'à 4.000 à la fois. Le massacre de l'abbé du Chayla (1702) met le feu aux poudres. Les Camisards courent aux armes.

Leurs chefs, *Roland, Cavalier, Ravanel, Bartelet, Saint-Chate* opèrent dans les Basses-Cévennes; *Castanet* sur l'Aigoual; *Laporte, Lafleur, Joigny, Couderc* sur le Bougès et le Mont Lozère. La guerre fut horrible des deux côtés. Les révoltés égorgent 80 prêtres et 4,000 catholiques, ils éventrent des femmes enceintes et font rôtir des enfants... Ils portent une médaille avec cette inscription : « *Chrétiens sacrifiez les catholiques Romains ?* »

De Broglie, Montrevel, Poul, Saint-Julien, La Planque, de Palmerolle et Lalande les battent à *Fonmorte, Champ-Domergue, Témelague, Bernis, Barjac,* la *Croix de la Fougasse, Pompignan, Hyeuzet* etc. etc.

Montrevel en fait rôtir 150 dans un moulin de Nimes.

La Planque en exécute 400 à la *Tour de Belot...* Enfin *de Villards* gagne Jean Cavalier le 16 mai 1704. Roland se soumet. Joigny est tué. Ravanel et Catinat sont brulés à Nimes et la paix est rétablie après 3 ans d'une lutte fratricide (1705).

— Où se trouve donc ce fameux *Pont-du-Montvert?* demande le gascon. — Là-haut, aux pieds du *Malpertus* (1683 m.) et du *Bougès.*

— C'est donc là que le fanatique abbé du Chayla martyrisait les pauvres religionnaires, leur arrachait les poils de la barbe, leur brûlait les doigts, et avait transformé son presbytère en une prison saignante ?

II. — L'abbé Langlade du Chayla.

ATROCES CALOMNIES. — LA VÉRITÉ. — SON HISTOIRE. MISSIONS. — DRAGONS. — NUIT DU 24 JUILLET 1702. ESPRIT SÉQUIER, LE PROPHÈTE. — LAPORTE, LE BANQUEROUTIER. — SURPRISE. — INTERROGATOIRE. OFFRE D'APOSTASIE. — MORT, — FUNÉRAILLES. — EUGÈNE SUE. -- DE GEBELIN, PROTESTANT. — MINGAUD. — SA CHARITÉ. — CONCLUSION.

Apprenez, Monsieur, répondit l'enfant de la Lozère, avec un accent d'indignation, que je ne laisserai jamais calomnier impunément, et surtout d'une manière si atroce, la mémoire d'un des plus saints prêtres de notre vieux Gévaudan. Voltaire et Court, ministre protestant, vous répondraient par un sourire approbateur ou par des charges plus fortes encore contre le saint prêtre. Que sais-je ? Ils vous parleraient peut-être même des poutres fendues, des dragonnades... *les infâmes menteurs!*

Quant à moi, je dois à la vérité de vous dire :

1° Que l'abbé du Chayla n'était pas un prêtre fanatique;

2° Qu'il n'a martyrisé personne;

3° Qu'il n'était pas curé du Pont-de-Montvert, puisque, à cette époque, le pasteur de la paroisse s'appelait M. Reversat, curé de Frugères et du Pont-de-Montvert;

4° Qu'il n'a pas transformé sa maison du Pont-de-Montvert en prison saignante, puisqu'il y recevait l'hospitalité et n'y possédait ni maison, ni château, comme on l'a écrit. D'ailleurs, voici son histoire, en quelques mots puisée aux meilleures sources: (Louvreleuil, Mingaud, Rescoussier, Velay, juge de Florac, ses contemporains, Charbonnel, archives de St-Etienne-Vallée-Française...)

Né dans la paroisse d'*Auroux*, issu d'une des plus illustres familles du Gévaudan, François de Langlade du Chayla se fit prêtre et missionnaire. Il partit pour *Siam*. Après plusieurs années d'apostolat, sa santé fort ébranlée l'oblige à rentrer en France. Il offre alors ses précieux services à Mgr de Piencourt. Ce dernier le nomme d'abord Inspecteur des missions du diocèse de Mende, ensuite Prieur de Laval et Supérieur du séminaire de St-Germain-de-Calberte qu'il venait de fonder; enfin il lui décerne le titre d'Archiprêtre des Cévennes. Voyez donc que M. l'abbé du Chayla n'était pas Curé du Pont-de-Montvert.

Pendant 16 ans (1686 à 1702), ce zélé missionnaire évangélisa presque toutes les paroisses du diocèse, surtout celles de son archiprêtré. Il donna deux missions à Marvejols; la première, en décembre 1689 et la seconde, en 1697; après celle-ci, la ville de Notre-Dame de la Carce redevint entièrement catholique. On a dit que dans ses missions, l'abbé du Chayla se faisait accompagner d'un escadron de dragons.

Il est vrai, lors de la seconde mission qu'il donna à Marvejols, six dragons du roi l'accompagnèrent, de peur que les Calvinistes exaspérés par les conversions des leurs ne lui fissent un mauvais parti; mais nous avons

5.

trouvé un billet signé de sa main, d'après lequel il supplie M. l'intendant Lamoignon, de le dispenser de cette corvée. L'intendant se montra inflexible.

Avec l'aide de deux pères capucins de Florac M. l'abbé du Chayla, venait d'évangéliser, en l'année 1702, (janvier, février, mai et juin) les paroisses de St-Roman, Moissac, Vebron. En juillet il se trouva au Pont-de-Montvert. Il prêchait dans ce bourg depuis près d'un mois, logé dans la maison de la veuve André. Les RR. PP. Ignace de Beaujeu et Alexandre de Miribel travaillaient avec lui à la vigne du Seigneur. Déjà la mission avait porté d'heureux fruits de salut :

Lorsque le surlendemain de la foire de Barre, 24 juillet, un lundi, à 10 heures du soir, semblables à une furieuse avalanche qui se précipite du haut de la montagne, deux cents forcenés descendent des sommets du Bougès. Un prétendu prophète, *Esprit-Séquier*, à l'air farouche et repoussant, un *ex-condamné à la pendaison* pour faits immoraux, un voleur, un divorcé, un concubinaire enfin « insigne par ses crimes et surtout par ses impuretés, » (Mingaud), inspire et excite ces fanatiques.

Un maquignon doublé d'un *banqueroutier*, du nom de *Laporte*, les commande. La vaillante garnison du Pont-de-Montvert était absente. Les brigands le savaient. « Sus à *l'archiprêtre de Baal*, mort à l'infâme, *tue, tue* »; s'écrie le faux prophète, en entrant dans le bourg (1).

Répéter ce cri de mort; agiter leurs sabres, leurs faux, leurs fusils, leurs gourdins, leurs hallebardes; se

____

(1) Esprit-Séquier tomba plus tard au pouvoir des troupes royales. Le 11 août 1702, on le conduisit au Pont-de-Montvert. Il eut la main droite coupée devant la maison des hoirs de M. André; on l'oblige à demander pardon de ses noirs forfaits à Dieu, au roi et à la justice. Un bûcher est dressé sur la place et le faux prophète est brûlé tout vif.

(Relation VALAT).

précipiter, s'abattre en poussant mille cris sauvages.
sur la maison où se trouvait M. du Chayla ; faire voler
les portes en éclats : tirer des coups de fusil contre les
fenêtres ; élargir six prisonniers, dont *trois filles trans-
resties en garçons* et trois jeunes gens qu'on venait
d'interner pour raison de *moralité publique*: égorger
l'abbé *Roux*, acolyte. maitre d'école du lieu ; perdre
un des leurs tué au bas de l'escalier d'un coup de feu
tiré par Michel Ravajat, domestique de l'archiprêtre:
reculer d'épouvante ; prendre les bancs, chaises, meubles de la chapelle qui se trouve en face, à deux pas.
où. disent les autres. au rez-de-chaussée de la maison
André : mettre le feu à la demeure « pour brûler tous
ceux qui y sont dedans. comme dit le chef Laporte » ; à
la lueur du sinistre incendie. entonner enfin un psaume
de Marot, fut pour ces fou-furieux l'affaire de quelques
minutes.

Tout à coup. une voix s'écrie : « Le voyez-vous. mes
frères. ce persécuteur des enfants de Dieu ? »

Le calviniste montrait l'abbé du Chayla caché dans
les oseraies du rivage (r. d.) et qui. aidé de son domestique et d'un locataire de la maison, s'était échappé de
son logis par une lucarne dérobée, à l'aide de ses draps
de lit. mais en tombant l'infortuné vieillard s'était brisé
les jambes et était resté blotti, à deux pas. dans les
broussailles de la rive. lorsque la lueur de l'incendie
vint le trahir.

Un enthousiasme infernal. émaillé de mille blasphè-
mes, répond au cri du calviniste. La horde impie se
précipite sur l'infortuné fugitif, l'outrage. le soufflète.
lui crache à la figure. l'enchaîne et le conduit sur le
pont *aux pieds d'une croix*. (Cette dernière existe
encore).

On consulte le *prophète*, qui prenant un air d'inspiré,
« Dieu ne veut pas la mort de l'impie, dit le faux voyant
« mais qu'il se convertisse et qu'il vive. Accordons-lui

« la vie, s'il est en état de nous suivre et de remplir
« parmi nous les fonctions du ministre de l'Eternel. »

(LOUVRELEUIL).

« Vous ne me connaissez pas, sans doute, leur répond
« le saint missionnaire, quelle doctrine préchez-vous,
« pour me proposer de la suivre? Je ne vous demande
« que le temps de faire un acte de contrition. »

(MINGAUD. A. St-Et.)

« Je préfère mourir mille fois plus tôt que d'abjurer
« ma Religion. »

(LOUVRELEUIL).

« Eh bien ! *Tu mourras.* reprend le suppôt de Satan,
« ton péché est contre toi. » (id).

Soudain, on lui tire deux ou trois coups de fusil à
bout portant; il tombe baigné dans son sang. Comme il
lève au ciel la main gauche. un forcené la lui tranche
d'un coup de hache et on le perce à l'envi de plusieurs
coups de poignard.

Le lendemain, le docteur Carnac de St-Germain-de-
Calberte. compta sur le corps de l'innocente victime
52 blessures. dont 24 furent jugées mortelles. (id).

Amaza conspersus sanguine jacebat in mediâ viâ (1).

« On a trouvé *Amaza*, au beau milieu du chemin,
baigné dans son sang: » s'écriait le lendemain le bon
père Louvreleuil, curé de St-Germain. en prononçant
le panégyrique du généreux confesseur de la foi.

Tel fut l'état lamentable dans lequel M. Mingaud,
curé de St-Etienne-Vallée-Française (exécuteur testa-
mentaire du vénéré archiprêtre). trouva la sainte victime.

Il fit transporter son corps à St-Germain. où on procéda à ses funérailles, au milieu des larmes et d'un

---

(1) 2 reg. XX. v. 12.

grand concours de fidèles. M. de Chayla fut enseveli dans l'église paroissiale, sous la chaire de vérité.

« L'abbé du Chayla, dit M. Eugène Sue, fut un ecclésiastique d'une intelligence élevée, d'une irréprochable moralité et d'un dévouement héroïque à la cause de Dieu.» (J. Cavalier, p. 20). Ce témoignage tombant d'une telle plume n'est sans doute pas bien suspect. En voici un autre qui l'est encore moins :

De Gobelin, historien protestant, écrit ceci dans son livre des Camisards, tome I, page 45 : « Le zèle de l'ar-
« chiprêtre pour l'instruction de la jeunesse de l'un et
« de l'autre sexe et des gens de la campagne, ses soins
« pour l'établissement de bons pasteurs dans les parois-
« ses des nouveaux convertis, sa diligence et sa fermeté
« dans les affaires de la religion, son adresse à connaî-
« tre et à ménager les esprits, ses jeûnes fréquents, sa
« dévotion à St-Joseph et sa subtilité à trouver des ex-
« pédients dans toutes les difficultés, étaient admira-
« bles. » Nous voilà déjà bien loin des dragonnades.

« La piété de M. l'Archiprêtre, ajoute M. Mingaud. et sa charité étaient des plus touchantes. Je l'ai vu tirer ses habits pour en revêtir les pauvres... Ne pouvant, à une époque de grande épidémie, visiter les 80 malades de Ste-Croix, il nous a envoyés, moi, qui écris ces lignes. et le prieur des Balmes, pour consoler ces pauvres affligés et leur distribuer des secours de viande, de linge et de volailles pour les bouillons... Il mourut pauvre n'ayant à léguer que quelques ornements sacrés, destinés à son cher séminaire de St-Germain et à quelques églises voisines. »

(Archives de St-Étienne-V.-F.).

Illustre confesseur de la foi. rempart de l'Église catholique dans les Cévennes, enfant de la Congrégation des missions étrangères, apôtre de nos montagnes, vous êtes l'honneur du clergé lozérien et la gloire de notre du vieux Gévaudan ! Puisse votre sang innocent ne pas retomber sur le front des coupables !

Puissent vos prières ardentes ramener dans le vrai giron de l'Eglise de Jésus-Christ nos frères égarés !

III. — **Le château de Grizac. — Urbain V.**

TOPOGRAPHIE. — NAISSANCE DU B. URBAIN V. — ETUDES. — PROFESSORAT. — DIGNITÉS. — PAPE. — ACTES. — MORT. — MONUMENT.

Le guide Joanne place le château de Grizac tout près du Pont-de-Montvert. Pourriez-vous nous dire, cher Cicérone, dans quelle direction se trouvait placé ce vieux manoir féodal? — Volontiers, Messieurs ! Regardez à l'est? Au premier plan, vous voyez les bois de *Salièges*; au second, ceux d'*Altefage* et au dernier, le versant-nord du *Bougès*. Entre les deux bois, à peu près à égale distance, à 200 mètres en deçà de ce noir et sombre ravin tout crevassé par les torrents, se trouvent les ruines *du château de Grizac*. Sa position était des plus pittoresques. Seule la chapelle seigneuriale, toute en pierres de taille, existe encore. Elle sert de grange et d'écurie à un calviniste.

C'est là, dans ce manoir, que naquit « *le plus célèbre Enfant de nos montagnes* », en 1309, de *Guillaume de Grimoard* et de la vertueuse *Amphélise de Sabran-Montferrand*. Son oncle, *saint Elzéar de Sabran*, tint le nouveau-né sur les fonts du baptême. Le jeune Guillaume étudia la grammaire et la rhétorique à Montpellier, le droit à Toulouse.

A 20 ans, il alla s'enfermer dans le monastère de Chirac, avec son oncle *Angélic de Grimoard* qui en était prieur.

« Chirac lui donna les saints Ordres, l'habit de saint « Benoit, si cher à son cœur et qui demeura sa royale

« parure jusqu'au trône pontifical. Il retourne à Mont-
« pellier, pour y suivre les cours supérieurs de théologie
« et de droit canon... Bientôt les principales Universités
« de France : Montpellier, Toulouse, Paris, Avignon se
« disputèrent l'honneur de son enseignement et, pen-
« dant 20 ans, elles amenèrent des flots d'étudiants
« autour de sa chaire. »

(Mgr SAIVET, *panégyrique d'Urbain V prononcé le 28 juin 1874.)*

Nommé successivement grand-vicaire de Clermont et
d'Uzès, abbé d'Auxerre et de Saint-Victor de Marseille
(1362), honoré par le pape Innocent VI de plusieurs
hautes missions ecclésiastiques en Italie, Guillaume
Grimoard fut élu pape le 28 octobre 1362 et couronné
8 jours plus tard à Avignon, par le cardinal de Magde-
lonne, évêque d'Ostie.

« Nous avons un pape qui sera puissant en paroles et
« en œuvres, » dit le cardinal de Talleyrand après la
cérémonie. Ce fut vrai. Urbain V lutta vaillamment
contre les abus, les guerres intestines qui dévoraient
l'Italie, *les Béguards* etc. ; il entreprit en vain de
susciter une nouvelle croisade contre les Sarrasins.
En 1366, il fut rançonné par les *Grandes Compagnies*
que Duguesclin était chargé de conduire en Espagne et
il fallut donner, avec l'absolution, 200,000 florins à ces
30,000 « Croisés, pèlerins de Dieu ». Albornoz venait
de pacifier la péninsule italique. « Vous donnez des
évêques aux autres églises, écrivit Plutarque au pontife,
ne rendrez-vous pas à Rome le sien ? » Malgré toutes
les résistances, Urbain V partit pour la Ville Eternelle.
Il y reçut deux empereurs : Charles IV, empereur d'Allemagne et Jean IV, empereur de Constantinople. Ce
dernier abjura le schisme entre ses mains.

De Rome le successeur de Pierre envoya 50 missionnaires en Russie, dans la Tartarie, à Cathay et en Chine.

Malgré les avis réitérés de sainte Brigitte ; les regrets

des Cardinaux français, et le désir de faire conclure la paix entre la France et l'Angleterre le ramenèrent, trois ans après à Avignon, où il mourut saintement presque à son arrivée.

« Faites entrer le peuple, dit-il sur son lit de mort, il est juste qu'il voie comment les Papes savent mourir. » (19 décembre 1370).

Urbain V fut déclaré *Bienheureux*, le 10 mars 1870, par le pape Pie IX. On lui érigea une statue à Mende, le 28 juin 1874, sur la place Sainte-Marie. Cette statue en bronze est l'œuvre de *M. Dumont*, célèbre sculpteur, membre de l'*Institut*. Mgr d'Hulst, dernier représentant de la famille des *Grimoard* assista à la bénédiction du monument.

(*Voir* M. Th. ROUSSEL, *sénateur. Recherches sur la vie et le Pontifical d'Urbain V.*)

Urbain V n'oublia pas son diocèse d'origine. Faire construire la cathédrale ; enrichir son trésor d'une épine de la Sainte Couronne, du chef de saint Blaise, de deux calices d'or et vermeil, d'une crosse, d'une mître, d'un encensoir d'or, d'une statuette d'argent de la Vierge Marie ; fonder les collégiales de Quézac, Bédouès ; édifier l'église et le pont de Salmon, la chapelle de Grizac, l'église de Fraissinet-de-Lozère ; restaurer celle du Monastier ; orner son chevet d'une belle tour. etc..... Telles sont les faveurs insignes (sans parler du collège de Montpellier) qu'il accorda au Gévaudan.

IV. — **Le Tarn.**

DESCENTE DE MOLINES. — VUE DU TARN. — SES ALLURES. — SA SOURCE. — SES AFFLUENTS. — SON COURS. — SA DÉCLIVITÉ. — SES POISSONS. — PÊCHES MIRACULEUSES.

Cependant la descente s'accentue ; elle devient plus

rapide. La route se déroule en lacets. Les grandes lignes du superbe panorama tracées plus haut, disparaissent peu à peu. L'horizon s'abaisse, se rapetisse, nous voilà presque dans un cul-de-sac, un trou. Toutefois, par intervalles, les vallons de Bédouès, d'Arpaon, de Vebron, de Florac, d'Ispagnac, les gorges du Tarn, les *ralats* de Nozières, de Vigos, tant vantés par M. Martel, se déroulent à nos regards. « A chaque tournant des la« cets, le tableau se modifie. Tantôt on voit se profiler « les hautes murailles des deux Causses ; tantôt on voit « s'ouvrir à ses pieds le petit bassin d'Ispagnac, au pied « du magnifique rocher rouge des Chaumettes, qui do« mine le Tarn de 546 mètres. »

(Lequeutre).

Enfin le Tarn se déroule à nos yeux comme un long ruban azuré. Cette belle rivière roule en grondant ses ondes rapides. Voyez ses allures torrentueuses, comme dit le poète. *Citusque Tarnis,*

> Limosum et solido sapore pressum
> Piscem perspicua gerens in unda.

(St Sidoine ad libellum).

« Les eaux transparentes du Tarn impétueux, cou« leur d'azur en été, mais limoneuses aux époques des « grandes pluies, abritent dans leur sein des myriades « de poissons à la chair succulente. »

Né au pied du Roc Malpertus (1600 m.), sur le versant méridional du mont Lozère, grossi par les eaux du Bougès et de l'Aigoual, que lui apportent mille petits ruisseaux sans nom, l'*Alignon*, le *Rieumalet*, le *Torrent de la Brousse*, le *Runès*, la *Mimente* (source 1112 m.) et le *Tarnon* (source 1205 m.), alimenté par les trente sources de son *Cagnon*, le Tarn descend en torrent furieux à travers les pâturages de *Bellecoste*, il baigne le Pont-de-Montvert, Cocurès, Bédouès, Ispagnac, Montbrun, Prades, Ste-Enimie, St-Chély, la Malène, les

Vignes, le Rozier, traverse l'Aveyron, le Tarn, le Tarn-et-Garonne, reçoit la *Jonte,* la *Dourbie,* le *Dourdou,* la *Rance,* l'*Agout* et l'*Aveyron,* arrose Millau, Alby, Gaillac, Villemur, Montauban, Moissac, et, après un cours de 375 kilomètres, va se jeter dans la Garonne, à 6 kilom. en aval de Moissac, apportant à ce fleuve 20 mètres cubes d'eau par seconde à l'étiage et jusqu'à 6.500 dans les grandes crues.

En Lozère, le Tarn a toutes les allures d'un torrent. Dans un parcours de 36 kilom., de sa source au Pont-du-Tarn, près Florac, il décrit une déclivité de 1070 m.

Source, 1600 m. ; Pont-du-Tarn, 530 m. ; Ispagnac, 500 m. ; Ste-Enimie, 460 m. ; la Malène, 440 m. ; St-Préjet, 414 m. ; le Rozier, 380 m. ; différence d'avec l'altitude de sa source, 1220 m. St Sidoine avait donc raison de comparer le Tarn à un torrent impétueux.

Cette rivière est très poissonneuse. On y pêche la truite, le cabot, le barbeau, la siège, le goujon, le véron, l'anguille, l'écrevisse, etc. A certains jours, on voit dans le cristal de l'eau des myriades de poissons se réunir en troupes, pour prendre leurs ébats, au beau milieu des gouffres, des planiols, sur le bord des grèves, et *piper* (expression vulgaire) à longs traits les brûlantes ardeurs du soleil. Là, sur des lits moelleux de sable fin, ils déposent leur frai. Si une barque passe, ils se dérangeront à peine, ces bons *farniente*; mais à la vue du filet, ils s'enfuiront à toute vitesse dans leurs profondes *cabas.*

Au printemps ou en été, tantôt le jour, tantôt la nuit, à la lueur des flambeaux de résine *(la lumenade),* les pêcheurs se réuniront en troupes : les uns monteront sur des barques, les autres longeront la rive, ils cerneront la plaine liquide ou le planiol avec leurs longues et larges tirasses ; bientôt, au signal donné, ils exécuteront sur la surface des eaux une battue générale, éreinteront les pauvres poissons, les acculeront au fond d'un barrage élevé d'avance d'une rive à l'autre et feront des pêches à la St Pierre, vraiment miraculeuses ; *secundum quid,* s'entend !

D'ailleurs, le Tarn n'est jamais à sec ; même au plus fort de la canicule, ses sources nombreuses lui fournissent de l'eau en abondance.

— Vous nous avez dit, hasarda le Gascon, qu'en traversant son Canon, le Tarn recevait trente sources. J'aimerais bien de les compter.

— Qu'à cela ne tienne, répond l'enfant des rives du Tarn, comptons-les ! Je suis sûr de mon fait.

V. — **Les 30 sources du Cagnon.**

1° Vigos ; 2° de Pelatan ; 3° et 4° les deux de Montbrun ; 5° Castelbouc ; 6° Prades ; 7° Burle ; 8° Coussac ; 9° la Cénarète et sa sœur ; 10° la Caze ; 11° la Tieure ; 12° la Clujade ; 13° les Ardennes ; 14° la Galenne ; 15° l'Angle ; 16° la Sompte ; 17° Fonmounet ; 18° le Lisson ; 19° del Prat des Baumes ; 20° Fontmaure ; 21° del Drach ; 22° de Soucy ; 23°, 24° et 25° les trois de Bouldoire ; 26° du Maynial ; 27° du Parayrés ; 28° du Villaret ; 29° Lyronsel ; 30° la Sablière ; 31° du Mas de Lafon ; 32° la Muse.

— Bravo ! Bravo ! Enfoncé le Gascon pour la troisième fois !

N'allez pas croire que cès sources soient de simples filets d'eau. Pour la plupart, ce sont des ruisseaux, des rivières intérieures qui sourdrent au bas du lias.

Plusieurs même alimentent des moulins ; *verbi gratia* : celles de Pélatan, de Castelbouc, la Cénarète, le Parayres. Dans toute la traversée du Canon, le Tarn n'a pas d'autres affluents ; aucun ravin, sauf à la fonte des neiges ou à la suite de violentes averses, ne lui apporte une goutte d'eau.

Lorsque le vent du Midi souffle en tempête et que le *Layala* (vent sud-est) ouvre ses cataractes humides, alors arrivent les trop fameux débordements du Tarn. Ils sont de véritables désastres pour toute la contrée. Dans quelques heures le pauvre riverain voit s'évanouir ses plus belles espérances et ses plus beaux rêves d'avenir.

On signale comme les plus mémorables : les débordements de 1866, 1872, 1875, 13 sepémbre, le plus fameux de tous.

CHAPITRE II.

I. — Ispagnac.

TOPOGRAPHIE. — ANTIQUITÉ. — MONASTÈRE. — EGLISE. — TEMPLE DES DRUIDES. — CIPPE PAÏEN CHRISTIANISÉ. — LAMBRANDÈS. — LES GRÉGOIRE. ALBIGEOIS. — PROTESTANTS. — MERLE, PRISE D'ISPAGNAC. — LE GÉNÉRAL LOUIS. — L'INTRUS RICHARD. LES CARABINIERS. — MONTAGNE QUI S'ABAISSE. — PARÉAGE.

Prenons courage ! la côte de Molines va finir. Quel bonheur ! De là-haut, perchés sur ses pentes rapides, presque verticales, le vertige commençait à nous prendre. Au bas de la gorge trouverons-nous assez d'air pour respirer, nous demandions-nous ? *Deo gratias* : nous respirons encore à pleins poumons. Ici comme ailleurs l'air et la lumière circulent librement.

A 10 h. sonnant, nous faisons notre entrée à Ispagnac (1899 hab. ; 500ᵐ d'alt. ; 6 kil. de Florac ; 1 curé ; 2 vicaires ; bureau postal et télégraphique ; couvent d'Ursulines ; école libre). Antique colonie romaine, cette petite ville se trouve assise au fond d'une vallée charmante. Fi donc ! si je n'avais pas vu le jour à Paris, je voudrais être né à Ispagnac.

Pas n'étaient ses vieilles maisons du XVIᵉ siècle,

ses rues sales et étroites, cette localité serait assez coquette.

L'évêque St Hilaire y aurait fondé jadis (VIe s.) un monastère de *bénédictins* et réuni un grand nombre de religieux (Charbonnel). Transformée en église monacale capitulaire, sous l'invocation de Saint Pierre, cette institution se serait perpétuée jusqu'en 1789.

L'église primitive fut bâtie, dit-on, sur l'emplacement d'un temple de druides, où on immolait des enfants en sacrifice en l'honneur des divinités païennes. On brûlait ces pauvres victimes après les avoir égorgées.

De l'antique église romane du XIIe siècle il ne reste que quelques rares débris. La nouvelle est construite dans le même style et surmontée d'une petite coupole.

A Ispagnac se trouve le plus ancien témoin du christianisme dans notre diocèse. « C'est un cippe païen de 1m03 de hauteur, sur 0m68 de largeur, avec la petite cuvette servant aux ablutions, et qui avait été transformé en autel chrétien, comme l'indique le monogramme du Christ gravé sur le dé. Longtemps il avait servi de support à un bénitier de la petite porte donnant accès à l'abside de l'église. Relégué dans une cour, on l'a partagé dans le sens de la hauteur pour en tirer un montant de fenêtre. L'autre moitié a été heureusement sauvée par M. Germer-Durand et apportée à notre Musée. »

(B. A. 1890).

Dans l'antiquité, les cippes étaient des colonnes sans base, ni chapiteau, quelquefois rondes ; mais très souvent quadrangulaires. C'étaient des monuments funéraires consacrés presque toujours aux divinités infernales et aux dieux Mânes. En Lozère on a encore découvert un cippe à Allenc. Au Musée du Louvre on admire un magnifique cippe sépulcral en marbre pentélique, 1m 14 de haut., 0m69 de larg.

Flanquée à cheval sur l'unique voie de communication entre St-Flour et Alais ; commandant la route du
Causse, Ispagnac avait au moyen-âge une grande importance stratégique. Aussi ce bourg était-il entouré
d'épaisses murailles flanquées de hautes tours. Le
Lambrandès, son château-fort, le protégeait contre
les excursions de l'ennemi. Longtemps il fut la propriété de la famille GRÉGOIRE, une des plus anciennes
de notre Gévaudan. En 1357, Raymond Grégoire,
damoiseau, seigneur de Lambrandès, bailli d'Ispagnac,
mourut à l'âge de 120 ans.

L'inscription gravée sur la dalle de son tombeau,
mentionne avec ses qualités l'âge du défunt et son
pèlerinage à Rome.

(B. A. 1890).

Au rapport de M. l'abbé Prouzet, la ville d'Ispagnac
fut pillée et saccagée, en 1229, par une colonie d'Albigeois, qui, obligés de s'expatrier et attirés peut-être
vers nos montagnes par le seigneur *Amaury de Sévérac*
un de leurs corréligionnaires, remontèrent le Tarn jusqu'au Pont-de-Montvert.

En juillet 1562, le baron d'Alais s'avança vers Quézac
à la tête de 4.000 protestants ; mais il n'osa attaquer
Ispagnac. Brûler la statue miraculeuse de N.-D. de
Quézac, incendier le château, saccager la collégiale, enlever pour 280 marcs d'argenterie et emporter une rançon de 910 livres-T., fut pour ces fanatiques une bonne
fête.

Dix-huit ans plus tard, fin de novembre 1580, Ispagnac tomba au pouvoir du capitaine Merle, qui ne fut,
en cette occasion, que le fidèle coadjuteur du prince de
Condé et de Gondin. Ce dernier arrive à Molines ; il
tient conseil. Porquarès lui apporte des poudres de
Meyrueis, Merle amène de Mende deux canons, une
bâtarde et une grande quantité de munitions. On des-

cend les canons par la côte de Molines « presque inac-
« cessible), ayant attaché vingt paires de bœufs par
« derrière le canon, pour le retenir, et étant tiré seule-
« ment par une paire au devant. »

(GONDIN).

Le même soir, on bloque Ispagnac ; le lendemain on
bombarde la ville et on s'empare d'une tour. On remet
l'assaut au jour suivant. « Mais sur la minuit, les soldats de la garnison prirent telle appréhension d'être
forcés, qu'au nombre de 80 à 100, ils persuadèrent à M.
Lambrandès, leur chef, de déloger avec eux ; ce qu'ils
firent à l'instant. » (id.)

Ils sortent en foule, traversent le Tarn, gravissent la
montagne et s'enfuient sur le Méjean. M. de Montialoux
et plusieurs autres furent tués dans cette fuite nocturne.
L'ennemi fit quelques prisonniers. Le bourg d'Ispagnac
fut pillé et saccagé ; l'église, le monastère et les maisons
du faubourg incendiés. On ne conserva que le château.

(M. ANDRÉ, archiviste.)

Echappés au massacre, deux religieux, Astorg Creis-
sent et Astorg Méjean, relevèrent les murs du monastère. Ils vivaient encore en 1607 (M. l'abbé Pourcher).
La communauté se maintint jusqu'à la grande révolution. A cette époque, elle fut dispersée et on brûla ses
titres et ses archives sur la place publique, le 10 octobre 1793 (id.),

Quelques mois auparavant, chargé de défendre la ville
de Florac où s'étaient réfugiés les administrateurs du
département et où siégeait le Comité du Salut public,
lors de l'insurrection Charrier, le général Louis avait
établi son camp d'observations à Ispagnac, le 28 mai
1793. Pour tout exploit, ce chef militaire avait arrêté
par trahison et sans coup férir 52 royalistes de Laval et
de la Maléne.

L'intrus Richard. Ispagnac eut son curé *intrus* en 1791. Venu de Lyon, ce malheureux, du nom de *Richard*, y resta huit mois. On a de lui une lettre fort *curieuse* adressée aux Commissaires du district révolutionnaire de Florac. La voici à titre de souvenir :

« Hespagnac, 9 mars 1792.

« Messieurs,

« Hespagnac continue les mêmes désordres contre
« moi ; de sorte qu'il me parait qu'Hespagnac payen
« valait mieux qu'Hespagnac chrétien. Les prières et
« exhortations du carême, que lui font tous les jours les
« prêtres rebelles, le détourne tellement de la pratique
« des vertus morales qu'il observait alors, qu'il parait
« être maintenant sans frein, c'est-à-dire, sans foi, sans
« religion, sans lois. Si les prières et exhortations fa-
« natiques lui font durant le Carême un effet pernicieux
« quel mal ne lui produiront pas, par le ministère des
« prêtres réfractaires, les confessions et communions
« paschales prochaines. Sans doute qu'alors les habi-
« tants se trouveront tellement possédés et obsédés des
« démons aristocrates, que les patriotes voisins seront
« obligés de venir les exorciser avec des bâles de plomb
« des bombes et boulets de canon.

« Pour obvier à cet inconvénient, le district de
« Florac devrait empêcher à ces prêtres de souffler
« l'esprit de révolte, en leur interdisant toute fonction
« curiale, alors ils ne pourraient plus nuire.

« Tel est l'avis de celui qui est avec un parfait dé-
« vouement, Messieurs,

« RICHARD.

« *curé d'Hespagnac.* »

Le zèle et l'éloquence foudrante de l'intrus Richard ne purent convertir que *deux personnes* à sa cause.

Hàc casti maneant in religione nepotes.

(Virgile. E.).

Carabiniers. — Après cet intéressant récit fait en

rase campagne, à l'ombre d'un cerisier touffu, notre aimable narrateur ajouta : Messieurs, vous voyez combien beau et charmant est le vallon d'Ispagnac. Sa fertilité n'a de rivales que l'activité et l'intelligence de ses habitants. Ses magnifiques vignobles ont disparu, mais dans moins de 20 ans, ils seront encore là à la même place. L'homme s'agite et Dieu le mène. A Ispagnac, il reste encore ses arbres fruitiers ; cette ville ne verra pas disparaître de longtemps son peuple de *Carrabiniers* (marchands de fruits).

— Ne pourrions-nous pas constater, *de actu et gustu*, à quel point de perfection se trouve l'art culinaire dans ce riant vallon ? — Bravo ! Rentrons à l'hôtel ! Le déjeuner doit être servi.

Jetez encore, Messieurs les Touristes, un dernier regard sur cette montagne qui se trouve au midi. « Cette montagne, écrivait le Père Louvreleuil en 1724, s'est sensiblement abaissée, car des gens vieux ont assuré que, de leur temps, elle empêchait en hiver que le soleil n'éclairât le bourg d'Ispagnac qu'à midi, à peu près ; et à présent cet astre y luit à 10 heures du matin.(m. h. p. 67). Nous signalons le fait aux grottologues; y aurait-il dans les entrailles de cette montagne quelque abime insondable?

Du VIIIe au XIe siècles, Ispagnac et Quézac firent partie de la *Viguerie de Tarnenche* « qui comprenait les localités situées sur les deux versants du mont Lozère, les deux rives du Tarn et jusqu'à la rivière de la Mimente » *(pagus gab. p. 394)*.

Au moyen-âge, il y eut un acte de *paréage* passé entre le roi de France et le prieur d'Ispagnac.

Un de nos amis a déniché ce curieux document dans le manuscrit poudreux d'une bibliothèque (1).

Nous attendons qu'il en donne connaissance au public.

---

(1) Dans le paréage qui eut lieu en 1306 entre Philippe le Bel et Guillaume Durand, on fit mention de celui d'Ispagnac, en ces termes : « *Pariagium Ispanhiaci erit commune nobis et episcopo et erit in curiâ communi sigillum commune...* »

II. — Effectif des garnisons du Gévaudan en 1574, avant les excursions de Merle.

Arquebusiers à pied.

Mende..........	100	Langogne........	40
St-Chély-d'Apcher	50	Chanac-Villard ...	30
Saint-Alban......	30	Serverette	20
Saugues	40	Lagarde (Malzieu).	10
Ispagnac	40	Cogossac.........	10
Sainte-Enimie	20	La Garde-Guérin .	10
La Canourgue	40		

Chaque soldat recevait 10 l. T. par mois.

(*Bul. Arq.* 1887, pag. 205).

III. — Pestes.

Les pestes les plus terribles qui ont désolé nos montagnes du Gévaudan sont 1° la *peste noire* ou de Florence qui éclata en 1348 et enleva les deux tiers des habitants du Languedoc. En 1400 c'était la *peste Inguinaire*. 2° Celle de 1578, qui fit à Mende près de 2,000 victimes. 3° Celle de 1590 ou 1591, qui jointe aux guerres de religion, ne laissa sur la terre de Peyre que le quinzième de la population. 4° Celle de 1629, qui ravagea les Cévennes. 5° Celle de 1721, qui affligea 36 paroisses du diocèse de Mende et lui enleva de 5,000 à 6,000 habitants.

Victimes de la Peste de 1721.

Auxillac	57	St-Georges-de-L..	66
La Canourgue	945	Marvejols	1800
Saint-Frézal	47	*Ispagnac*	194
La Capelle	92	Altier	144

Banassac	212	Gabrias	8
Ste-Colombe-de-P.	18	Barjac	22
Montrodat	161	Brugers	57
St-Léger-de-Peyre	385	Badaroux	14
Quézac	66	Saint-Bauzile	11
Chassèradés	41	Mende	1078
St-Germ.-du-Teil.	40	Lanuéjols	5
Grézes	165	etc., etc.	
Balsiéges	65		
Chirac	5	**Total**	5178

(LOUVRELEUIL, *mém. histor.*)

CHAPITRE III.

I. — Quézac.

TOPOGRAPHIE. — NOTRE-DAME. — STATUE MIRACU-
LEUSE. — COLLÉGIALE. — BARON D'ALAIS. — PRISE.
— REPRISE. — SEIGNEUR DE THORAS. — MERLE.
CANONNADE. — PILLAGE. — CANONS SCIÉS. — LI-
GUE. — ESCARMOUCHES. — COMBAT. — LE CA-
GNON CHANGÉ EN CIMETIÈRE. — ANDREDIEU. — RO-
HAN. — GARNISONS. — PESTES. — VŒUX A N.-D.
DE QUÉZAC. — MGR MARCILLAC. — SOURCE MINÉ-
RALE. — RÉVOLUTION.

Tous frais et ragaillardis, nous nous levons de table,
la joie dans le cœur, la gaieté sur le front; lorsque, avec
une désinvolture toute gauloise et qui vous plaît :
« Messieurs, nous n'avons pas une minute à perdre,
nous dit l'enfant de la Lozère, hâtons-nous! Partons
pour Quézac! C'est à deux pas. à un kilomètre : une
promenade. » Cinq minutes plus tard, nous étions sur
le vieux pont ogival de Quézac, œuvre du Pape Urbain V
(1362), ainsi qu'une petite chapelle élevée tout auprès.
Reconstruit sur l'ancien modèle, sous Louis XIII (1640),

d'après les instances de Mgr de Marcillac et aux frais
des Etats du Gévaudan, ce pont a cinq arches et il relie
Quézac à Ispagnac.

Du haut du pont, nous contemplons, pour la première
fois et avec ravissement, les eaux claires et limpides du
Tarn, où des myriades de poissons, grands et petits,
prennent leurs ébats et se jouent dans l'onde pure avec
délices. — *Piscem perspicua gerens in unda*, répète le
Gascon.

— Voilà *Quézac*! nous dit M. Léon.

(647 habitants : agglomérés, 205 h.; altitude, 498 m.;
1 curé; 1 vicaire; canton de Ste-Enimie; sur la rive
gauche du Tarn; adossé aux falaises du Méjean).

Là, dans cette localité, se trouve un antique sanctuaire
dédié à la Reine du Ciel (*Vierge Noire*). Il est le but
et le centre d'un pèlerinage très célèbre, très fréquenté,
et qui remonte à un temps immémorial. Le dimanche
qui suit la Nativité de la Sainte Vierge, le bassin de
Quézac, inondé de flots de pèlerins, Caussenards, riverains, touristes, montagnards ou *Lozérots*, Cévenols,
ce bassin, dis-je, avec sa procession, ses guirlandes, ses
arcs-de-triomphe, ses chants mélodieux, ses bannières,
son nombreux clergé, ses robustes jeunes gens ou jeunes filles habillées de blanc, qui portent sur leurs épaules
la statue de la Vierge jusqu'à l'entrée du pont, sans le
dépasser jamais, parce que la statue devient si lourde,
qu'ils sont obligés de rebrousser chemin vers l'église,
offre un coup d'œil féérique.

En 1890, Mgr Baptifolier, 30 prêtres et 3.000 pèlerins assistaient à la procession.

Le pape Urbain V vénérait ce sanctuaire béni. Il dota
la paroisse d'une belle église du style ogival fleuri;
transforma le prieuré en collégiale, y établit 8 cha
noines réguliers, un diacre et un sous-diacre, des pré-
bendiers, et, pour les mettre à l'abri des excursions
des routiers, les logea dans un château-fort, dont

les vestiges sont encore là, en face de nous (19 avril 1365). Ce château a servi de presbytère pendant long-temps; aujourd'hui, il sert de maison vicariale.

Protestants. — En 1562, le 9 juin, Quézac tomba au pouvoir du Baron d'Alais, après plusieurs assauts. Les calvinistes pillèrent, saccagèrent la collégiale et l'église; cependant, « *bien qu'ils eussent délibéré de copper* (sic) *la gorge aux chanoines* » Arch. d., série E), ils se reti-rèrent en emportant un riche butin et une rançon de 910 l. t. 15 sols, que prêta le chanoine Hermentier. On laissa une garnison dans le château. Ce dernier ne fut repris que 10 mois plus tard (17 avril 1563) par le seigneur de la Vigne, qui le remit au baron d'Ap-cher (B. A. 1886, p. 22).

C'est à Quézac, qu'en 1562, les protestants de Marve-jols allèrent rejoindre les troupes cévenoles, pour s'asso-cier à tous leurs sanglants exploits. Les Calvinistes pé-nétrèrent dans le cœur du Gévaudan, jusqu'à Chirac, où ils égorgèrent 29 prêtres et près de 80 laïques.

(Charb. Bul. passim. Intendit).

« La maison collégiale de Quézac feust brullée en « 1567, du commandement du seigneur de Thoras, ba- « ron de Peyre ; ensemble le couvert de l'église que les « dits doïen et chanoines avaient fait recovrir *(sic)*. »

(Enquête de 1595, B. A.).

Merle. — Quézac était digne d'exciter les convoi-tises du fameux Mathieu Merle.

Après la prise d'Ispagnac, en décembre 1580, Gondin s'avance vers Quézac pour en faire le siège. Porquarès et Merle braquent les canons. Le lendemain on bombarde le château. La canonnade dure deux jours de suite. Les murs sont entamés. Les soldats de la garnison s'enfuient par la brèche, pendant la nuit, et se sauvent vers Ste-Enimie. Les Calvinistes entrent dans la place, massa-

crent les soldats de garde, la plupart des chanoines et
plusieurs fidèles; ils pillent et brùlent l'église; font plusieurs prisonniers, les emmènent et emportent un butin
d'une valeur de 100.000 écus (*Intendit*). *Rohan*, frère de
Merle, reçoit commission de garder la place, pendant que
ses compagnons vont prendre Bédouès, y continuer leurs
brigandages et y faire un butin de la valeur de 400.000
l. t. (17 janvier 1581).

(CHARBONNEL).

Mathieu Merle conserva le château de Quézac et il en
fit l'entrepôt du fruit de ses pillages, jusqu'à son départ
pour la Gorce. Ne pouvant faire remonter ses canons
par l'Estrade de Molines, il les scia à Quézac et il emporta le métal à dos de mulet.

(*Relation de* GONDIN).

La Ligue. — Lors des troubles et des rivalités
intestines suscités par l'avènement de Henri IV au
trône de France, de concert avec les Cévennes, Quézac
et Ispagnac embrassèrent le parti du roi. A cette nouvelle, les ligueurs de Compeyre, de Peyreleau, la Malène,
font une excursion sur le *Causse Méjean*, y rencontrent
les royalistes et les mettent en pleine déroute. Profitant
de leur victoire, ils s'abattent sur Quézac, pillent
maisons et étables et emmènent plus de 2000 bêtes à
laine, un beau mulet de François Bousquet (Poujols),
une paire de bœufs d'Antoine Commandré, 3 poulains
d'Etienne Enfour de la Chadenède, les bœufs d'Antoine
Bonafoux, etc, etc. En novembre 1592, les ligueurs de
Compeyre et de St-Préjet-du-Tarn vinrent piller le hameau de Mas-André et enlever les bœufs de Baptiste
Sollier et Antoine Durand.

Le 21 décembre, ils firent une 3e razzia à Bieysse et
à Tomple, où ils enlevèrent 300 bêtes à laine. (B. A.
1888, page 42). La *Ligue* sema donc dans les gorges du

Tarn la division, le meurtre et le pillage. « Les guerres de religion, nous dit Gaujal dans ses *Etudes historiques sur le Rouergue*, changèrent la vallée du Tarn en un vaste cimetière. »

Nous connaissons plus de 20 villages du Cagnon qui ont disparu et dont il ne reste plus que le nom.

Un soir du mois de mars 1617, conduits par un gentilhomme auvergnat du nom d'Andredieu (Josué de Chavangnac), 1200 calvinistes arrivent encore dans le bassin du Tarn. Ispagnac, Quézac. Molines sont de nouveau pillés, dévastés, rançonnés.

Le duc de Rohan. — En 1622, l'arrivée du duc de Rohan dans les Cévennes jeta la terreur dans les Gorges du Tarn et sur nos montagnes. A la tête de 4.000 protestants, ce chef calviniste se préparait, disait-on, à Uzès et à Nimes, à marcher sur Florac, Meyrueis et Millau, où l'appelaient ses coréligionnaires.

Sous le coup de cette panique, les Etats du Gévaudan s'assemblent, lèvent des subsides et placent des garnisons à Quézac (fort de Monestier), à l'église et au clocher d'Ispagnac, au Lambrandès, à Rocheblave, aux châteaux de Prades, Charbonnières, la Caze, etc. etc.

On vote 46,800 l. t. pour l'entretien de ces garnisons.

Toutefois ce ne fut qu'en 1627 et 1628 que le Duc s'ébranla, prit Florac et Meyrueis, fut battu par le *Sire de Triadou* et finit par faire sa soumission au roi de France.

(B. A. id. Arch. dép. C. 1403).

Pestes de 1629-1721. En 1629, une peste cruelle ayant fait une brusque apparition à Florac, Notre-Dame de Quézac vit arriver un grand concours de pèlerins. « D'ailleurs depuis longtemps, disait, le 10 « septembre 1584, Pierre Mathieu, consul de Quézac, ce « sanctuaire était fort célébré par les vœux que le peu-

« ple de tous les lieux de France, voire même d'*E'spai-*
« *gne*, et les pèlerinaiges qu'il y faisait(sic). »

En présence du fléau, le clergé et les habitants de
Mende se vouèrent à Notre-Dame de Quézac (1630).
Conduits, assure-t-on, par Mgr de Marcillac, ils se rendirent à Quézac en procession et ils offrirent au sanctuaire de la Vierge une chasuble et un calice en argent.

(CHARBONNEL).

Plein de zèle pour le salut des âmes, Mgr de Marcillac
visita tout son diocèse, qui ne l'avait pas été depuis
200 ans; prêcha une mission dans la paroisse de Quézac
(1643), fit reconstruire le pont et séjourna dans la
paroisse deux mois et demi. (CHARB.)

Quézac comptait alors plusieurs protestants: 48,
tandis qu'Ispagnac n'en avait que 6.

A cause du grand concours des pèlerins, Mgr Serroni
statua, en 1664, que le chanoine sacriste. curé de la
paroisse, se ferait aider par un vicaire. Aux grandes
fêtes, le *Chapitre* fournira deux autres confesseurs.

(*Notice sur Quézac*, baron de CHAPELAIN).

Lors de la peste de 1721, Quézac échappa au fléau. Il
n'y eut qu'un seul décès occasionné par une chute malheureuse. Cependant l'épidémie vint frapper rudement
à ses portes et dans trois villages de la paroisse. A Molines, qui n'est qu'à deux pas, le fléau fit 66 victimes.
A Ispagnac, on compta 194 décès de pestiférés. Quézac,
qui comptait alors 232 familles, dût son salut à sa glo-
rieuse patronne.

En 1793, la statue de la Vierge échappa à la rage des
Sans-Culottes.

Les sanctuaires lozériens de la très sainte Vierge, les
plus en renom et les plus vénérés sont, après Quézac:

Notre-Dame de Mende;

Notre-Dame de la Carce à Marvejols ;
Notre-Dame du Bon-Secours aux Salelles ;
Notre-Dame de Nogaret à Saint-Pierre ;
Notre-Dame de Cénaret à Saint-Chély-du-Tarn ;
Notre-Dame du Gévaudan à Meyrueis ;
Notre-Dame de Lourdes à la Malène et à Saint-Chély-d'Apcher ;
Notre-Dame de la Sentinelle sur l'Aubrac ;
Notre-Dame de Paulhac sur la Margeride ;
Notre-Dame de Toutes les Grâces sur les rives de l'Allier ;
Notre-Dame de Saint-Privat-de-Vallongue et de Moissac dans les Cévennes.

Source minérale. — Tout près du pont de Quézac un peu en avant (riv. g.) dans le lit même du Tarn, s'élève une petite tour ronde. A l'intérieur coule une fontaine minérale. Gazeuse, sulfatée, sodique, cette eau, dans l'esprit des habitants, est une véritable *panacée universelle;* drogue de charlatan, dit le gascon, guérissant tout les maux passés, présents et à venir. Antidote céleste! vrai phénomène! quoi donc! Une merveille! — Nous y goûtons. Sans plaisanterie aucune, dis-je avec calme, m'est avis, que cette eau possède de belles qualités curatives. Placée au sein de la capitale, elle ferait la fortune d'un heureux mortel. — Jadis, en septembre cette source attirait bon nombre de visiteurs qui descendaient sur les rives du Tarn, pour faire à la fois une cure de raisins et une cure d'eau minérale. *O tempora! O mores!*

Révolution. — Les pauvres de Quézac devaient être fort nombreux ou bien misérables en 1788, puisque nous voyons que les Etats du Gévaudan votent 3.000 livres pour eux. Cinq ans plus tard, le général Louis, chef des patriotes, logea une partie de ses troupes à

Quézac. Son seul exploit fut de fusiller un malheureux prisonnier à la descente de Molines. Après le combat de Chanac et la déroute des royalistes, croyant que l'intrépide Charrier s'était réfugié dans les gorges du Tarn, on échelonna 5 ou 6.000 soldats sur les frontons du Méjean et de Sauveterre. Mille patriotes arrivèrent à Quézac et à Molines pour longer le Cagnon du Tarn et donner la chasse aux rebelles. Toutes les recherches furent infructueuses. Chefs et soldats royalistes disparurent et se fondirent comme les flocons de neige sous les premiers feux du printemps. C'est à peine si une douzaine d'entre eux tomba au pouvoir des sicaires de la Révolution.

Epilogue.

Quelle verve! dit M. Dauphin à notre Cicerone. Comme ces choses-là vous sont familières. Vos narrations sont très intéressantes. Visitons un peu le bourg de Quézac. — Nous donnons un coup d'œil rapide à l'église dont nous admirons le maître-autel et les ornements de la Vierge ; aux vieux murs du château qui trahissent plusieurs époques, au presbytère, à son bel enclos et nous rentrons à l'hôtel. Quelques minutes plus tard nous étions sur la route de Ste-Enimie, distante de 18 kilomètres.

CHAPITRE IV.

I. — D'Ispagnae à Ste-Enimie.

EN ROUTE — VIGOS — LE RUISSEAU AUX PAILLETTES D'OR.

Nous cheminons sur une route de voitures, assez bien battue. Depuis peu elle a remplacé l'ancien chemin de chars. On la continuera, dit-on, jusqu'au Rozier. Quel bonheur ! C'est d'ailleurs une voie de première nécessité. Elle cotoie la rive droite et suit tous les méandres du Tarn. Depuis 1880, cette voie est classée comme route nationale ; mais il parait que les millions nécessaires ne peuvent éclore du fond des caisses vides de l'Etat.

Vigos. — Tout près de Molines, coule le premier affluent du Tarn, *Cagnonnais*, s'entend. C'est la belle source de Vigos. D'après la tradition locale, témoin le bon Père Louvreleuil, elle roulait autrefois des paillettes d'or.

Auriferum postponet Gallia Tarnem. (AUSONE).

— *Stupete !* interrompt le gascon, si je trouvais là quelque pépite.

Il se précipita vers la source ; en scruta les bords. Bientôt après, il nous rejoignait portant dans ses mains un caillou de *quartz* émaillé de *mica* qu'il enfonça platoniquement dans son havre-sac.

Ce sera un souvenir.

Non loin de Vigos, au hameau de *Montméjean*, il y a un ruisseau qui roule en été de petits grains d'argent.

(LOUVRELEUIL. mém. histor.).

II. — **Rocheblave.**

CHATEAU BIEN PLAQUÉ. — AIGUILLETTE. — UNE
DEMOISELLE A L'AMENDE.

— Attention, Messieurs, voici l'antique château de Rocheblave ! Plaqué en nid d'hirondelle contre le talus des *Chaumettes*, cet édifice rectangulaire, couronné de machicoulis qui sentent encore le marteau de l'ouvrier, est dominé par un faisceau de puissantes roches. Effilées en forme de fuseau, ces dernières s'élancent dans les airs à près de 50 mètres. « Sauf dans le fantastique *Barranco-Mascun*, dit M. Lequeutre, ou au *Rodellar* des petites Pyrénées espagnoles, nulle part je n'ai vu d'aussi fines colonnettes de rocher. »

(Tour du monde).

Au XIIe siècle, peut-être à cause de ses colonnes effilées en aiguilles, ce manoir féodal s'appelait Aguillette.

Déjà, en 1150 les de Rocheblave en étaient, propriétaires. Cette année-là, Raymond de Rocheblave donna au monastère de Sainte-Enimie la moitié du village du Belfre.

(Bul. A. 1867).

En 1529, le revenu du château était de 60 livres-tournois.

(B. A. 1889, page 134).

En 1567, la demoiselle de Rocheblave et ses enfants, ayant embrassé la Réforme, sont condamnés à une amende de 2.000 livres-tournois, Quelques années plus tard mademoiselle Louise de Rocheblave épousa Jean Aiméric seigneur de Roquelongue et Dolmières. (id.)

Les Lauberge de Cassagnoles succédèrent aux Rocheblave. Le château appartient aujourd'hui à M. Louis Jourdan, député de la Lozère, qui l'a fait restaurer.

(Bull. 1890).

A côté de Rocheblave se trouve une belle et profonde caverne qui est restée inexplorée jusqu'à nos jours.

III. — Entrée du Cagnon.

COLONNES D'HERCULE. — SOLITUDE. — PROSPECT. — BÊTES SAUVAGES ET TROGLODYTES. — HABITATIONS DES GABALES. — LEURS MŒURS. — VIEUX CASTELS.

A deux kilomètres en aval d'Ispagnac, on entre dans

le Cagnon du Tarn. Les Chaumettes et Pailhos forment ses deux *Colonnes d'Hercule*. A droite, le massif des Chaumettes étale ses beautés imposantes ; bientôt se déroulent des talus d'éboulements laids, tristes ; quelques rubans de vignes, plantées en terrasses superposées, ou quelques bouquets d'arbres fruitiers ; plus haut, des arbustes, des broussailles, des clairières rocailleuses ; au sommet, les hauts remparts de Sauveterre puissamment assis sur leur base.

Sur la rive gauche, se dressent les grandes falaises de Pailhos, noirâtres, basaltiques, abruptes, bordées d'une lisière d'arbres, peupliers, chênes, noyers, arbousiers, buis, amélanchiers, et surplombant presque à pic sur la rivière ; plus haut, perché à une hauteur de 20 mètres, assis sur une table rocheuse, s'élève un moulin antique alimenté par la grosse source de *Pelatan* ou *Javillet* ; au dernier plan, les murailles du Méjean qui cachent le hameau de *Tomple*, où peut-être, au temps jadis, les Druides sanguinaires faisaient couler des ruisseaux de sang humain.

Devant nous, cachés dans le feuillage, les hameaux du *Buisson* et de *Chambonnet* ; plus loin, se continuent les sombres gorges du Tarn, couronnées à l'horizon par les immenses bastions de *Poujols* et de *Chaldas*.

Au premier aspect de cette gorge sauvage, on se demande si des hommes ont pu fixer leur existence dans des lieux si abruptes, si escarpés, disons le mot, si effrayants.

Cependant on nous assure que les *Troglodytes* en ont fait leur séjour fortuné. Les nombreuses cavernes disséminées dans ces gorges sont devenues leur habitation favorite. Ils en ont disputé le domaine au sanglier, à l'*ursus spelæus* (ours des cavernes, au *felis spelæa* (chat des cavernes) et ils ont fini par remporter la victoire.

« Les *Gabales*, lisons-nous dans le *Pagus gabalicus*

(page 386),avaient leur habitation sur les hauts plateaux, des *oppidum* sur les pics des montagnes, des lieux de refuge naturels, tels que les cavernes, ou des abris souterrains creusés par la main des hommes. Tout leur était bon, pourvu, comme le dit César, (C. Livre VI, cap. 34) en parlant des Gaulois en général, qu'ils s'y crussent en sûreté... Les cavernes nombreuses dans le Gévaudan ont été primitivement habitées. Des fouilles pratiquées dans ces souterrains en ont produit des preuves manifestes. »

« Les deux lieux de refuge découverts dans la commune de Chastel-Nouvel sont très curieux et offrent un modèle de ces nombreux abris que l'homme savait se procurer pour sa sûreté personnelle. Les vallées aujourd'hui si fécondes n'étaient alors probablement que des marécages. »

De ce nombre nous pouvons citer la belle vallée de Marvejols, qui n'était qu'un marécage en 980.

Echapper à l'esprit de rapacité des peuplades voisines ou des Romains et surtout au glaive des Barbares, tel est le motif qui tenait les Gabales blottis au fond des cavernes.

Les bois leur fournissaient un gibier abondant; le Tarn, le Lot, des poissons succulents; quelques chèvres, leur lait, et quelques maigres brebis, leur toison.

Lorsque la civilisation arriva et qu'ils connurent l'art de la maçonnerie, ils sortirent peu à peu du fond de leurs cavernes et construisirent leurs premières maisons sous des auvents ou abris de rocher; ensuite, prenant goût à s'épanouir sous les brûlants rayons du soleil, ils s'arment du marteau et du ciseau, taillent la roche inaccessible; ils roulent de grosses pierres sur sa plate-forme, les alignent, les relient avec du ciment ou de l'argile et couronnent le piton ou monolithe d'un vieux castel.

Du haut de leur nid, nos aiglons défient tous les efforts d'une armée ennemie. On ne les prendra ni par

la faim, car ils ont d'abondantes provisions, ni par la
soif, car ils ont creusé une citerne dans les flancs du rocher.

De nos jours, ces antiques habitations ont disparu, ou à
peu près, du Cagnon du Tarn, et la plupart des demeures sont construites en rase campagne, au pied de gigantesques falaises.

A deux kilomètres en aval de l'entrée du Cagnon au
détour d'un puissant éperon du Méjean, se déroule tout
à coup à nos regards (rive gauche) un riant vallon. C'est
Montbrun, mont rembruni, en effet, par le pinceau du
temps.

IV. — **Montbrun.**

Coup de sabre a la Gargantua. — Topographie.
Pont. — Chateau-fort. — Chapelle. — Mons-
tuéjols. — Roan. — Les Chapelu. — Reliques
de Quézac. — De Montbrun. protestant. —
Exploits. — Son chateau pris et rasé — M.
Claret.

« Un grand coup de sabre, à la *Gargantua*, a entaillé la
« membrure du Causse Méjean. De cette entaille, le sang
« a jailli, c'est-à-dire deux belles sources. Elles y font
« surgir une luxuriante végétation contrastant avec
« l'aridité des lèvres de l'entaille. C'est là que Montbrun
« est venu se blottir et établir son nid. »

(Pro. ad Libellum. par M. l'abbé Bosse).

Assis à mi-côte sur le flanc de la montagne, entouré
d'un vert ruban d'arbres fruitiers, de terrasses, de champs
fertiles, *Montbrun* (240 habitants ; commune, 420 h. :
550 m. d'altitude ; canton de Ste-Enimie : 1 curé, 1 vicaire) ne manque pas d'une certaine coquetterie.

Vu de la route il attire vos regards et vous dites :
Voilà un charmant petit site !

Un pont jeté sur le Tarn (1884), baigné à son pied par deux sources écumantes, le met en communication avec Ispagnac et Ste-Enimie. Racontez-nous l'histoire de ce village, disons-nous à notre intéressant cicerone.

— Au moyen-âge, nous répond-il, Montbrun possédait un château-fort. Pendant plusieurs siècles, ce manoir féodal commanda à la vallée. Vers l'an 1080, le seigneur Frédol de Montbrun donna à Pierre *(Petrus)*, prieur de Ste-Enimie, une partie du *Mas des Avens*.

(Histoire du monastère).

Cent ans plus tard, Etienne de Montbrun et Guy de Montesquieu, son gendre, feudataires du prieur de Ste-Enimie, rendirent hommage à Pierre Eraclée pour certains droits que le monastère avait sur leurs biens (id.).

A cette époque, Montbrun possédait une chapelle vicariale, placée sous le patronnage de St Pierre. Le 16 avril 1322, l'humble prieur, Bertrand Eraclée, présente Pierre Aigouin au vicaire général de Mgr de Mende pour remplacer Jean Roquette à la chapelle St-Pierre-de-Montbrun (id).

Au XIVe siècle, le manoir de Montbrun appartenait aux *Monstuéjols*. Ces derniers, dont le château était et est encore situé près de la sortie du Cagnon, étaient seigneurs de Liaucoux, Lueysses, la Condamine, Vebron, Condage, St-Rome-du-Tarn, etc.

Leur branche aînée s'éteignait en 1378 dans la personne de Bertrand. Guy de Liaucoux, leur parent, hérita de leurs titres, droits, justices, manses, forteresses, terres et revenus.

(BARRAU).

Durant les quinze mois que Roan, frère de Merle, occupa Quézac (1583-1584), il s'empara de Montbrun et des revenus de son église. Il ruina cette dernière ; des

matériaux et sur le même emplacement il fit construire
« une maison forte » *(sic)*.

(Déposition de Pierre Mathieu, 10 septembre 1584).

A cette époque, le château de Montbrun appartenait
aux *de Chapelu*. Léon de Chapelu, seigneur de Montbrun, fut condamné, en 1567, à une amende de 1.000 l.
t. pour frais de guerre parce qu'il était calviniste et
avait porté les armes contre le roi de France (Bull.).

Emprisonné, en 1572, par Louis de Pélet, seigneur
de Combas, parce qu'il détenait injustement certaines
reliques de Quézac et d'Ispagnac, il fut relâché, le 18
mars 1573, sur la responsabilité du notaire Jean Comitis.

Le 20 octobre 1587, le seigneur de Montbrun, à la
tête de 400 arquebusiers huguenots et de 100 cavaliers,
secondé par le seigneur de Séras, s'avance vers Chirac,
s'en empare et le fortifie. Il occupe cette ville pendant
deux mois, met en émoi tout le Gévaudan et ne consent
à capituler que grâce aux habiles négociations de
Me Comitis, son ami, notaire et consul de Ste-Enimie.
Il rend la ville et reçoit une indemnité de 1.500 livres.

(B. A. passim.)

La mort frappa ce chef des rebelles avant qu'il pût
toucher cette contribution de guerre et on obligea le
sieur de Séras à se contenter de 500 livres (id).

Tandis que Montbrun jouissait à Chirac du fruit de
sa conquête, Didier, commandant de la garnison de Ste-
Enimie, se jette à l'improviste sur son château, s'en
empare et le rase jusqu'au sol « pour le bien et soula-
gement du pays ». « 200 escus sol » furent la récompense du vainqueur (id).

En 1793, M. Claret, curé de Montbrun, tomba au
pouvoir des Sans-Culottes. Emprisonné à Nîmes, il
allait monter à l'échafaud, lorsque la chute de Robes-

7.

pierre arriva et vint le sauver. Il fut aussitôt mis en liberté avec son ami intime M. Bastide, curé de Sainte-Enimie.

Telles sont, Messieurs, les quelques notions historiques que j'ai pu glaner sur le village de Montbrun.

V. — **La Condamine.**

Dolmen. — Manoir féodal. — Y avait-il un prieuré. — Encore Andredieu.

Messieurs, continua l'enfant des rives du Tarn, je dois une mention honorable au village de la Condamine, qui se trouve là-haut, derrière ce rempart du Méjean, sur le chemin de Montbrun à Florac. Là repose depuis des siècles un antique dolmen. La pierre tumulaire a 4 mètres de long sur 1 mètre 50 de large.

Ce monument mégalithique est en beau calcaire blanc. D'une régularité parfaite de lignes, il semble trahir la main d'un ouvrier habile armé d'un ciseau. De l'avis des connaisseurs, pas n'était le dolmen de la Fare, près Chirac, celui de la Condamine aurait la palme d'honneur, dans notre vieux Gévaudan. Cependant les monuments de ce genre, vieux vestiges de l'ère celtique, ne sont pas rares chez nous. Sur les causses et les plateaux de la Lozère, c'est par centaines qu'on compte les *dolmens*, les *tumuli*, les *menhirs;* des objets de parure, des lances en pierre, des flèches, des haches, des couteaux en silex, des grains de collier en jayet, en verre, des dents et des coquilles percées, des bracelets en bronze, des agraphes en os d'ours ou de sanglier, des poteries gauloises ou romaines qu'on en a extraites on en chargerait des charettes et des voitures. On croit que le dolmen de la Condamine n'a pas encore été fouillé d'une manière complète.

Voilà un appât offert aux infatigables archéologues!

La Condamine possédait jadis un manoir féodal.

En 1174, Hugues de Dolan abandonna ce village et certains terrains adjacents au monastère de Ste-Enimie.

(Arch. Fonds de Sainte-Enimie).

Le château aurait été la propriété des seigneurs de Monstuéjols.

Au 15ᵉ siècle, la Condamine était-elle le siège d'un prieuré? Mystère. Voici ce qu'on lit dans le rôle de la taxe extraordinaire perçue pour le rachat des enfants de François Iᵉʳ en 1529 : Messire Antoine Raymond, prieur « de la Condamine, a juré son bien noble valoir par « commune année 46 livres-tournois.

(Bull. 1889, page 131).

Lorsque Andredieu parut, le duc de Montmorency députa de Pézenas le sieur de la Condamine à Mende « portant commandement à Mgr de Mende et à la no-blesse du pays de s'opposer aux desseins d'Andredieu. » Nommé chef de la défense du pays et commandant du château de Peyre, La Condamine lève 100 soldats et harcelle l'ennemi presque sans relâche. Montesquieu arrête d'Assas à la Malène. Le baron de Tournel s'unit au marquis de Portes : on assiège Grèzes : huit jours après Andredieu demande à capituler.

Telle fut l'issue de cette sanglante alerte (1621-1622).

(Bull. passim.).

VI. — **Panorama de Montbrun.**

Il est en petit ce que les autres Panoramas de la Lozère sont en grand.

Voulez-vous, MM. les Touristes, avoir une idée adéquate du beau *panorama* de Montbrun? Escaladez la montagne; montez près de Fraissinet-de-Pouzols, abordez les lèvres du Méjean à 950 mètres d'altitude. De là, la vallée profonde et d'admirables points de vue se dérouleront à vos regards. A droite, à vos pieds, le grand éperon du Méjean que nous venons de contourner se joignant au massif de la Boissière, vous barrera l'entrée du Cagnon.

A gauche, au premier plan, se profileront à vos yeux les immenses falaises tantôt grises et glacées d'or, tantôt rougeâtres, zébrées de noir, de vert, de jaune, ou ensoleillées, de Castelbouc, Prades, les Egoutals, Prunets, etc.; au second plan, l'amphithéâtre de Sainte-Enimie, le moderne *Puits-Roc*; enfin à l'horizon lointain, la corniche de la *Beaume*, les hauteurs de *Teissonnières*, de *Cabrunas* et de Saint-Chély.

A vos pieds, se dessineront les grands escarpements de Montbrun aux mille couleurs, gris perle et rouge, flamboyant au soleil, ses deux ravins fertiles, le long *Cirque de la Chadenède* et de Charbonnières, les oasis de Blajoux, Villaret et Pouzols, tachetées de vergers, d'amandiers, de noyers séculaires et enfin les grands promontoires et remparts de Sauveterre, mouchetés de taillis, de crevasses, de *rajols*, de rochers empanachés, tantôt plantés à pic, en arcades, en portails; tantôt accroupis à dos d'âne ou de dromadaire et couronnés de quelques maigres plate-bandes, plantées de vignes, semées de blé, de pommes de terre ou de légumes; en face, se dresseront sur les remparts et les lèvres de Sauveterre les hameaux de Tonnas, Nissoulogres, les Lacs, etc.

Ce tableau sera poétique, ravissant, splendide.

Le Tarn coulant au fond de la Gorge reliera toutes ces beautés autour de son ruban argenté.

Ce panorama minuscule sera en petit ce que seront en grand l'*Hort de Dieu*, la *Croix de Fer* sur l'Aigoual, le *Ventalon*, le *Signal du Tarnon*, ou la *Can de l'Hospitalet*, dans les Cévennes; *Crucinas*, *Malpertus*, ou le

Signal des Laubies, sur le mont Lozère ; le *Truc de St-Laurent-de-Muret*, la *Sentinelle, Bonnecombe, Maillebiau* sur l'Aubrac ; *Randon* sur le Palais du Roi et le *Buisson* sur le causse Méjean.

VII. — Les Riverains.

Sont-ils pauvres ou riches. — Actifs ou paresseux. — Le Cabussaou. — Policés et non barbares.

— A propos, interrompt le Gascon, avec une pointe d'ironie, à la vue de ces *vastes* champs de blé, larges et grands comme la main, je m'imagine aisément que les habitants du Cagnon ne doivent manger du pain qu'une fois par mois ou par semaine.

— Détrompez-vous, Monsieur. Les riverains du Tarn sont d'une activité, d'une intelligence rare. Aussi, ils jouissent d'une aisance relative. Chez cette population vierge, peu nomade, on trouve peu de paresseux, et, par suite, peu de mendiants. La grève, le chômage, les riverains ne le connaissent que le dimanche.

Accoutumés aux privations, ces braves gens sont d'une audace, d'une constance et d'une intrépidité prodigieuses. Ils profitent du moindre pli de rocher, de la moindre crevasse, du coin minuscule, pour y transporter, souvent sur leur dos orné d'un *cabussaou* (nom très vulgaire), un peu de terre végétale, destinée à nourrir quelque arbre fruitier, ou a former une légère plate-bande de blé, de choux, de pommes de terre. Aux premiers zéphirs du printemps, on voit, comme par enchantement, les amandiers, cerisiers, vignes, noyers, pommiers, pêchers, abricotiers, etc., couronner de leurs fleurs multicolores et de leur verdure les aspérités les plus rocailleuses de ces pentes abruptes. Aussi, ces braves riverains sont presque rivés à leur sol natal. Est-ce étonnant? Ils l'ont transformé, ce sol ingrat, embelli, transfiguré, en l'arrachant, au prix de leurs sueurs et de leurs fatigues, à une nature parcimonieuse qui, pour eux, s'est montrée plutôt une marâtre qu'une tendre mère. N'usez donc pas contre eux de l'arme de l'ironie ! Vous les fàcheriez jusqu'au blanc des yeux. Ces bonnes gens, aux mœurs très douces, polis, civilisés, très serviables, sont fiers de leur vallon, malgré toutes ses horreurs, ils l'aiment, le vantent, l'adorent : tant il est vrai de dire qu'*à chaque oiseau son nid est beau.* Vous prêchez *pro domo tuâ,* me direz-vous. Je crois me tenir dans les justes limites de la vérité.

Ajoutons qu'un grand nombre de riverains émigrent dans le Midi pour y travailler et où ils y sont connus sous le nom de *Gavaches.*

VIII. — **Château de Charbonnières.**

VIEILLES TOURS. — COUCHES. — STRATIFICATIONS. — BASALTE. — BITUIT. — LES MONTESQUIEU. — ROAN. — CHATEAU PRIS ET REPRIS. — D'ALBIGNAC. — CAPITAINE FUMEL. -- UN INGRAT. — A QUOI A SERVI LA DESTRUCTION DES VIEUX CHATEAUX.

Tout en dégoisant de la sorte, nous avions parcouru plusieurs kilomètres. Montbrun avait déjà disparu à nos yeux. Un nouveau paysage se déroulait à nos regards.

Faisons une halte pour contempler ce nouveau site.

— Quelles sont ces vieilles tours qui émergent du haut de ce rocher taillé en plate-forme (ri. g.) et enveloppé dans un fouillis de verdure?

-- C'est Charbonnières, antique manoir féodal, aujourd'hui converti en ferme. Il ne reste que quelques pans de ses vieilles tours.

« Le bizarre amphithéâtre de Charbonnières, dit M. « de Malafosse, offre un phénomène assez rare, digne

« d'attirer l'attention du géologue. Les couches de l'é-
« tage du bajocien se sont affaissées sur environ 500
« mètres de largeur, dans le sens d'une grande fissure,
« qui n'atteint pas les dolomies. A 150 m. environ au-
« dessus du sol, la roche reprend son horizontalité, jus-
« qu'au haut de la montagne. Il y a eu probablement
« une action locale d'affouillement dans les marnes du
« lias situées un peu au-dessous du Tarn.

« Le stratifications se sont disloquées en s'affaissant
« dans e vide assez peu profond pour être bientôt com-
« blé. La commotion s'est atténuée graduellement et la
« grand masse des dolomies est restée intacte. »

(Monographie des Gorges du Tarn p. 38).

A Charbonnières, on rencontre la couche basaltique
qu'on rtrouve sur différents points du Canon, à Prades,
à Ste-himie, aux Vignes, à Plaisance, près du Rozier.
Sur le bsalte se trouve superposée une couche d'anthracite carbonnifère, livrée à l'exploitation à différentes époaes. C'est peut-être ce qui a fait donner au château en uestion le nom de Charbonnières.

Après la défaite de Bituit, sur les bords du Rhône
(121 av..-C.), par Fabius Maximus, les Romains occu-
pèrent la Provence ou Narbonnaisé. Au dire de certains
historien les vainqueurs auraient franchi les Cévennes
et étendues limites de leur conquête jusqu'au lit du Tarn.
Cela étan les Romains auraient pu exploiter les mines
du Canol

Du XII au XVIᵉ siècle, le manoir de Charbonnières
appartint ix Montesquieu. Vers 1493, Louis de Montesquieu, t de Charbonnières, était moine de Ste-Enimie. Cent as plus tard, ce château était la propriété du
seigneur dGibertès.

En 1582 rançois Merle, surnommé Roan, abandonne
Quézac moünnant une forte indemnité. L'année suivante, il se int au capitaine La Serre, à Ginieyres et

autres, et, à la tête d'une soixantaine de rebelles, il surprend Charbonnières et s'y fortifie. Un beau jour, il en sort furtivement, tombe à l'improviste sur le château de Mallevicille, le livre au pillage et amène captif à Charbonnières le seigneur du logis. Après trois mois de siège, Roan capitula entre les mains du capitaine Lagarrigue, lieutenant de Sébastien de Pontault, seigneur de St-Didier (1583).

Le vaincu reçut 380 écus et on lui accorda la mise en liberté du capitaine Vilsène, d'Hippolyte et Rodier.

Le vainqueur toucha 400 écus à titre d'indemnité.

(Arch. dép. C. 341). Bull. passim.)

Le capitaine d'Albignac, chef d'une bande de rebelles, s'empara encore de Charbonnières en 1588. Noble Sébastien, défenseur de la place, fut obligé de capituler (id.).

Cachés dans leur repaire, les vainqueurs en profitérent pour répandre aux environs le vol et le pillage.

On arme 500 arquebusiers et 80 cavaliers pour reprendre la place. Pendant de longs jours. le capitaine Fumel, chargé du blocus, vit échouer toutes ses tentatives contre une poignée de bandits. On entame des pourparlers. D'Albignac se montre très arrogant.

Les seigneurs de St-Didier. Pouzols et Vivian conduisent les négociations ; ils accordent au capitaine une rançon de 700 écus et la liberté de sortir de la place avec les honneurs de la guerre (id.).

Le seigneur de Gibertès se montra très-peu reconnaissant de la reprise de son château. Il refusa de payer la moitié de l'indemnité. On fit saisir ses biens, et les Etats décrétèrent la ruine de son vieux manoir (B. A. 1888, p. 385).

Ce fortin fut-il complètement ruiné à cette époque ? Nous ne le croyons pas, puisqu'il existait encore en 1621 et 1724. En 1622, Mme de Vareilles reçut 90 livres pour y entretenir 3 soldats pendant 3 mois.

Disons en passant que la démolition de ces vieux donjons a été une mesure excellente. Pourquoi ? me direz-vous. Parce que, prétendant ne relever que de Dieu et de leur épée, les châtelains retranchés derrière les épaisses murailles de leur manoir crénelé, exerçaient le plus souvent sur leurs vassaux la plus dure tyrannie. Ambitieux, hautains, querelleurs, ils passaient leur temps à batailler contre leurs voisins. C'était la guerre perpétuelle.

Naturellement, les faibles et les petits étaient les premières victimes de ces rivalités intestines: point de sécurité sur les routes; le commerce et l'agriculture étaient paralysés, la justice méconnue, la religion foulée aux pieds ; souvent même, enfants, femmes, vieillards, prêtres et religieux étaient violentés et tombaient sous les coups des hommes d'armes.

IX. — **Pouzols — Blajoux — Le Villaret.**

Beau site. — Propriétaires. — Un Comte qui sert a table d'humbles moines. — Eglise de Blajoux.

Après quelques minutes d'un doux repos, nous nous levons pour courir à la découverte de nouveaux paysages.

Bientôt nous entrons dans une charmante oasis où nichent trois villages: *Pouzols, Blajoux, le Villaret*. Cachés sous un nid de verdure, ils sont entourés de plates-bandes, où croissent des légumes, des céréales, des arbres fruitiers, et où serpentent des treilles, dernières épaves du phylloxéra.

Au XIIe siècle, Pouzols et le Villaret appartenaient aux moines de Sainte-Enimie. Cette donation leur fut faite, en partie, par Gervais de Cénaret et Raymond d'Altier (1148); et en partie, par Déodé Alméras de Sainte-Enimie (1165).

En 1265, Hugues, comte de Rodez, céda aussi aux religieux certains droits qu'il avait sur le Villaret, les *Acens, Comberosse* et le bois de *Saimage*

(*Fonds du mon.*)

A la même époque, Blajoux appartenait aux seigneurs de Liaucoux. En 1255, Pierre de Montjézieu achetait sur ce village une rente de 3 sols.

Le prieur Guy de Lestrange recevait en 1381, de Guy de Monstuéjols, l'hommage-lige pour ses biens de Tonnas et de Blajoux.

C'est dans cette circonstance que le noble seigneur reconnaît être obligé de servir à table le prieur et ses religieux, tous les ans, le dimanche des Rameaux : mais en retour il se réserve le droit, comme par le passé, de porter la bannière qui précède les reliques de Sainte Enimie, lorsqu'elles sont portées à Mende ; ce qui avait lieu tous les sept ans (id).

Blajoux (136 habitants), forme une petite paroisse de 234 âmes. L'église est propre, coquette, bien tenue. La route traverse Blajoux et s'enfile vers le Villaret, à travers vignes, jardins, *planches* (plonquos) et vergers. Elle passe à côté de ce dernier village, aux voies étroites *(carréïrons)*, dont les maisons enfumées présentent un cachet tout rustique.

X. — **Castelbouc.**

CHADENÈDE. — CASTEL DANS UN TROU. — CERBÈRE. PAYS DE DIABLE. — GROTTE. — FOUR PHÉNOMÉNAL. — CHATEAU. — LES MONTJÉZIEU. — CHAPELLE DE SAINT-JEAN BTE. — RUINE DU MANOIR. — MADEMOISELLE DE CALVET.

Sur la rive gauche, presque en face de Blajoux, se

montre à nos yeux une demi-douzaine de maisons noires, enfumées, basses, mal bâties. — Quel est donc ce
village, demande M. Raoul. — C'est la Chadenède,
village très ancien.

Un peu en avant, vous voyez plaqué contre ce géant
rocheux le hameau de *Castelbouc*. — Quoi ! un castel
au fond d'un trou pareil ? — Patience, répond le cicérone. Regardez au-dessus du village, au haut de l'immense monolithe (100 mètres de hauteur). Voyez-vous
ce piton rocheux qui domine ses compagnons et de la
tête et des épaules ? C'est *Cerbère*. On dirait qu'il est
encore couronné de quelques vieilles épaves, ruines,
pans de mur...

Hé bien, voilà où perchait jadis le fameux *Castelbouc*.

— Certes, il était bien assis le nid d'aigle !

— Quel site bizarre, cependant, j'allais dire burlesque.

— C'est un pays de diable, dit le gai Dauphin.

— Vous parlez du diable, Monsieur. Eh bien, nous
verrons avant demain que cet esprit malin a autrefois
hanté ces lieux et pour son malheur.

Admirez, en attendant, cette belle source qui coule
au pied de la falaise, s'échappe d'une grotte profonde
de 68 mètres, large de 15, alimente Castelbouc et sert
d'écoulement aux eaux tombées sur les plaines de
Canet, la Citerne, Poujols, Chaldas...

« A Castelbouc, dit Louvreleuil dans ses *Mémoires*,
« se trouve un four si grand et si vaste, qu'avant qu'on
« en ait fait le tour, le pain qu'on y met est déjà cuit ;
« parce qu'il est creusé dans la caverne d'un rocher,
« qui est au milieu d'une chaîne d'autres rochers, dont
« le circuit est de trois à quatre lieues ». Ce four existe
encore aujourd'hui.

Aux larges flancs de la roche et sous les auvents, se
trouvent adossées des maisons très anciennes.

Revenons au vieux manoir féodal et racontons son
histoire. Ce château a-t-il été construit lors de l'invasion

des Sarrasins, qui après leur déroute à Fer-Rouland,
se fortifièrent dans nos Cévennes? Est-il l'œuvre des
Normands qui remontèrent le Tarn avec leurs pirogues
en cuir? Ou bien a-t-il été élevé par les riverains indi-
gènes, afin de leur servir d'asile assuré et imprenable?
Nous l'ignorons.

Au XIIe siècle, nous savons qu'il appartenait aux
Montjézieu. En 1244, le prieur, Pierre de Montjézieu,
acheta à noble Guillaume Astorg de Castelbouc le droit
d'albergue pour deux cavaliers et un écuyer (fonds du
mon.). Gui de Châteauneuf rendit hommage, en 1309,
au seigneur de Montjézieu et Castelbouc au sujet de
certaines rentes qu'il percevait aux Aguillères, Périères
et la Pinède de Laval (id).

En 1382, le seigneur de Castelbouc érigeait une chapelle sous le vocable de St Jean-Baptiste. L'abbé Astruc
en était nommé chapelain en 1503. Le fondateur,
d'après l'acte de collation de l'abbé Astruc par le prieur
Antoine Raymond, s'appelait Guillabert, seigneur de
Montjézieu et de Castelbouc. Deux ans plus tard, Louis
d'Albignac remplaça l'abbé Astruc et trois mois après
il fut remplacé lui-même par Guillaume Badaroux (id).

Au XVIe siècle, les Montbrun acquirent le vieux
donjon de Castelbouc. De ce dernier, les calvinistes ne
purent jamais se rendre maîtres. Le 8 juin 1588, les
Etats du Gévaudan « sur l'avis de M. de St-Didier,
que les rebelles de Meyrueis, Florac, les Cévennes veulent se saisir du *roc de Castelbouc*, où ne se fait aucune
garde de jour, ni de nuit, considérant que si les ennemis s'en emparent ils y feraient une retraite inexpugna-
ble, ayant moyen de là de piller et ravager le pays, ou
de se faire payer rançon comme ont fait les occupa-
teurs de Charbonnières, décident en présence du seigneur évêque, qu'il est très nécessaire de faire démolir
et raser la dite maison, murailles et fortifications de
Castelbouc. Le sergent Paris est chargé des susdites

démolitions » (arch. dép. c. 814). Comme on avait conservé les fondements du château et quelques pans de mur, on ordonna le 21 avril 1592 que tout fût démoli de fond en comble. Dans cette ordonnance on voit qu'il y avait à Castelbouc deux forts, dont l'un appartenait à M. de Montbrun et l'autre à Mlle de Calvet. (François de Calvet, seigneur de Fontanilles, avait servi vers 1572 dans les rangs de l'armée huguenote). (Arch. dép. c. 815).

XI. — Hâtons-nous lentement.

ANXIÉTÉ. — FAMEUX ÉCHO. — UN RÊVE DORÉ. — AC-COUREZ POÈTES. — UN SUJET TRAGIQUE. — PROCHAINE MERLIADE.

Si nous nous attardons de la sorte, dis-je un peu impatient, nous n'arriverons à Ste-Enimie qu'à la nuit obscure. Pressons le pas, Messieurs.

> Et jam summa procul villarum culmina fumant;
> Majoresque cadunt altis de montibus umbræ.
>
> (Virgile.)

— *Piano! moderato!!* s'écria le gascon d'une voix de stentor. Le grand rocher des *Egoutals* et tous les échos de la gorge renvoyèrent à nos oreilles étonnées le formidable *piano! moderato!* C'est ravissant, reprit le gai méridionnal, voilà que tous les échos de la vallée se mettent de la partie pour me donner raison.

— Il me semble que nous sommes à *Villebertain* ou à *Simonetta*. Me voilà à *Woodstoch*, dirait un anglais.

Que n'ai-je un million pour rebâtir ce vieux fortin de Castelbouc! j'y viendrai finir mes jours.

Ne voyez-vous pas, Messieurs, miroiter, floconner, moutonner, dans le cristal de l'eau, les nuages du ciel, les tours, les aiguilles, les vergnes, les saules, les longs peupliers, les remparts du Méjean dorés par le soleil et le ciel bleu?

Mais c'est magique! Poëtes de France et de Navarre venez donc allumer les feux de vos muses à ce ravissant spectacle ! Montéʃ sur Pégase, venez chanter les rives du Tarn et enfanter la plus belle des élégies! Ici votre coursier rapide ne sera plus rétif ! Ah si j'étais poëte !!!

— D'autant, répondit en souriant l'enfant de ces rives fortunées, que vous pourriez trouver dans l'histoire de ces lieux un sujet riche et fécond.

— Quoi donc ? — Je veux parler de la mort tragique d'un seigneur de noble race, qui, frappé par une balle huguenote, en combattant pour Dieu et pour la patrie, expira en ces lieux mêmes.

— Quel était son nom? — Noble François de Capluc, écuyer du roi Henri III. En voici la preuve:

« L'an 1577 et le jeudi 24 janvier, noble François de
« Capluc, escuyer du roi, seigneur du dit lieu (Capluc)
« et du Bruel, Chaumels et autres places, sachant être
« constitué en maladie, à cause d'une arquebuzade que
« lui feust donnée par certains soldats, conduits par un
« soy-disant capitaine la Bressière de St-Ypolite, ven-
« dredi dernier, 18ᵉ du présent mois, au lieu de Cas-
« telbouc, accompagné de plusieurs soldats ; de laquelle
« blessure il est en danger de mort... lègue et donne à
« demoiselle Balthesare de Thubière, sa femme, oultre
« le contenu au dit testament, la somme de 200 livres-
« tournois,
« Fait son héritier universel, noble Loys de Ca-
« pluc, son fils légitime et naturel. Fait au lieu de
« Prades-de-Tarn, présents Maître Sébastien de Pon-
« tault, seigneur de Ste-Enimie, M. Antoine Fages,
« prieur de Vebron, etc. Dubruel, notaire. »

(Arch. dép. série E. famille de Capluc, bul. 1887, p. 305).

— Je retiens le fait, dit le gascon, je le passerai à un poëte de mes amis, et il paraîtra dans la prochaine Mer-liade.

XII -- **Prades du Tarn.**

VINS DE PRADES. — LES CANILLAC. — PROCÈS. —
LANGUE DES BŒUFS. — ANCIEN OCTROI. — MOINES QUI
AIMENT LES VIGNES. — CHAPELLENIE. — PRÊTRES DU
CAGNON EN 1528. — UN PRIEUR QUI EMPRISONNE DES
JUGES. — UU ABBÉ QUI FAIT RECULER MERLE. —
GARNISON. — UN VOLEUR SACRILÈGE. — BRULÉ VIF.
— POPULATION DU CAGNON EN 1724 — UNE VISITE EN
COURANT.

Le village du Villaret avait déjà disparu à l'horizon,
lorsque nous voyons émerger en aval sur un mamelon
le lourd château et les antiques maisons de Prades. La
riante oasis, qui l'enveloppe gracieusement dans son
sein, est une des plus belles et des plus fertiles du Canon.
Le vin qu'elle produit jouit depuis des siècles d'une réputation bien méritée. La paroisse est placée sous le
patronage de saint Julien.

Nous croyons qu'avant le XIIᵉ siècle, Prades (247 habitants; commune, 448 h.; canton de Ste-Enimie ; 485
m. d'alt.; 1 curé) appartenait aux barons de Canillac.

Si les gorges du Tarn sont hérissées de tant de châteaux-forts, c'est peut-être un peu à cause du bon vin
qu'on y a récolté depuis de longs siècles. Sans nul doute
les nobles barons du pays devaient, pour ce motif allé-
chant, se disputer ces rives et ces riants côteaux. Nous
allons voir que les moines eux-mêmes se laissaient prendre à cet hameçon tentateur.

En l'année 1275, il s'éleva une dispute entre les barons de Canillac et les prieurs de Ste-Enimie, au sujet
du mandement de Prades. Les deux partis en revendi-
quaient la suzeraineté et la propriété. Le Parlement de
Toulouse vida la querelle en faveur des religieux bénédictins de Ste-Enimie.

De cette époque, ces derniers prélevèrent sur Prades certaines censives. Comme à Ste-Enimie, ils se réservèrent les langues des bœufs, les reins des pourceaux et un quartier de mouton à Noël, sur chaque boucher ; une paire de souliers sur chaque cordonnier, une paire de semelles sur les grolliers ; un pain sur les boulangers, le dimanche des Rameaux, et un autre le jour de St Etienne ; une écuelle sur les marchands de terraille ; les leudes rases ou *coumoules* sur le blé et les noix ; une obole sur les bestiaux vendus ; un cuir de bœuf, ou quelques livres de lard.

(Histoire du monastère).

— Mais c'était là un véritable octroi en nature ? ajouta le Gascon.

En 1280, Pierre Eraclée demande à Mgr de Mende la cession à son monastère de Saint-Julien de Prades « bénéfice qui possède, dit-il, de nombreux et riches vignobles et en conséquence ce lieu fournira le vin nécessaire à la Communauté. » Sa demande est prise en considération et l'autorité diocésaine fait droit à sa requête, vu que les seigneurs du lieu ne vivaient pas toujours en bons termes avec les moines : *Cum monasterium sit positum in medio nationis perversæ et multos habeat juxta se potentes et mobiles inimicos, concedimus juxta petitionem.*

(Acte de cession. id).

En 1425, François Allemand fonda à Prades la chapellenie de St Julien et Ste Basilisse. Celle de St Michel existait déjà.

Le nombre des prêtres de Prades était, en 1528, de 11 ; Montbrun en comptait 2 ; Sainte-Enimie 41 ; St-Chély-du-Tarn 6 ; la Malène 6 ; St-Préjet 6 ; le Rozier 19 ; Quézac 19, sans compter les 10 de la collégiale ; Ispagnac 20 (B. A.) A cette époque M. Hardy était curé de Prades.

Chose curieuse ; au plus fort des guerres de religions, en 1577, le prieur de Ste Enimie, s'étant mis en rupture de bans avec son évêque, arrêta et enferma dans le château de Prades, de Guilleminet, syndic du diocèse, Claude Achard, juge ordinaire de Mende et Pierre Rodes, docteur de Marvejols, que les Etats du pays déléguaient vers Mgr de Dampville, gouverneur du Languedoc, pour en obtenir secours et protection contre les huguenots. On fut obligé de s'adresser au roi pour obtenir l'élargissement des prisonniers. Sa majesté Henri III écrivit au seigneur de Pontault, alors prieur, une lettre un peu à cheval, lui enjoignant « d'élargir les délégués « devers le maréchal, qu'il détient prisonniers, sans « prendre d'eulx rançon, ni autre chose. »

(B. a. 1887. p. 307-317.)

Sébastien Pontault s'exécuta, après plus d'un mois de tergiversation. Ce prieur mourut la même année. On lui donna pour successeur Antoine Fages, prieur de Vebron et du Rozier. Ce dernier était un homme très courageux, énergique, à l'humeur guerrière et chevaleresque. Après la prise et le pillage d'Ispagnac, Quézac, Bédouès, le capitaine Merle jette des regards de convoitise sur les trésors du monastère de Ste-Enimie. Il s'avance donc contre Prades à la tête d'une poignée de bandits, pour, de là, continuer sa marche vers la capitale du Canon. A cette nouvelle, l'intrépide prieur se jette dans le fort de Prades avec une douzaine de soldats aussi braves et aussi déterminés que leur chef. Avec un courage héroïque il résiste à tous les assauts des religionnaires, les oblige à lever le siège et à battre en retraite. Merle était vaincu : Ste-Enimie et les villages du Cagnon délivrés d'une ruine certaine.

Le vaillant défenseur de Prades fut blessé au bras d'un coup d'arquebusade, mais sa blessure n'eut pas des

8.

suites funestes. Ce brillant fait d'armes eut lieu en décembre 1580.

(GONDIN. CHARBONNEL, ETC. *Déposition de Jean Comitis, 13 septembre 1584*).

Le 20 novembre 1591, M. de Fosseuse, gouverneur du Gévaudan, « vu que la ville de Sainte-Enimie et le château de Prades, proche d'icelle, sont de très grande importance pour le service du roi », ordonne de placer une garnison de 20 arquebusiers à pied, commandés par le capitaine Comte, en la ville de Ste-Enimie et trois au château de Prades, sous les ordres du capitaine Sales.

(Archi. C 815.)

Sur la demande des consuls de Ste-Enimie, ces soldats devaient protéger cette partie du Cagnon contre les incursions des ligueurs de Compeyre, Peyreleau, les Vignes, la Malène etc. Ste-Enimie et Prades avaient déjà embrassé la cause du roi Henri IV.

(id. passim.)

Antoine Albaric était alors curé de Prades.

En l'année 1634, il se passa à Prades un évènement fort tragique. Un insigne voleur pénètre dans l'église (ce qui arrive aujourd'hui très-souvent) et s'empare des vases sacrés. Aussitôt que le vol sacrilège est connu, on fait de tous côtés les plus actives recherches. Le coupable est pris, jugé et condamné à être brulé vif sur la place de Prades. Son crime méritait un pareil châtiment.

De nos jours si on agissait avec la même sévérité on n'aurait pas à déplorer tant de vols sacrilèges de la même nature.

(CHARBONNEL.)

En 1724, Prades comptait 85 familles ; Sainte-Enimie

244 ; la Malène 104 ; Saint-Chély 96 ; Saint-Préjet 55 ;
le Rozier 17.

(LOUVRELEUIL.)

En 1755, Prades avait pour curé M. Doladille et en
1774 M. Guillaume Robert.

A notre entrée dans le village un petit roquet nous
fait les honneurs de la réception. Après une courte
visite faite au château, qui n'a plus rien d'intéressant, à
l'église romane qui est propre et bien tenue, à la fontaine. au moulin ainsi qu'à une auberge de fort humble
apparence, où on nous sert un bock de bière, nous
quittons à regret ce site enchanteur et nous nous préci-
pitons vers Sainte-Enimie, encore distant de 4 kilom.

XIII. — De Prades à Sainte-Enimie.

TABLEAU DU CAGNON DANS LA PÉNOMBRE. — MALA-
GROTTE. — LE TIOULAS. — DROIT DE PÊCHE.

Les reflets du soleil couchant n'empourprent déjà
plus les hautes parois du Méjean. La gorge profonde de
600 mètres nous paraît plus triste, plus sombre et plus
lugubre. Caché dans le frais bocage, le rossignol fait
entendre ses derniers accents mélodieux. Le Tarn, qui
roule à nos pieds ses ondes pures dans un sillon argenté,
mugit à l'instar d'un grand vent qui se joue dans l'immense forêt.

L'azur du ciel se réflète dans ses flots cristallins.
Sur les pianiols d'eau dormante, les poissons courent à
l'envi à la chasse des moucherons qui viennent raser de
leurs ailes la plaine liquide. Prenant leurs ébats, les
hirondelles, au vol rapide, leur font aussi une guerre à
mort. L'oasis de Prades disparaît à nos yeux.

Voici *Malagrotte*, l'antique demeure du *Drach* mi-
thologique et des *fées* du moyen-âge.

A nos regards scrutateurs se déroule un nouveau paysage. Autant sous les rayons de l'astre du jour, les sites pittoresques du Canon sont charmants, magnifiques, enchanteurs; autant sous les voiles de la nuit où à l'heure des noirs orages, ils sont imposants, grandioses, terribles. Sous la pénombre du jour et de la nuit, au crépuscule, ils revêtent un éclat majestueux, qui élève l'âme, la ravit, la transporte vers les régions supérieures du monde surnaturel et l'invite à la méditation, au recueillement, à la prière.

Voyez-vous se dresser devant nous ce géant des siècles, cette immense falaise, qui baigne son pied humide dans les eaux du Tarn?

Partagée en deux par la terrible *Durandal* de *Gargantua*, ce grand sapeur du Canon, taillée à pic et en plate-forme, sa grande masse constitue un des plus puissants contreforts des deux causses. On l'appelle *Lou Tïoulas*. Dans ses antres béants et caverneux cette énorme roche cache et abrite des myriades de poissons. En aurons-nous un plat pour dîner, demande le périgourdin?

— C'est probable, répond le Cicérone.

Sur les rives du Tarn le poisson est presque aussi commun que le pain. De nos jours et à leurs heures, presque tous les riverains s'adonnent à la pêche. Ils connaissent les bons passages, les lieux de refuge et les *caves* les plus fameuses. Pas n'étaient le garde-pêche et les gendarmes on trouverait à acheter de poisson presque dans toutes les demeures.

Au bon vieux temps, les moines bénédictins s'étaient réservé ce droit sur leurs terres. Bon an, mal an ils en retiraient 500 livres de rente. La Révolution a aboli tous ces privilèges de riverains et les pêcheurs du Cagnon ont salué avec enthousiasme l'ère nouvelle de *Liberté*, d'*Egalité* et de *Fraternité*. Le Tarn est devenu pour eux un champ commun d'opérations.

XIV. — **Bassin de Sainte-Enimie.**

Oasis. — Topographie. — Décrochetage d'une chapelle de Saint-Joseph. — Descente du Bac.

Bientôt s'ouvre devant nous, presque ensevelie dans
l'ombre, la charmante petite oasis de Ste-Enimie.

Au 1er plan, en amont d'une large digue, s'étend une
belle nappe d'eau dormante. Sur les deux rives, s'étale
un gracieux ruban d'arbres verdoyants. Oseraies, peupliers, vernes, saules, noyers, cerisiers, amandiers y
croissent à l'envi. Au second plan, l'antique cité de la
vierge royale, bâtie en amphithéâtre sur la rive droite,
avec son clocher roman, couronné d'un grand bâtiment
qui sert aux frères de maison d'école et qu'on a construit
tout récemment au fond du ravin du Bac sur l'emplacement de l'ancien monastère.

Au bas de la gorge, unissant les deux rives par cinq
arches, s'élève un pont du XVIIe siècle. Au beau milieu
sur un pilier antique, on admira jadis, jusqu'en 1793,
une chapelle dédiée à St Joseph.

Le 24 janvier de cette année à jamais néfaste, on en
enleva les portes, qu'on cacha dans l'écurie de Pierre
Grousset, ex-conseiller municipal. Le crime fut dénoncé
à l'accusateur public, qui ordonna une enquête.

(B. A. 1884).

Au troisième plan, à gauche, apparaît un ravin couronné d'arbres fruitiers, de plates-bandes, à travers lesquelles grimpe la belle route du Causse Méjean et où
vient aboutir la *grande Draye*. C'est par cette voie que
depuis des siècles sont passés des millions de troupeaux
transhumants. D'abord larges de 80 mètres sur les terrains incultes et de 20 mètres sur les terres cultivées,
les grandes drayes, par suite des empiètements succes-

sifs des riverains, ont été réduites à quelques mètres de largeur.

(Pagus Gab. p. 384).

A droite, un bouquet de peupliers, le rocher de *Chante*, qui barre la gorge ; plus haut, les deux corniches de *Castel-Merlet*, où se trouve plaqué le petit ermitage tout blanc de Ste Enimie, et enfin, à l'extrême horizon, les parois des deux causses qui font face à St-Chély et à Pougnadoire. Tel est le bassin de Ste-Enimie, vu du fond de la gorge, profonde de 600 à 800 m.

Si vous voulez le contempler du haut de la côte de Sauveterre, écoutez M. Lequeutre.

« Je me souviendrai toujours, dit-il, de ma première
« impression en 1879, lorsque, descendant les lacets du
« ravin du Bac, au milieu des lavandes, des vergers en
« terrasses, des escarpements rocheux, je vis tout à
« coup, sous mes pieds, au fond d'un abîme, les toits
« de Ste Enimie, au centre de toutes ces roches rouges
« qui semblaient flamboyer sous le soleil.

« J'avais grand soif, ayant traversé le Causse en plein
« midi ; je voyais l'eau sous mes pieds ; mais j'oubliai
« ma soif et je prolongeai la descente, tant c'était à la
« fois imprévu, beau, étrange. J'ai vu une ville dans un
« puits, a dit un ancien visiteur. C'est parfaitement
« juste ; seulement il faut dire que le puits est fort large.

« En 1793, Ste-Enimie fut surnommée *Puits-Roc* : le
« nom, cette fois, était bien choisi. L'arrivée par le causse
« Méjean est moins intéressante et l'on fera bien, je
« crois, de se rendre à Ste-Enimie, soit par Ispagnac,
« soit par la route de Mende et le ravin du Bac. »

(Tour du monde).

XV. — Arrivée à Ste-Enimie.

Harassés de fatigue, haletants de soif, nous débouchons enfin dans les étroites ruelles de l'illustre capitale du Cagnon. Ces rues sont presque toutes en tire-bouchon, raides malingres, mal pavées, peu alléchantes. C'est à n'y rien comprendre.

Voici l'hôtel Malaval, à l'extrémité du pont.

Ce brave monsieur est là debout, sur le seuil. On dirait qu'il nous attend. Le sourire sur les lèvres, l'air avenant, il s'avance vers nous :

« Messieurs les touristes paraissent bien fatigués, nous dit-il en nous tendant la main. — Ereintés, Monsieur !

— Nos dents sont aiguisées et notre estomac crie déjà famine, répond le gascon. — Nous aurons de quoi vous restaurer, Messieurs. Entrez ! »

Arrivés au salon ou plutôt à la salle à manger, nous tombons sur le premier siège venu et essuyons le front tout ruisselant de sueur ; car il fait grandement chaud, au fonds de ce puits.

Enfin nous poussons un soupir de satisfaction disant: C'est égal, en voilà une rude course et un *compendium* de merveilles à inscrire sur notre calepin !

— *Brimborium!* Bagatelle, répond notre cicérone.A demain, Messieurs, c'est là que je vons attends.

CHAPITRE IV.

I. — **Ste-Enimie.** — **Son histoire.**

Sa naissance royale — Vertus. — Un mariage manqué. — Lèpre. — Ange du ciel. — Burle. — Voyage. — Triple guérison. — Une princesse qui se consacre a Dieu. — Monastères. — Vie angélique. — Miracles.

Le dîner fut gai, copieux, succulent. On dîne bien à l'hôtel Malaval. L'hôtel St-Jean a aussi une réputation bien méritée et on ne sait trop à qui donner la préférence.

Notre cicérone sut fort bien jouer son rôle. Se tenant toujours à la hauteur de son sujet, il nous raconta, par le menu, l'histoire de la fondation de Ste-Enimie et de la Vierge royale.

Les fondements de la ville où nous sommes, dit-il, furent jetés par une illustre princesse mérovingienne.

Son nom était Enimie. Fille de Clotaire II, dit le *Jeune*, et de Berthetrude, sœur de Dagobert, roi de France, l'illustre vierge naquit vers l'an 602 de l'ère chrétienne. Ornée des plus belles qualités de l'esprit et du corps, la petite-fille de la trop fameuse Frédégonde montra de bonne heure un goût très prononcé pour la piété et la pratique des vertus chrétiennes.

« Sainte Radegonde, mon aïeule, sera mon modèle, » disait-elle souvent dans le secret de son cœur.

A la cour, elle grandit comme le lys immaculé au milieu des épines. *Sicut lilium inter spinas.*

« Tandis que le monde chantait et s'amusait bruyamment autour d'elle, son âme, comme celle de Ste Cécile, offrait au Seigneur un cantique bien différent de ceux qui frappaient son oreille. Son pieux langage reproduisait presque à la lettre la prière si connue de la vierge martyre.

« Que mon cœur et mes sens demeurent toujours purs, ô mon Dieu! Que ma vertu ne souffre point d'atteinte ! »

(Vie de Ste Enimie, par M. l'abbé JORY, pag. 6).

Parvenue à l'âge nubile, le roi, son père, lui prépare un brillant mariage, avec l'un des plus puissants barons du royaume de France.

> *Payré senher*, répond la jeune vierge, *per ré del mon,*
> *Non auray marit, ni espos ;*
> *Mas Jésus-Christ lo glorios,*
> *Al cal aï promès castelat*
> *Tener é ma virginitat.*

Ces paroles de Bertrand de Marseille signifient :

> « Mon cher seigneur et père, pour rien au monde,
> Je n'aurai jamais d'autre mari, ni époux
> Que Jésus-Christ, le glorieux,
> A qui j'ai voué ma chasteté,
> Lui promettant de garder ma virginité. »

— Tu m'obéiras ! répond le roi en colère.

Enimie tourne alors ses regards vers le ciel.

C'est de là qu'elle attend son secours. Elle n'espère pas en vain. Le lendemain, la royale princesse ne sort pas de sa chambre, elle reste clouée sur un lit de douleur. Une lèpre hideuse se déclare ; le terrible mal couvre son corps, de la plante des pieds jusqu'au sommet de la tête, et défigure tous ses traits.

La désolation règne dans le palais royal.

Aux chants joyeux succèdent les pleurs.

Adieu apprêts de mariage ! Adieu rêves et projets d'avenir ! Seule, Enimie nage dans la joie. Hier, elle avait dit à son Dieu : **Quæso, pater sancte, ut non** *in me prævaleat homo.* Et aujourd'hui elle lui adresse ses remercîements : *Gratiosas laudes domino totis sen-sibus ex solvit.*

On appelle toutes les sommités médicales. Leur art reste impuissant. La maladie est incurable disent-ils. Hélas! la jeune princesse restera-t-elle couverte de ce manteau de douleur et d'ignominie ?

Ste Radegonde, Anges du Ciel, Vierge Marie, inter-cédez donc pour elle!

Une nuit, elle reposait tranquillement sur sa couche, lorsque, réveillée en sursaut, elle entend une voix qui l'appelle:

> *Enimia, Vierge dé Dyeu,*
> *Messatgés fizels ti suy yeu ;*
> *Per mé ti manda Dieus,*
> *Dé Pla, qué t'en anés en Gavalda :*
> *Car l'ay trobaras una fon*
> *Qué rendra ton cors bel é mon.*
> *Cé té lavés en l'aygua clara.*
> *A nom Burla.*

« Enimie, Vierge de Dieu, le Seigneur, dont je suis le fidèle messager, vous commande d'aller aussitôt en Gévaudan ; car vous y trouverez une fontaine dont les eaux limpides rendront à votre corps son ancienne beauté. Elle s'appelle Burle. *Vay t'en lay*! Partez à l'ins-tant! »

Suivie d'une brillante escorte, la princesse royale se met en route, arrive à Bagnols-les-Bains, traverse le mont Lozère et vient se plonger dans les eaux froides et glacées de la fontaine de Burle. Elle invoque les saints noms de Jésus et de Marie et elle sort de l'onde miracu-leuse complètement guérie. Dans son émotion, elle tombe à genoux, puis s'assied sur la roche dure, et celle-ci s'amollit, dit-on, sous le poids de son corps virginal.

Sur les instances des barons de sa suite, la vierge

royale remonte par deux fois les âpres côtes du Tarn, deux fois elle est reprise par la lèpre hideuse ; deux fois encore elle redescend le ravin du Bac et retrouve la santé en se replongeant dans les ondes de la fontaine miraculeuse.

La volonté de Dieu est par trop manifeste.

C'est dans ce lieu sauvage et solitaire que la jeune princesse doit passer le reste de ses jours et se consacrer au service du Très-Haut.

Le roi Clotaire s'incline devant la volonté du ciel.

A sa fille bien-aimée, il envoie de grandes sommes d'argent. Celle-ci en achète de vastes domaines dans les environs. Par un privilège royal, ses terres sont exemptées de tout impôt : *Salva Terra*. La jeune vierge édifie deux églises en l'honneur de Marie et St Pierre.

Elle bâtit encore deux monastères et fonde deux communautés religieuses.

L'évêque de Mende, St Ilère, se transporte sur les rives du Tarn pour consacrer au Seigneur la Vierge Enimie, avec ses compagnes fidèles. Il l'établit abbesse de son monastère.

(Bollandistes).

Pendant de longues années, les rives du Tarn furent témoin des austérités de la fille de St Benoit. Elle édifia ses compagnes par la pratique de toutes les vertus.

Bientôt, à l'instar de Ste Marie-Madeleine, elle sent son âme dévorée par les saintes ardeurs de la vie contemplative.

Transmigra in montem sicut passer.

Emigre, ô ma bien-aimée, sur le flanc de la montagne voisine, lui dit la voix de son céleste époux. Va poser ton nid, ô ma colombe, dans les creux des rochers, au fond de cette grotte qui domine la vallée.

Sicut columba in foraminibus petræ.

L'humble vierge s'élance ; d'un pied alerte et léger, elle gravit la montagne et ses escarpements rocailleux, accompagnée de sa filleule. Comme le passereau solitaire, cette fille de nos rois établit sa demeure au fond de la grotte qu'on admire encore de nos jours. Elle aura pour couche la terre nue ; pour oreiller, une pierre; pour fauteuil, le creux d'un rocher ; pour abri, l'auvent de la roche et la voûte du ciel ; pour nourriture, quelques plantes sauvages.

Herbarum vilitate ac modico cibo contenta.

Qui nous dira les élans de son âme, les ardeurs brûlantes de ce cœur de séraphin ? A voir cette sainte recluse, on eût dit l'ange de la pénitence expiant, dans une affreuse solitude, les crimes de toute une dynastie.

Pour récompenser ses vertus héroïques, le Seigneur lui accorda le don des miracles.

Un jour, la fille de Clotaire était assise sur son fauteuil rocheux. Elle contemplait son monastère et sa source bien-aimée. Tout à coup, elle voit arriver, du bas de la montagne, un pauvre riverain. Il porte son bras en écharpe, car il est paralysé. Le pauvre infirme monte avec peine. Il est triste, souffrant, essoufflé.

« O noble dame, lui dit-il en l'abordant, il ne dépend que de vous d'obtenir du bon Dieu la guérison de mon bras ; car j'en ai besoin pour gagner ma vie. — Ayez confiance en Dieu, répond la Sainte.

Elle tombe en prière, touche le bras de l'infirme et le renvoie complètement guéri.

Quelque temps après, un lépreux, sur l'ordre de la vierge Enimie, allait se baigner dans les eaux de Burle et il en sortait plein de santé.

Et restituta est caro ejus sicut caro pueri parvuli.

Une veuve du nom de Martha venait de perdre son enfant ; il s'était noyé en traversant le Tarn. Pleine de confiance en la servante de Dieu, cette mère désolée prend dans ses bras le corps inanimé de son fils. ; elle gravit la montagne et le présente à la sainte recluse. « Rendez-moi mon enfant, » lui dit-elle en fondant en larmes. Enimie implore le secours du ciel : sa prière est exaucée. L'enfant revient à la vie et la vierge le rend à sa mère. (Voir la *Vie de Ste Enimie*).

Tous ces miracles et mille autres grandissent la réputation de la Vierge royale et lui attirent un grand nombre de disciples. L'humble solitaire n'en profite que pour redoubler de ferveur et d'austérités. Une sainte mort vient bientôt couronner une vie si angélique. l'enlever à la tendresse de ses Sœurs et à l'affection des riverains (630).

II. — Légende de Ste Enimie.

UNE VIERGE A LA POURSUITE DU DÉMON.

TRÉPIGNEMENTS D'IMPATIENCE. — TEMPS OU LES PIERRES PARLAIENT. — RÈGNE DU DÉMON. -- JE ME VENGERAI, DIT LE DIABLE. — PIES BABILLARDES ANATHÈMATISÉES. — PONT JETÉ SUR LE TARN. — DÉMOLITIONS SUCCESSIVES. — SOUPÇONS BIEN FONDÉS. — ENIMIE MONTANT LA GARDE. — UN GRAND DIABLE APPARAIT. — POURSUITE A OUTRANCE. — MALIN, MALIN. — UN SAINT QUI DORT. — GIFFLE, PATTE DU DIABLE. -- SATAN VAINCU. — ROCHERS QUI PARLENT. — L'IFFER. — PAS-DE-SOUCI.

Comme le trésor royal se montrait inépuisable en générosité. la vertueuse Enimie entreprit de jeter un pont sur le Tarn pour unir les deux rives.

C'est ici, Messieurs, ajouta l'enfant de la Lozère, que se rattache la fameuse légende de sainte Enimie. Tous de concert de nous frotter les mains de plaisir et de pousser un *hourrah* de satisfaction.

— Patience, les amis, ce sera pour le dessert ; entre

la poire et le fromage! Notre cicérone de réparer le temps perdu et de ne procéder, (à dessein sans doute), qu'avec une lenteur toute platonique.

Nous trépignions d'impatience.

— Une minute! vraiment on dirait que vous êtes curieux comme des femmes *(salvâ reverentiâ)* ou des enfants.

Denique tandem, après avoir pris un petit verre de bordeaux, notre narrateur fait mine de vouloir commencer.

Arrectis auribus adstant; intentique ora tenebant.

(Virgile).

— La *légende du diable*, dit-il, a subi autant de *variantes* qu'il y a eu de narrateurs.

St Ilère en fut le héros, disent les uns: ce fut le moine Guillaume, répondent les autres: Il s'agissait de la construction d'un monastère, ajoutent ceux-ci? C'était la construction d'un pont, soutiennent ceux-là.

Pour nous la véritable héroïne de ce conte fameux ne fut autre que sainte Enimie elle-même.

Le voici tel que nous le tenons de la bouche des vieillards les plus respectables des rives du Tarn?

Au temps où les *pierres parlaient*, avant l'ère chrétienne, le diable régnait en maître sur notre pays. Montagnes, vallons, cavernes, antres et abîmes, tout lui appartenait. Il trônait surtout dans les Gorges du Tarn. Grâce aux nombreux *avens* (abîmes) qu'on y rencontre à chaque pas, le démon en profitait à volonté pour sortir de l'enfer, ou pour rentrer dans les noirs abîmes.

Lorsque la Vierge Enimie arriva dans ces gorges sauvages et encore à demi-païennes, Bélial en fut contrarié à l'excès. Je me vengerai, dit-il; Enimie ne régnera pas sur les gorges du Tarn; ce sera moi Lucifer. Il convoque une de ses légions. Esprits malins, dit-il, déguisezvous en pies loquaces, et nuit, et jour, faites un tapage infernal autour du monastère et de l'oratoire d'Enimie, la Mérovingienne ?

Vous voyez d'ici comment les esprits malins s'acquittèrent de leur mission diabolique ? Ils firent un *tohu-bohu*, un vacarme à épouvanter bêtes et gens.

Tout à coup la vierge Enimie sort de sa retraite, calme, impassible, mais le regard sévère.

A sa vue, les malins s'enfuient à tire-d'aile, qui du côté du Méjean, qui du côté de Sauveterre, qui en amont qui en aval du Tarn. La Sainte lève la main, elle trace un grand signe de croix et prononce cet anathème. « Pies impertinentes, au nom de Dieu, je vous bannis à jamais des gorges du Tarn ?» La malédiction fut efficace. Depuis plus de mille ans on n'a plus revu une seule pie dans le Cagnon du Tarn.

Le démon, un peu déconfit, ne s'avoua pas encore vaincu. On sait qu'il est fécond en expédients. Nous trouverons bien quelqu'autre petit tour de passe-passe, se dit-il, en se frottant la moustache; attendons ! mettons-nous au guet.

Afin de mettre les deux causses en communication, la princesse ordonne donc de jeter un pont sur le Tarn. Tous les ouvriers d'alentour sont convoqués. On se met à l'œuvre. On touchait déjà aux feux de la canicule et l'ouvrage devait être terminé au solstice d'automne; car alors, comme aujourd'hui, le Tarn indompté aimait à en faire quelqu'une des siennes. Lourdement appuyées sur le roc, les piles du pont émergeaient déjà sur la surface liquide. La vierge royale se réjouissait de voir qu'elles s'élevaient sans encombre.

Lorsqu'un beau matin on les trouve renversées et démolies de fond en comble. Quel est donc l'auteur du mal ? Où se cache le grand coupable ? Mystère ! Enigme ! La courageuse vierge se remet à l'œuvre; mais quelques jours plus tard les nouvelles constructions se trouvent renversées comme les premières.

Quel est donc l'auteur d'un pareil désastre, demande-t-on de toutes parts? L'œuvre serait-elle maudite de Dieu? Un sorcier aurait-il jeté contre elle un sort diabolique? Triple mystère! Triple énigme!

Enquêtes, recherches, inquisitions, interrogatoires, tout est inutile. C'est vraiment désespérant.

Prions, dit Ste Enimie! Bientôt les ombres du mystère se dissipent. Sous l'inspiration de son ange gardien, la vierge reconnaît son ennemi.

Encouragée par St Ilère, elle fait reprendre les travaux avec une nouvelle ardeur.

Un soir, drapée dans un long manteau, elle va se blottir derrière un rocher, bien en face des constructions nouvelles. Quelles sont ses armes? Le psautier et un flacon d'eau bénite. Une heure se passe, puis deux, puis trois; minuit sonne au beffroi du monastère. C'est l'heure où les moines abandonnant leur couche, vont chanter matines.

Tout à coup, la sainte voit se dresser, à quelques pas, un noir fantôme. Ce personnage, à mine suspecte, jette de tous côtés un regard scrutateur: c'est un colosse, il en a la taille et l'envergure. Autour de lui règne un silence de mort. Jusque dans leurs marais, les grenouilles ne ronronnent plus d'épouvante et d'effroi. Se croyant seul, sans témoin, le fantôme pousse un sauvage éclat de rire et s'avance vers les constructions nouvelles. A son air insolent de réprouvé, à son rictus infernal, il était impossible de ne pas reconnaitre Satan, en personne. On assure même qu'à travers l'obscurité profonde, Enimie aurait reconnu le pied fourchu du prince des ténèbres. *Transeat.*

Arrivé auprès de l'ouvrage de maçonnerie, le diable se met consciencieusement en devoir de le démolir. A l'instant, la vierge Enimie s'arme du signe de la croix, sort de sa retraite, s'élance vers l'esprit-malin, l'arrose d'une pluie d'eau bénite et l'étourdit par de si nombreux signes de notre rédemption, que ce dernier ne voit de salut que dans la fuite. Il se lance donc, à toutes jambes, en aval du Tarn et sans demander son reste. La sainte se précipite à sa poursuite sans calculer le danger.

Obstacles presque insurmontables, affreux précipices, obscurité profonde, abîmes insondables, gouffres béants, rien ne l'arrête. Transportée par sa foi ardente, éclairée par un certain rayonnement sinistre qui s'échappe du front de l'ange maudit, Enimie effleure à peine de son pied virginal le sol rocailleux. On aurait dit l'archange saint Michel à la poursuite de Lucifer.

Longue fut la chasse, difficile, pleine d'incidents; car des gorges sauvages du Tarn, Satan connaissait tous les sentiers, tous les passages, tous les détours.

Vingt fois nos deux champions traversent le Tarn, ils passent de la rive droite à la rive gauche et réciproquement de la rive gauche à la rive droite.

Tout à coup, la vierge s'écrie d'une voix forte: Arrête-toi malin! et les rochers d'alentour répètent dans un écho formidable: Malin! malin.

Ce lieu fut baptisé, dès ce jour, du nom de Malène. Que pouvait contre l'esprit du mal une telle apostrophe! Fi-donc! Il fallait pour lui des arguments frappants. Il continue donc sa course furibonde. Enimie le serre de près. A les voir, ne dirait-on que ce sont deux gladiateurs qui dans une course échevelée, se disputent la palme de la victoire. Quelle sera donc l'issue du combat? On ne peut encore le prévoir.

Nos deux fiers lutteurs arrivent au Cirque des Baumes. St Ilère était dans son ermitage; *Prope flumen Tarni.* Prévenu par Ste Enimie, il devait, au moment du danger, lui prêter main forte, arrêter le diable au passage et l'enchaîner comme un vil criminel. En passant au bas de l'immense falaise l'astucieux fuyard se rappetisse à tel point, marche si vite et d'un pas si léger, que le saint plongé dans une méditation extatique, ou peut-être même endormi, ne voit rien, n'entend rien.

Qnel malheur, s'écrie la vierge Enimie, il va m'échapper ! Haletante, épuisée, elle ranime ses forces, rallume son courage ; elle ne court plus, elle vole. Les sinistres railleries des *fades* et des *fadarelles*, qui apparaissent sur le seuil de leur *chambre*, doublent sa vitesse. Déjà elle détalonne son mortel ennemi ; elle va le terrasser et poser sur sa gorge son pied virginal, afin de l'enchaîner, lorsque le colosse se retourne furieux et de sa main brulante il lance à l'humble vierge un soufflet formidable. Enimie s'incline, esquive le coup et la main infernale va frapper le flanc d'un énorme rocher. On montre encore gravées sur la pierre dure les traces de cette main infernale et de ses doigts ensanglantés.

Voilà la *patte du diable,* dit-on au passant.

Ajoutons pour mémoire qu'aujourd'hui elle est cachée au simple vulgaire ; seuls les *Initiès...* peuvent l'apercevoir.

— Que fit alors Ste Enimie? demanda le Gascon.

— Elle recula de quelques pas, de sa main virginale elle traça une croix latine sur un énorme rocher presque vertical et qui existe encore aujourd'hui: « Je te défends, dit-elle au démon, de remonter plus haut le long du Tarn. » L'Esprit infernal ne répond que par des ricanements moqueurs qui vont réveiller au loin les échos de la vallée.

La Sainte résolut alors de l'en punir, mais d'une manière exemplaire. Se retirant à quelques centaines de pas en arrière, sur le tapis de gazon de Fontmaure :

> *Rocs et laïssos,* s'écria-t-elle dans l'idiome
>   du pays,
> *Venès o moun sécours,*
> *Et coupa ly los maïssos !*

« Rochers et falaises, venez à mon secours et brisez-lui les machoires ! »

Aussitôt les rochers d'obéir, de s'ébranler sur leurs bases, de faire entendre des craquements affreux, un formidable tintamarre et de rouler avec fracas dans la gorge profonde.

Effrayé, éperdu, Satan se précipite alors vers un gouffre profond, vrai soupirail de l'enfer, qui depuis a reçu le nom d'*Iffer*: Le Maudit n'en était qu'à deux pas, lorsque *Roche-Sourde* s'abat sur son front coupable et l'écrase sous son énorme masse.

Lou tendras ou loï dobalé? « Le tiendras-tu ou faut-il que je descende? lui crie Roc-Aiguille. »

> *Amic l'ancien,*
> *Té dérengés pas.*
> *Lou téné bien.*
> *M'escoporo pas.*

« Ami l'ancien, ne te dérange pas. Je le tiens bien, il ne m'échappera pas », lui répond le géant vainqueur.

Au même instant, sur un geste de Sainte Enimie, tous les rochers, roulant dans la gorge, s'immobilisent dans leur course furibonde. C'est pour cette raison que plusieurs d'entre eux et des plus gros sont encore penchés en avant.

Le théâtre de la dernière scène de ce drame tragique s'appelle le *Pas-de-Souci*.

En effet, ce n'est pas sans soucis que le passant contemple, encore de nos jours, ce grand cataclisme.

Telle est, à travers 12 siècles de distance, la curieuse légende de Ste Enimie. Qu'un habile peintre la mette en relief dans un tableau animé de la couleur locale et nous sommes convaincus que son œuvre recevra les honneurs du Salon.

Désormais le pont de Ste-Enimie et les gorges du Tarn furent à l'abri de tous les maléfices de Satan. Seul, le Pas-de-Souci devint sa propriété. Souvent, au sein des ténèbres de la nuit, on l'entend, nous dit-on, pousser en ces lieux des gémissements lamentables sous l'énorme rocher qui le retient captif.

Claudite jam rivos, pueri, sat prata biberunt.

(Virgile).

J'espère, Messieurs, que notre seconde journée aura été bien remplie. Deux mots de prière, une invocation à Ste Enimie, patronne du Cagnon, et en route pour le portefeuille !

TROISIÈME JOURNÉE.

CHAPITRE PREMIER.

I. — Visite à Sainte Enimie.

LEVER DU SOLEIL DANS LE CAGNON. — LA VILLE. — BURLE. — COUSSAC. — LE MONASTÈRE. — ORIGINE. — DOMAINES. — JUSTICES. — DÉSERT. — RECOMMANDATIONS DE STE ENIMIE. — LE VOLEUR DES RELIQUES. — PROSPÉRITÉ. — RELIQUES PORTÉES A MENDE.

L'aurore vermeille avait à peine ouvert les portes de l'orient que notre intrépide Cicérone était déjà sur pied. Le pont, la fontaine, les étroits boulevards, les rues en cascade de Ste-Enimie avaient déjà reçu sa visite matinale. Comme il fait bon, disait-il, se réveiller avec la nature et les oiseaux du ciel! Quel plaisir d'entendre leurs chants mélodieux ! Quel bonheur de respirer à pleins poumons l'air frais du matin? Qu'il est beau de voir le ciel blanchir, se colorer, s'empourprer et les rayons de l'astre du jour se déployer dans l'espace et dorer les hautes parois du causse de Sauveterre!! Oh !

alors les pompes du ciel et les magnificences de la terre s'unissant pour charmer les yeux plongent l'âme dans une ravissante extase.

Une heure après son lever, l'Enfant de ces rives enchanteresses venait secouer rudement la porte de notre chambre :

— « Levez-vous parisiens engourdis, grands paresseux ! Etes-vous donc ici pour dormir ? C'est indigne d'un touriste que de ne pas assister au spectacle magique du lever du soleil dans les gorges du Tarn.

Adieu aux doux embrassements de Morphée !

Forcés sommes-nous d'obéir sans trop rechigner. Cependant un sommeil réparateur avait doublé nos forces. Voguons avec ardeur à de nouvelles courses.

Ste-Enimie est un bourg de 5 à 600 âmes : commune 1,032 habitants ; 480^m d'altitude ; chef-lieu de canton ; 1 juge ; 1 receveur ; un percepteur ; 1 curé ; 1 vicaire ; 1 notaire ; des gendarmes ; rive droite du Tarn.

Burle, la merveille du lieu, reçoit notre première visite. Tapissé de cresson et d'autres plantes aquatiques son bassin est en contrebas, presque au niveau du Tarn et formé par de grandes roches taillées à pic. Ce nouveau *Vaucluse*, aux eaux claires, limpides, couleur d'aigue-marine, sort à gros bouillons et sans bruit d'une large fissure pratiquée au flanc de la montagne. Il forme d'abord un beau réservoir où se jouent parfois sous les rayons du soleil de beaux et gros poissons.

Baignant de son onde pure quelques maisons de la ville échelonnées ou flanquées à cheval sur son parcours, le charmant ruisseau va se jeter dans le Tarn, à deux cent mètres plus bas.

Tout auprès, un peu en aval, sourd encore au ras du Tarn la fontaine de *Coussac*. Ses eaux d'une froideur glaciale sont presque aussi abondantes que celles de Burle. L'afflux de ces deux sources suîntant goutte à goutte d'un même réservoir mystérieux double presque le débit du Tarn et le rend navigable en toute saison.

Sur nos têtes, à droite, se trouvent les ruines et les hauts remparts de l'antique monastère. De ce dernier il ne reste que quelques débris épars. La vaste salle capitulaire est à peu près intacte. Au dessus, se trouve le *Réfectou*; sur la plate-forme, une terrasse bituminée. De là-haut, quel coup d'œil splendide! Dans les combles, même sous le jardin, de vastes caves; à côté, au nord, deux grosses tours découronnées et en assez mauvais état. Au milieu, entre deux basses-cours, une belle maison blanche, de construction récente, œuvre de M. le curé Boussac, servant de local scolaire aux bons Fréres du B. de la Salle.

Tout à côté, exposés au midi, un jardin et une splendide terrasse, du haut de laquelle on domine le bourg enfumé de Ste-Enimie. Le site est ravissant, d'un pittoresque achevé.

Nous voici, dit notre cher cicérone, sur l'emplacement d'une des plus antiques abbayes du Gévaudan. Elle fut fondée par sainte Enimie, morte vers 628 ou 630 de l'ère chrétienne, (6 octobre). La vierge royale dota son monastère de riches fondations.

Le prieur de Ste-Enimie était seigneur temporel du terroir compris entre St-Chély, Hauterive, Meyrueis, Florac, Montbrun, Castelbouc, Ispagnac, Montmirat, Montialoux, Balsièges, Cénaret, Chanac, Monferrand et Pougnadoires; en un mot de plus de la moitié du causse Méjean et du causse de Sauveterre.

Sur tous ces lieux, d'après le notaire Aldebert de Chamlong, il jouissait de la justice haute, basse, moyenne, mère, mixte et impère.

De fondation royale, le monastère de Ste-Enimie ne dépendait ni de Mgr l'évêque de Mende, comte du Gévaudan, ni du roi de France, héritier de la vicomté de Gothie. Cette indépendance le roi Philippe-le-Bel la lui reconnût en 1306. C'est ce privilège, sans nul doute, qui a valu à un château, à un village et au causse de la rive droite du Tarn le nom de Sauveterre. *Salva terra* terre-lige.

Lors de l'arrivée de la vierge Enimie sur les bords du Tarn, ces lieux étaient inhabités, ou à peu près. Un bois de chénes occupait le fond du ravin du Bac, et l'emplacement du bourg actuel.

On n'y voyait ni routes, ni maisons, ni chemins, ni sentiers. Le pâtre de la montagne y menait paître son troupeau de chèvres et quelques vaches malingres. De temps à autre, les sons harmonieux de son chalumeau rustique réveillaient les échos de la vallée.

> *Car adonca noï avia*, dit le troubadour cité
> plus haut.
> *Per la val istrada, ni via :*
> *Et an trobat inz per las blachas*, (bois de
> chénes.)
> *D'aquels qué van serca las vachas.*

C'est là-haut, au pied de la falaise rouge, dans la grotte de l'Ermitage que mourût Ste Enimie. C'est là qu'elle avait son lit, son fauteuil de pierre et son oratoire. Avant d'expirer la sainte dit à ses pieuses compagnes : « Vous placerez la tombe de ma filleule, Enimie, « au dessus de la mienne ? »

Vie de Ste Enimie.

« Telle est la volonté de Dieu. Vo͏ saurez plus tard « pourquoi je vous fais cette dernière recommandation. » L'une et l'autre furent donc ensevelies dans l'église de Notre-Dame de Gurgite (Eglise actuelle).

Ces dernières recommandations de la Vierge renfermaient un caractère tout prophétique.

On sait que le bon roi Dagobert, frère de Ste Enimie enlevait, un peu partout, les reliques les plus vénérées pour en enrichir l'église de saint Denys. Aussi est-il connu dans l'histoire sous le nom de *Prædo reliquiarum :* voleur de reliques.

Les restes précieux de saint Privat et de sainte Enimie n'échappèrent pas à la convoitise de ce roi hagiographe. Toutefois au lieu d'emporter les reliques de sa B. Sœur, le roi n'enleva que les restes d'Enimie, filleule de la Sainte. Fut donc pris qui croyait prendre.

Durant plusieurs siècles, le monastère de sainte Enimie fut très florissant. Les miracles opérés par la sainte Fondatrice grandirent surtout sa renommée. Un aveugle, Ragnulfe de Dignas ; deux femmes paralytiques ; une sourde-muette ; un jeune possédé ; deux dames aveugles, Lanthilde et Dominica ; l'aveugle Girbald du Bac ; Stephana la paralytique de Mas-Murta et mille autres durent leur guérison à la patronne des rives du Tarn (id).

Tous les sept ans, on portait triomplalement à Mende, les reliques de sainte Enimie. Religieux, prêtres et fidèles les accompagnaient en procession. A cette occasion, on retrouvait à Mende, les fidèles de Campagnac, la Canourgue, Prunières, Langogne etc. etc. On faisait ces processions *ad reverentiam exhibendam Bto Privato et Episcopo Mimatensi et pro reverentiâ cum majori dominio, cum suis reliquiis supplicare.*

Au XIII[e] siècle, ces pieuses pérégrinations étaient encore en vigueur.

(Charbonnel).

II. — Le Monastère aux VIII[c], IX[c], X[e] siècles et suivants.

Barbares. — Décadence. — Restauration. — St Chaffre. — Prospérité.

Aux VIII[e] et IX[e] siècles, le monastère de Ste-Enimie

eut à souffrir la fureur des Sarrasins et des Hongrois « *qui cléricos, monachos et alios probos homines vexabant.* » *(Prouzet)*. Il fut rançonné et pillé.

A ces maux vint s'ajouter l'incurie d'une mauvaise administration. Au milieu du Xe siècle, on n'y trouvait presque aucun vestige de communauté religieuse « *quod per incuriam et sæcularem cupiditatem male direptum erat, et, inopiá exigente, religionis status inibi penitus annulatus videbatur.* »

(Arte de cession).

Tant il est vrai de dire que, semblables à l'astre du jour, les institutions humaines paraissent, grandissent, brillent avec éclat et déclinent tout à coup pour retomber dans les ombres de la nuit.

Etienne, évêque de Mende, voulut relever l'éclat de ce monastère et lui rendre l'ancienne splendeur que lui avait acquise le B. Ilère.

« *Ilarius monasterium prope flumen Tarni, miro opere, ex sumptuoso labore, construxit, in quo copiosam fratrum multitudinem aggregavit.* »

(Ancienne leçon du Bréviaire).

Au VIIIe siècle, on prétend que Eudes, duc d'Aquitaine, aurait infligé une défaite aux Sarrasins, au sein du Gévaudan. Certains chroniqueurs vont même jusqu'à dire que le combat aurait eu lieu sur le Causse Méjean, dans la vaste plaine de Canet.

Les restes des bandes musulmanes se fortifièrent dans les châteaux-forts des gorges des Cévennes et y commirent mille brigandages.

(Mém. du Rouergue, tome Ier).

Les derniers princes mérovingiens qui soutinrent dans nos montagnes leurs droits à la couronne de France, Hunold et Vaïfre, avaient peut-être appelé les Sarrasins à leur secours. Pépin le Bref vint les combattre et les soumit vers 757.

40 ans plus tard, le fier Roland vint dans nos Cévennes tailler en pièces, près de Moissac, les dernières bandes musulmanes et dès ce jour une partie du Gévaudan passa sous la domination directe des rois de France.

Ce monastère était-il celui d'Ispagnac, de Ste Enimie, de St-Chély-du-Tarn, du cirque des Baumes? *Disputatur*. Nous ne pouvons encore résoudre ce problème.

En conséquence, Dalmace, abbé de St-Chaffre en Velay, fut appelé par l'évêque Etienne et le pape Agapit à restaurer la vieille abbaye royale.

Le 5 mai 951, l'acte de cession fut passé à Rome et signé par le pape, l'évêque de Mende et Gothescald, évêque du Puy. Les témoins furent le marquis Raymond et plusieurs prêtres du diocèse de Mende.

Le seigneur Trichemond fut le premier bienfaiteur du nouveau monastère. Il lui céda une partie du Mas de Nissoulogre. Dans le XIe siècle, le Mas de Val, le Beffre, une partie du Bédos, du Mas des Avens, des vignes du Chambonnet, Périères, le Pin, la Croze, Chaldas, Cabrières... devinrent la propriété des moines bénédictins. Les donations se multiplièrent de siècle en siècle et elles arrivèrent à produire plus de 20.000 livres de rente.

Aussi ce monastère fut-il un des plus riches du Gévaudan. Aux Etats, le Prieur de Ste-Enimie occupait le 4e rang et il venait après le dom d'Aubrac.

(*Histoire du Mon.* LOUVRELEUIL, CHARBONNEL, PROUZET, etc.)

Monastères. — Nous lisons dans la *Gallia christiana* qu'au commencement du 12e siècle, il y avait en Gévaudan cinq monastères annexés à la Congrégation de Marseille, St-Victor, à savoir:

1° Celui de Chirac, avec son église paroissiale;

2° St Martin de la Canourgue ;

3° St Martin de Salmon, *cum capellis suis*, Montjézieu et Auxillac ;

4° St Martin de Colognet (de Coloneo) ;

5° Ste Marie de Nasbinals.

Nous pouvons ajouter à cette liste les monastères de Langogne, Ste-Enimie, le Rozier, Ispagnac, pour les hommes. Le Chambon et Mercoire pour les femmes.

IV. — Prieurs du Monastère de Sainte-Enimie.

Dalmace, restaurateur, acquiert Nissoulogre (951).

Guillaume, très zélé, acquiert le Mas-de-Val (1075).

Pierre acquiert le Beffre, le Bédos, les Avens, la Croze, Pin… (1086).

Pierre acquiert des rentes sur Nivoliers, Poujols, Cavalade… (1148).

Arnal acquiert des rentes sur Champerboux, la Citerne, Valmale… (1165).

Pierre de Montjézieu acquiert le Mas-André, Chambonnet (1244).

Bertrand de Pierre reçoit l'hommage d'Hugues de Rodez et des Cénaret, acquiert Tonnas, la censive sur Prades et afferme le Sec à Pierre Bancurel (1262).

Pierre Eraclée encourt l'excommunication d'Odilon de Mercœur parce qu'il refusait les lettres de collation pour les églises de Grèzes et Cultures à B. Chapelle ; se soumet bientôt (1280).

Astorg de Châteauneuf, achète Mijoule 1120 l. t., maintient ses droits sur Planiol et Carnac (1300).

Guy de Châteauneuf, cède les églises de Grèzes, Cultures et St-Frézal, pour celles de Laval, St-Chély-du-Tarn, St-Hilaire, Ste-Marie-d'Estables et du château de St-Laurent-d'Olt (1308).

Bertrand Eraclée paie 42 florins pour la guerre d'Italie, acquiert la 4ᵉ partie du Causse Méjean, les Lacs, la Cure d'Ures (1319).

Etienne Hugonet (1343). Sous lui, Cumeyrac est condamné à mort par le juge prieural (1348).

Guy de Lestrange, *vir magnæ religionis*, célèbre la messe au château de Sauveterre, accepte en don 2 ornements, 1 missel, 1 calice revêtu des armes du cardinal de Canillac (1361).

Pierre de St-Martial, reçoit en 1418 l'hommage des Arpajon pour la Croze et St-Chély (1400).

François Alemand reçoit l'hommage des Peyre (1425).

François Alemand, neveu du précédent, nomme un capiscol, gouverne dix religieux, vicaire général de Julien de la Rovère, permute le prieuré d'Estables avec celui de Barjac, afferme le four de Ste-Enimie 22 moutons d'or ; bâtit le château de la Caze, démissionne et meurt en 1505.

Antoine Raymond (1491). Le jour de Noël 1493, le pitancier demande aux moines s'ils veulent de la viande ou du fromage. « De la viande », répond Aiméric d'Albignac. Peu animé de l'esprit religieux, ce dernier fut chassé en 1514.

Jean de Tournon, très pieux, très juste (1505).

François de Tournon, son frère (1514); devient évêque d'Embrun. Après Pavie, il est envoyé en Espagne avec Jean de Selve pour négocier la délivrance de François Iᵉʳ et plus tard celle des princes ; fut nommé archevêque de Bourges et cardinal d'Ostie en 1536; meurt le 22 avril 1552.

François de Montvaillant; les moines refusent de le reconnaître (1529). On nomme, en 1535, Raymond de Martigny, évêque de Vabres, qui institue François de Montvaillant pour son procureur.

Michel de Pontaut, cède ses pouvoirs au même procureur (1536).

Bertrand de Pontaut (1538), neveu du précédent, partage les revenus avec son oncle démissionnaire ; il meurt en 1570.

Sébastien de Pontaut, nomme Jean Flochat son vicaire général (1570).

Antoine Fages (1576) résiste aux protestants, démissionne en 1591.

François Teissier (1591), nommé par Innocent IX ; donne à Jean Lacroix, curé de Ste-Enimie, 30 sétiers de froment, 60 de vin, 12 agneaux, 20 livres d'argent, 50 livres de fromage, 2 faix de paille et l'oblige à renoncer aux 30 jours de *pitance* (sic) qu'il recevait du monastère.

Il afferme Nivoliers 110 écus, le four de Ste-Enimie 40 écus et oblige Guillaume Malzac à cuire gratis le pain du couvent. Les moines lui demandent de feu du 1er novembre au premier avril, 4 livres de chandelles en plus. Les jours de fêtes, ils auront une poule 4 à 4; ils ne recevront plus les *tostes* ou le fromage à Noël et à l'Epiphanie, ni les *binhets* le Samedi-saint. On leur donnera du lait caillé aux *tempoures* (Quatre-Temps) de la Pentecôte.

Vital Vally, religieux de la Chaise-Dieu (1599); son procureur fut le frère Aldebert.

Claude Pontaut (1602) dispute le prieuré à Vital Pitot, chapelain du roi. Ce dernier est nommé par le Grand Conseil (1606). Il permute en 1607 avec l'archidiacre de Mende, Adam de Rousseau, frère de l'évêque de ce nom.

Adam de Rousseau (1607). Le jour de la Toussaint 1708, le vin manqua à la collation que le curé servait aux moines, parce que les offrandes de ce jour n'avaient pas été assez abondantes. Les moines protestent; le curé promet d'y mettre ordre.

Jean-Jacques Lefèvre, prieur de Laval et des Hermaux, prévôt de la cathédrale (1621).

François de Ranchin, ex-prieur de Florac et d'Aumont (1643).

Jean de Fumel, bachelier *in decretis*, élève des Jésuites du Puy (1653).

Silvestre de Marcillac (1656). Le 18 avril 1657, 28 compagnies de soldats passent à Ste-Enimie; ils rançonnent, pillent, brûlent les maisons, persécutent les habitants et démolissent les parabandes du pont. Ces indisciplinés allaient à Barjac prendre le château de la Vigne qui était devenu un repaire de brigands et de faux-monnayeurs.

Guérin de Châteauneuf (1658) fait reconstruire (1665) la Chapelle de St Joseph du Pont.

Adam de Châteauneuf (1669) abbé du Tournel, fournit les ornements sacrés à Ste-Enimie, Prades et Ures : établit les 40 heures.

En 1721, trois concurrents se disputent le poste. Alexandre Guérin de Châteauneuf est nommé en cour de Rome. Les religieux de St-Chaffre élisent Jacques Picard de Compiègne et l'abbé de ce monastère nomme François de Bellegarde d'Autremont. Ce dernier triomphe de ses deux rivaux.

Il donne à Châteauneuf 1700 l. t. de rente viagère et 2000 à Picard; les biens du monastère lui rapportent plus de 10.000 livres.

J. Joseph de Bernage (1733) profès de St-Benoit triomphe d'Amarier, nommé par St Victor de Marseille, en lui cédant 1200 livres de rente.

J. Antoine de Saurin (1734) fait condamner Pierre Vivens de Prades à démolir un four qu'il avait construit. Il se démet en 1752, moyennant une pension de 2.400 livres.

Louis Raymond de Saurin (1752), natif de Muret.

Antoine Brunel d'Arcenesches, nommé par Lefranc de Pompignan, évêque du Puy; démissionne en 1768, se réservant 2.600 fr. de rente et le prieuré de Vastres.

Pierre Malroux, agréé par le précédent (1768).

Jean Malroux de Maurs (St-Flour) (1769) vicaire général de Mgr de Castellane, succède à son frère et lui paye 2.500 livres de rente, afferme les biens du prieuré 20.000 livres, institue pour son procureur M. de Bruges, vicaire général comme lui.

Pierre Antoine Malroux (1786), neveu du précédent nomme son frère, Joachim Malroux, prieur de St-Chély-du-Tarn.

V. — **Révolution.**

NOMBRE DE RELIGIEUX. — INVENTAIRE. — DÉCRET DE SUPPRESSION. — PENSIONS.

En 1788, il y avait six religieux au monastère de Ste Enimie : Dom Marc Olivier, prieur claustral, capiscol, visiteur ; Jean Joseph de Chabanoles Desbreux ; Dom Valentin André ; un second Valentin André ; Dom Jean-Jacques Sénat de l'Herm et le prieur Antoine Malroux.

Le 7 juillet 1788, deux commissaires royaux, de Blanquet et Privat Salleys, avocat, font l'inventaire des biens de l'abbaye, suivant l'arrêt du Conseil d'Etat daté du 27 mars. Ils y emploient sept jours entiers. On trouve à la bibliothèque 2,000 volumes, la plupart de nulle valeur : Scarron, la vie de Cromwel, etc. etc. Une croix à feuille d'argent ; une caisse en bois renfermant les reliques de Ste Enimie ; une statue de la sainte en argent vermeil, demi-bosse, hauteur 2 pieds, 2 pouces ; largeur 13 pouces.

Un reliquaire de St Hilaire, en argent-vermeil, pierreries ; un reliquaire de St Thomas de Cantorbéry ; un second de St Théofrède, abbé du Monastier en Velay ; 4 cloches pesant 18, 12, 4 et 3 quintaux ; 5 autels et 2 coffres d'archives, contenant le premier 106 documents et le second 112 fondations ou obits. Le tout fut brûlé en 1793 dans la cour du monastère.

Le 30 juillet 1790, on publia le décret portant suppression de la conventualité. « Nous J. Armand de Castellane éteignons et supprimons les monastères de « Langogne et de Ste-Enimie, en notre diocèse. Donné « à Chanac ce 30 juillet 1790 ».

Le prieur Malroux reçut 3.410 l. 11 sols 7 deniers de pension ; Marc Olivier, 1.450 l. ; de Chabanoles 1.500 l. ; de Valentin André, *major*, 1.050 l. ; le *minor*, 1.000 l. ; Sénat, 950.

Ainsi s'éteignit, après plus de 1000 ans d'existence, le vieux monastère des bénédictins de Ste-Enimie et la plus vieille abbaye du Gévaudan.

Sic transit gloria mundi.

Maudite Révolution, que de ruines tu accumulas aux pieds de ton lugubre piédestal, du haut duquel tombèrent, suivant les calculs de M. d'Héricault, 2.022.903 victimes.

(Ces détails sont tirés de l'*Histoire de Ste Enimie*, par M. André, archiviste, de la tradition locale et de certaines notes trouvées dans les papiers des curés de Ste-Enimie).

VI. — L'Ermitage.

La clochette. — Ascension. — La grotte. — La chasse. — Sauvetage. — Translation. — La messe. — La conque de Ste-Enimie. — Une maratre bien méchante. — Amendes. — Le capitaine Fumel. — Chapellenies.

Notre infatigable narrateur venait de terminer son récit un peu ennuyeux peut-être, mais à coup sùr très instructif ; lorsque perçant les airs et répercuté par les échos d'alentour le son argentin de la clochette de l'Ermitage vint frapper nos oreilles. On sonne une messe, nous dit le bon frère Directeur, qui avec une exquise amabilité avait bien voulu nous faire les honneurs de sa maison.

— Si nous allions y assister, dit le gascon assez dévot à ses heures et toujours alerte comme pas un.

Bravo ! adopté ! en campagne !

Burle, le Couvent des Dames de Saint-Vincent-de-Paul, la Croix de St-Jean, le rocher de Chante, les 14 stations du Chemin de la Croix, distancées sur un sentier de renard, qui monte presque à pic, nous rendent un salut fraternel, car, en gens bien élevés, nous leur disons bonjour. Enfin nous arrivons à l'Ermitage suants, essouflés, rompus. Entrons, la sonnette nous appelle.

Le sanctuaire est fort modeste, régulier de formes, assez vaste pour contenir plus de six cents personnes. Un mince filet d'eau suinte d'une veine de rocher et s'égoutte dans un petit réservoir. C'est là que la sainte *Recluse* étanchait sa soif, trempait son pain et lavait ses racines. Quel recueillement mystérieux règne dans ce pieux asile ! Comme elle est embaumée de doux souvenirs, l'atmosphère qu'on y respire ! Il y a 1.000 ans et plus qu'une princesse mérovingienne habitait cette humble grotte, nous disons-nous.

La voilà cette vierge dans sa châsse, représentée en cire, étendue sur sa couche ! sa main droite se lève pour bénir ; à son côté repose la crosse abbatiale ; ses membres sont revêtus de la robe monastique, couleur moirée : Un tibia, un humérus, deux clavicules, deux péronés, une rotule, une vertèbre, quelques phalanges des pieds et des mains, voilà tout ce qui reste de la vierge royale. Pour les rives du Tarn, si catholiques, c'est un trésor à nul autre pareil.

En 1793, le 13 octobre, il fut sauvé, ce trésor, de la fureur des jacobins de Ste-Enimie. Dominique Paradan, Marie Fayet, Rose Balmaguier et un 4e inconnu furent les héros de ce sauvetage. Après la tourmente, les précieuses reliques furent rendues à M. le curé Bastide.

Leur authenticité a été reconnue le 19 novembre 1805, le 23 octobre 1826, le 19 octobre 1850 et le 4 mars 1890.

La translation solennelle des reliques a eu lieu le 5 octobre 1890. La châsse a 1ᵐ 95 de long, 0ᵐ 90 de haut et la statue en cire 1ᵐ 50. L'inscription est en caractères du IXᵉ siècle. Les décors de la châsse ont été exécutés sur les dessins des savants hagiographes de Solesmes par les Dames du Carmel de Mende.

Cependant la messe se poursuivait au milieu du plus grand recueillement. Nous étions là une dizaine d'assistants. On aurait dit autant de religieux, ou de moines.

Vraiment la religion fait du bien au cœur de l'homme, voire même à celui du touriste. La prière le réjouit, le console, le fortifie, l'ennoblit. Il est bon d'en user, mais non pas d'en abuser.

Nous étions heureux au fond de cette grotte pauvre, rustique, humide, mais vénérée.

Ite missa est, la messe est finie : *Deo gratias !!!*

C'est avec un sentiment de fierté et de ferveur que je m'avance pour baiser les saintes reliques d'une compatriote, d'une parisienne. Nous lavons les yeux à la petite source miraculeuse et nous sortons contents, ravis de notre bonne action. Admirons le beau paysage. Un coup d'œil sur la Conque de St-Enimie !

A nos pieds s'étend un abîme. C'est effrayant ? Là-bas devant nous, le pont, le faubourg, la belle route et les solides contreforts du Méjean. A gauche, Ste-Enimie, le ravin du Bac, la route d'Ispagnac, la digue, un planiol d'eau dormante. A droite, la grande falaise du Chante un gouffre béant, presque vertical, au fond, un ruban de peupliers, d'oseraies, enfin le Tarn qui roule en grondant ses eaux limpides, azurées, couronnées d'écume.

Voyez-vous ce bachot monté par deux bateliers : rapide comme une flèche il glisse sur l'onde pure. C'est charmant !

Pendant deux cents ans la population de Ste-Enimie est restée à l'état stationnaire: 1730 — 1040 habitants ; 1890 — 1032 habitants.

La Conque de Ste-Enimie ne produit que quelques maigres céréales. Que retirer de ces flancs abruptes, où sont échelonnés en terrasses des champs minuscules. S'agit-il de les ensemencer, on dit avec un semblant de raison, que le riverain porte souvent la semence dans son gousset et le fumier sur le dos, souhaitant que Dieu préserve ses semailles du bec de la perdrix, de la dent du lièvre, de la pierre chaude et de la pierre froide (sécheresse et gelée) etc.

Oui ! vraiment la nature a traité ces gorges en véritable marâtre. En emportant les vignes, le phylloxéra a ruiné ce pays. Quel beau revenu on faisait du jus de la treille !

Ste-Enimie produit encore quelques amandes. A certaines années sa Conque en a produit plus de mille hectolitres. Au printemps, on dirait que ce vallon se trouve transformé en une immense corbeille de fleurs. En été, il est égayé par les chants joyeux des moissonneurs du Causse qui descendent à la ville pour faire le *binage*.

Le 22 mai 1581, dans une séance tenue à Ste-Enimie, la ville s'obligea à payer 6,500 écus pour frais de la rançon promise au capitaine Merle.

(B. A. 1887 p. 690).

Lors des guerres religieuses, les capitaines Fumel, Comte et le seigneur de St-Didier furent les chefs des catholiques de Ste-Enimie et les défenseurs intrépides du Cagnon du Tarn.

Le 3 mai 1593, le premier consul, Jean Portalier, fut chargé de la défense de la ville et du château contre les Ligueurs. (Arch. d. C. 1803). Cette localité ne tomba jamais au pouvoir des religionnaires.

En 1623 les habitants de Ste-Enimie, Mende, Ispagnac et autres lieux, après le combat de Montmirat contre les protestants, allèrent brûler trois villages de Vebron, Villeneuve, la Labrède et Laval ; en tout 40 maisons.

(Bul. A. 1888, p. 249.)

En 1521, Ste-Enimie comptait 41 prêtres et 10 cha-pellenies : 1°) Le Lit de la Vierge, *de Rupe* ; 2°) Saint-Théofrède ; 3°) Ste-Marie-Madeleine ; 4° St-Antoine ; 5°) Les Onze mille Vierges ; 6°) Saint-Michel ; 7°) St-Benoit ; 8°) Ste-Anne ; 9°) St-Pierre ; 10°) St-Jean.

(M. l'abbé Pourcher).

VII. — **Descente. — Déjeuner. — Départ.**

Dégringolade. — Déjeuner a la course. — Eglise. — En barque. — Le bachot. — Bateliers . — Le moulinet. — L'eau la plus pure du monde. — Charme inoui. — Premier rapide. — Emphatique apostrophe. — Un bon coup de filet. — Conroc. — Trouillas. — Mas-Murta. — Chaumels. — Un géant.

— Mon estomac crie déjà famine, s'écrie tout à coup le gascon, il résonne comme un tambour, et le voilà parti comme un trait. Nous le suivons à la file.

C'est une vraie dégringolade « *dégringolavit de rupe in rupem et fecit pouff.* » Dix minutes plus tard nous franchissions le seuil de l'hôtel Malaval.

Prendre une tasse de café noir, une galette, un morceau de Roquefort et un demi-verre de vin clairet fut l'affaire d'un instant. Nous voilà sur le pied du départ.

— A propos, dis-je, l'église paroissiale n'offre-t-elle rien de curieux?

— Non, Monsieur, que je sache, répond le sage Cicérone. C'est un bâtiment massif, bas, humide, style roman du 12ᵉ siècle, appelé autrefois Notre-Dame de Gurgite et peu digne de la capitale du Cagnon.

Mais le pays est pauvre, très pauvre ; jusqu'ici on n'a pu reconstruire cet édifice sur un plus beau modèle. On espère des temps meilleurs.

L'ancien réfectou des Pères l'emporterait de beaucoup en beauté et en grandeur.

— Messieurs, la barque vous attend, vient nous dire Bernard, maître-batelier. Nous le suivons jusqu'au Tarn.

Là aux pieds du pont, amarré à la rive, se balance notre frêle esquif. Ce bachot me paraît bien léger, bien primitif. On dirait un cercueil. En effet c'est une boîte en planches, à fond plat, relevée d'un côté, à bords étroits et hauts de 0ᵐ 50, sans gouvernail, sans voile, sans aviron.

Ce qui nous rassure, ce sont nos bateliers, deux solides gaillards, bien taillés, aux gros muscles, larges épaules ; à l'air franc, avenant. Entrez, Messieurs, prenez place ! On est ici en sûreté comme sur une route nationale. Nous nous laissons faire.

D'ailleurs on nous a dit que les bateliers du Tarn sont très habiles. Pour eux la rivière n'a point de secrets.

Pas un rocher, pas un écueil, pas un gouffre qu'ils ne connaissent par leur nom, par leur position et *de visu*. Lorsqu'on les voit à l'œuvre, agitant leurs gaffes et occupés à un moulinet continuel, ils sont très amusants. Toujours ils se sont montrés à la hauteur de leur réputation. Jamais, sur un parcours de 40 kilomètres, on n'a eu à regretter la perte d'un seul voyageur. Choisissez-les cependant sur le volet ! Méfiez-vous toujours des novices ! Surtout ne les faites pas trop boire avant le départ ! Ces messieurs, nous dit-on, aiment pour la plupart le jus de la treille, il vaut mieux leur faire boire un coup de plus à l'abordage qu'au départ. *Experto crede Roberto.*

Quatre chaises de paille sont posées en plat dans

l'intérieur du bateau. Entrons et prenons place! Çà commence à branler un peu fort. Ce n'est pas très rassurant... Peu à peu nous reprenons notre équilibre. Cà y est, dit Bernard, hardi! hisse! Il donne un coup de gaffe et nous voilà partis. M. Malaval est sur la berge: il nous salue amicalement et du geste et de la voix. Bon voyage! merci! adieu mon brave et il remet son képi, au liseré rouge. D'un second coup d'aviron, Bernard nous jette sur la plaine liquide, au beau milieu du courant.

Nous glissons sans secousses sur cette eau de cristal, la plus pure du monde. Ne voyez-vous pas là-bas au fond du gouffre miroiter, sous les rayons du soleil, le plus petit caillou, le minuscule frétin?

Tantôt le lit se creuse en cuvette et la nappe humide prend des reflets d'émeraude. Tantôt le fond se relève, le lit s'élargit, des bancs de sable, de cailloux, affleurent presque à la surface, et la barque danse sur des clapotis argentés.

C'est beau, merveilleux, admirable de charmes!

Derrière le grand éperon de Chante, a déjà disparu la capitale du Cagnon. La solitude commence.

Les remparts des deux Causses se dressent sévères, dénudés, bastionnés dans leurs pentes et leurs affreux escarpements. En contrebas, un long ruban de saules, d'oseraies, de vergnes, de pleupliers, noyers, amandiers, lisières, plate-bandes, jardins et jardinets, *cambons* et *cambonets*. On dirait que tous les arbres se meuvent et marchent à la file, tandis que notre bateau reste immobile. Illusion d'optique. Le long couloir est admirable de calme, de grandeur, de majesté. Cà et là, comme pour nous saluer au passage, s'avancent de grandes roches curieuses, surplombant à pic de 50, 100, 150 mètres de hauteur. Au loin, des crêtes festonnées de verdure brillent au soleil, tandis que les fouillis d'à-côté sont plongés dans l'ombre.

Autour du bateau, l'onde pure d'un adorable vert pailleté d'or miroite comme un cristal de roche.

Plus loin, en aval, le Tarn moutonne en écumant. C'est le premier rapide. Nous y voilà ! Attention ! La barque clapote, danse, oscille, file comme le chemin de fer et l'obstacle est vaincu, franchi. Cet embryon de rapide nous amuse, nous récrée agréablement.

A chaque instant, nouveau site, nouveaux paysages, merveilleux prospects. Ce spectacle varié nous arrache des cris de surprise.

O Tarn, s'écrie emphatiquement notre méridional, désormais tu seras l'ami de mon cœur, tu feras l'objet de mes rêves, les délices de ma vie ! Oui, tu es la plus belle rivière du monde, même de la Gascogne. *Risum teneatis.* Un éclat de rire répond à cette caustique exclamation. Voici la grande falaise de Conroc, à l'écho puissant (rive droite).

Je veux vous régaler, messieurs, d'un plat de poissons frais, nous dit le brave Bernard. Il prend son filet, à la fine maille, le jette en éventail sur l'épaule gauche et se poste. Immobile, l'œil au guet, il suit les mouvements du poisson au fond de l'onde transparente.

Tout à coup, rapide comme l'éclair, d'un puissant coup de bras, il lance l'épervier, qui part, siffle, s'arrondit et tombe en bruissant sur la surface plane.

La barque stoppe ; avec mille précautions, Bernard retire son filet. Réussi, dit-il, une, deux, trois et il dépose à nos pieds trois belles sièges, à l'écaille argentée.

Les pauvres poissons sautent, frétillent, battent du flanc, hument l'air et s'efforcent de regagner leur élément. Quelle fête pour nous ! Les cruels ! Nous nous réjouissons de leur malheur. L'habile pêcheur reçoit nos chaleureuses félicitations.

La barque chemine toujours entraînée par le courant. Voyez-vous, à droite, les grandes lisières de Trouillas, de Chaumels avec deux ou trois mazucs ;

A gauche, le Mas-Murta, qu'habitaient autrefois les deux miraculés de Ste Enimie.

Dans le lointain, le grand rocher rouge qui fait face à St-Chély. Nous barrera-t-il le passage, ce géant grincheux? quelle fierté d'allure! Immobile, gigantesque, ce fier boudeur réflète les rayons du soleil aux mille couleurs.

Sur la rive opposée, dans un charmant petit coin, au contour d'une falaise à pic, notre regard aperçoit, caché dans le feuillage, le hameau de St-Chély-du-Tarn.

CHAPITRE II.

I. — **Saint-Chély-du-Tarn.**

TOPOGRAPHIE. — LA CÉNARÈTE. — SOURCES. — ETYMOLOGIE. -- CHATEAU. — PROPRIÉTAIRES. — GROTTE. — HYDROLOGIE DES CAUSSES.

Caché sous de grands ormes, baigné par deux sources qui jaillissent en cascades, assis « au fond d'un petit bout du monde », Saint-Chély-du-Tarn est un chef-lieu de commune et de paroisse (530 habitants: 167 agglomérés; 465 mèt. d'alt.; 1 curé; canton de Sainte-Enimie). Le village ne compte qu'une douzaine de maisons.

Dans une grotte d'où sort une source magnifique, se trouve la chapelle de Notre-Dame de la *Cénarète*. Elle est tapie sous l'auvent de la roche et montre son flanc aux rayons du soleil. C'est un édifice du Xe siècle; 7 m. de long sur 4 m. de haut; trois travées avec arcatures; voûte en berceau; il est assis sous un abaque ou tailloir et partagé par un croisillon en forme de boudin. Depuis des siècles, la *Cénarète* a été un lieu de pélérinage très fréquenté. Sa fondation ou sa restauration est due très probablement aux barons de Cénaret, *anciens seigneurs du lieu.*

Il y a encore là une vieille maison honorée du titre de château. On dit, qu'en 1308, il existait à St-Chély-du-Tarn une chapelle sous le vocable de Saint Martin et qu'elle était située auprès du château.

Deux belles sources sortent du pied de la montagne, alimentent deux moulins, fertilisent cette belle *oasis* et tombent en chantant sur le Tarn. Ce village doit, dit-on, son nom et son origine à saint Ilère, évêque de Mende. Autrefois, dans les actes en style roman, on écrivait *Santch Iler;* le *ch* s'est uni à *Iler;* de là *chelir* ou *Sant Chélir*, d'où est venu *Saint-Chély.*

Au coin du jardin du presbytère se trouvait, dit-on, l'oratoire de saint Ilère. De cet édifice on a découvert certains vestiges. L'église est un petit bijou de l'avis des connaisseurs. Style roman très pur; abside remarquable; monument du XIe ou XIIe siècle.

Une roche d'entablement de 7 à 8 mètres au-dessus du Tarn sert d'assiette au village. De formation récente, cette roche est produite par une source d'eau pétrifiante. On dirait du tuf, il ne remonte pas au delà de l'âge quaternaire, d'après M. de Malafosse. Les bâtisses de ce genre sont d'une solidité rare; nous en avons pour preuve le château de la *Case*, construit depuis plus de 400 ans.

Au moyen-âge, les propriétaires du château de Saint-Chély étaient les d'*Arpajon de Sévérac.* Ces derniers en faisaient hommage aux prieurs de Sainte-Enimie (années 1279 et 1418). Il en était de même du château de Pougnadoires. M. l'abbé Bosse nous dit que ces deux châteaux n'étaient que les maisons de campagne des seigneurs d'Hauterive.

(Propempticon, page 77).

Nous devons à la vérité d'avouer qu'à la fin du

XIIIe siècle le château de Pougnadoires appartenait aux Cénaret.

(Notice sur les PEYRE, par M. PRUNIÈRES).

Nous croyons qu'il en était de même de celui de Saint-Chély.

Nous avons trouvé quelque part, mais nous n'avons plus la note sous les yeux, que le territoire de St-Chély appartenait par tiers à trois maîtres différents : à Mgr l'*Evéque de Mende*, aux *Cénaret* et aux d'*Arpajon*. Mgr de Mende aurait cédé ses droits aux bénédictins de Sainte-Enimie.

En 1529, il y avait à St-Chély les familles Penalh, Baut, Ladet, Gilbert, Feltrier, Agulhon, etc.

(B. A. 1889, p. 151).

Visitez, ami lecteur, la grotte de St-Chély. C'est à voir. L'infatigable M. Martel en est l'explorateur (1888). Il s'est avancé dans l'intérieur jusqu'à 80 mètres. Un beau lac souterrain, 30 mètres de longueur, 5 mètres de largeur, 6 mètres de profondeur, s'est déroulé à ses yeux.

A l'extrémité, une fissure impénétrable, d'où s'élance la belle source, a arrêté ses efforts.

(B. A. 1889 p. 23.)

A 300 mètres en aval, se trouve la grotte du *Grand-Duc* (d'Arpajon, peut-être), profonde de 30 mètres.

Çà et là, quelques stalactites. Si vous voulez comprendre l'hydrologie des causses, n'oubliez pas que dans leur structure ils se forment de 4 assises principales :

1° Les dolomies inférieures; épaisseur 20 à 100 mèt.

2° Les marnes, 150 à 300 mètres.

3° Les dolomies supérieures, 100 à 200 mètres.

4° Les bancs de calcaires gris, 50 à 100 mètres.

Les dolomies sont compactes, résistantes, caverneuses.

Les marnes tendres et friables ; les calcaires stratifiés en lits minces, sans cohésion.

Les fontaines s'échappent des dolomies inférieures. C'est pour cela, dit M. Martel, qu'on peut quelquefois les explorer (id).

II. — Cirque de Pougnadoires.

Pendant que notre Cicérone dégoisait ainsi avec une verve inépuisable, le bateau avait déjà contourné l'immense promontoire contre lequel le Tarn va briser ses flots et revient en tourbillonnant.

Après avoir franchi ce taillant de roche, la rivière tourne brusquement vers le nord-ouest.

Alors s'étale aux yeux du spectateur la gorge de Pougnadoires, profonde de 500 mètres. Quelle solitude ! quelles immenses falaises ! Elles sont percées de cavernes profondes ; des régiments entiers y trouveraient un abri contre les canons et la mitraille.

Ce cirque, à mon avis, avec son aspect sombre et sauvage, est un des plus grandioses des rives du Tarn.

« Ce tableau, nous dit M. Lequeutre, est d'une sim-
« plicité extrême, d'une beauté puissante. Ni la pho-
« tographie, ni même le dessin ne peuvent rendre com-
« plètement l'harmonie de ce site, l'un des plus beaux
« des Gorges du Tarn. »

Il faut l'avoir vu, dit M. de Malafosse. Si les moines ont choisi autrefois ces sombres solitudes pour y planter leur tente, ils ont fait preuve de bon goût.

III. — **Pougnadoires.**

Maisons en nid d'hirondelle. — Troglodytes. — Appel a la science préhistorique. — Grotte de Calypso. — Sont-ils contents. — Chateau. — Mandement. — Coup d'œil d'ensemble. — En barque.

Le barrage du moulin Malaval nous force à changer de bateau. A droite, à mi-côte, se dresse le pittoresque village de Pougnadoires.

— Montons-y, dit le Gascon, c'est trop curieux.

Escaladant presque à pic, comme par une échelle, nous y arrivons dans dix minutes. Ce hameau est d'une originalité, d'un pittoresque, d'un *chic* fini, achevé, écrasant.

Dans les anfractuosités d'une immense roche rougeâtre, grisâtre et noircie par la fumée, sous l'auvent ou le cintre de la falaise béante, partout où l'homme a pu grimper, il a plaqué, tapi à la façon des hirondelles, des façades de maisons, percées de quelques fenestrons et il en a fait son petit nid, je me trompe, sa demeure rustique. C'est curieux, original, étrange au possible! Au-dessus des maisons nichent les hirondelles, les corneilles, voire même quelques renards.

Il y à là une grande caverne à deux ouvertures, aux immenses sinuosités, qui sert d'asile à deux familles. C'est un antique repaire de l'*Ursus spelœus.*

On y trouve des traces nombreuses de l'ours des cavernes. Cherchez bien, amis grottologues, vous y trouverez des vestiges, peut-être plus récents (n'importe) du *felis spelœa* (chat des cavernes).

L'homme préhistorique a donc délogé l'ours de son gîte et il l'a occupé à sa place. C'est bien plus fort, il l'occupe encore. Nous l'avons vu, ce qui s'appelle vu.

Les savants nous parlent de Troglodytes, mais nous les avons là, sous nos yeux. Sont-ils dolychocéphales, bachycéphales, envahisseurs, dolménistes, tumulistes ou galgalistes ? Remontent-ils à l'âge de la pierre brute, polie ou taillée ? Enigme ! Un vulgaire Broca serait peut-être embarrassé pour nous répondre. Passons !

Nos modernes Troglodytes ont là, dans de vastes couloirs, cave, grenier, fontaine toujours fraîche et limpide, qui coule en cascade, comme dans la grotte de Calypso, écuries, cuisine, chambres, salon, etc., etc.

Il y a même de la place pour les chauves-souris, qu'on se donne le malin plaisir d'enfumer de temps à autre.

C'est tout un Louvre. Il faut près d'une demi-heure pour le visiter dans toute sa longueur.

Avec ça, ces braves gens sont contents. Affables, avenants, ils vous accueillent le sourire sur les lèvres. L'ambition ne vient probablement hanter jamais leur esprit, et ils pourraient dire avec Joseph Droz :

> L'humble toit est exempt d'un souci si funeste ;
> Le sage y vit en paix et méprise le reste.

Cependant, comme la falaise tend à se désagréger, ils tremblent qu'un beau matin on ne les trouve ensevelis sous ses ruines. Sur des terrasses grandes comme un linceul, croissent des noyers, des amandiers, des cerisiers et quelques treilles.

Quelle vie, quelle existence pleine de privations doivent mener ces pauvres riverains. Aussi nous irons au ciel tout droit, dit l'enfant des rives du Tarn.

Le bon Dieu, dit-on, n'est pas passé dans ces lieux, le diable seul y a eu droit de cité et encore les bons riverains lui échapperont.

Le château de Pougnadoires appartenait jadis aux barons de Peyre. En 1279, ils le cédèrent aux Cénaret. Les bénédictins de Ste-Enimie avaient droit de suzeraineté sur ce vieux manoir.

Siège d'un mandement, Pougnadoires renfermait sous sa ju: idiction Cabrunas, Salvayrenc, Gleyastre, Grand'lac, Rausas, Périères, Vinols, Calvargues, Lueysse et toute la paroisse de Laval, excepté le Pin. Ce mandement s'étendait vers St Ilère (St-Chély) jusqu'au causse, à Chaumels, en amont du Tarn et jusqu'à la Caze, en aval.

(Notice sur les Peyre).

Au fond du cirque de Pougnadoires se dresse l'Escalette. En face, sur la rive gauche, un grand contrefort du Méjean, couvert d'un large manteau de hêtres touffus ; de ressaut en ressaut, il s'élève à une hauteur de 500 mètres et est couronné par un bouquet de pins.

Descendons pour nous réambarquer ! Nos bateliers trépignent déjà d'impatience. — Oh ! l'abominable sentier !

C'est égal, voilà un petit entr'acte de quelques minutes qui a bien ses agréments !

IV. — Le fameux pas de l'Escalette.

En avant. — La convention. — L'Escalette. — Voyageur, de la prudence. — Bonne aubaine. — Passager, ne balancez pas trop. — Gare au gouffre.

A peine installé sur ma chaise : « C'est égal, m'écriai-je, voilà un paysage terriblement beau, charmant : c'est renversant ! Le prospect de tous ces méandres, de tous ces petits bouts du monde, l'emporte mille fois sur les promenades monotones du bois de Boulogne. »

— La convention, Messieurs, la convention ! Ne l'oublions pas ! reprit le sage directeur de la caravane.

Nous avions convenu, en effet, de ne pousser aucune exclamation d'admiration en présence de ces belles horreurs ; l'emploi des superlatifs était défendu. Nous en verrons bien d'autres.

A l'abord et au contour de chaque méandre, le tableau se modifie, prend de nouvelles couleurs ; à nos yeux ébahis se déroulent de nouvelles merveilles.

Voyez-vous, sur la crête des larges falaises zébrées de profondes fissures ou de longues bandes rougeâtres, ces arbustes rabougris, qui se penchent vers le Tarn, comme pour nous voir passer et nous tirer une profonde révérence ?

Voici encore un géant rocheux ! Voyez comme il avance son torse dans le fond de la gorge. Nous barrera-t-il le passage, ce fier Goliath ? C'est l'Escalette. Planté à pic sur le Tarn, il nous attend de pied ferme, sans sourciller. Sa réputation n'est plus à faire. On le connait, le fier citoyen du Cagnon, autant et plus peut-être que Roc-Aiguille. Situé sur le chemin de Ste-Enimie à la Maléne, rive droite, personne n'ignore que, pour monter sur la croupe de ce fier dromadaire, il faut gravir 22 marches taillées dans le roc. presque à pic, et qui surplombent sur un gouffre effrayant.

C'est vraiment vertigineux. Gare à vous, si vous n'avez pas la tête solide et bien plombée, ou si vous êtes obligé de franchir ce pas redoutable et justement redouté au sein des ténèbres. Disons cependant qu'on vient de le protéger par une rampe en fer.

N'importe, ami touriste, croyez-en ma vieille expérience, car je le connais, le fameux passage, depuis le jour où j'ai été exposé à faire le terrible plongeon, ne le franchissez jamais la nuit et surtout lorsque votre tête sera un peu alourdie, échauffée par les fumées de la dive bouteille.

— Ici, au pied du fier géant, dit Bernard, nous pourrions faire un petit coup. Pas de bruit ! Ne parlons pas !

Se poster, s'armer du filet, le lancer, le retirer tout doucement et déposer à nos pieds plusieurs gros poissons, est pour lui l'affaire d'une minute. Quelle aubaine ! Vraiment, le bon Dieu nous aime plus que St Pierre.

— Le court-bouillon est assuré, dit l'heureux pêcheur. Il reprend sa gaffe. Hardi ! le temps presse.

Attention, Messieurs, ne balancez pas trop, sinon gare au bain d'eau froide ! La pensée d'une douche forcée et la vue du gouffre de l'Escalette nous font frémir. Nous nous tenons tranquilles comme des lézards. Enfin le nouveau Cap des Tempêtes est doublé.

Nous voilà relancés en présence d'un nouveau paysage.

V. — La Caze.

LE PLUS BEAU SITE DU MONDE. — CHAMBRE DU DIABLE HABITÉE PAR HUIT BELLES DAMES. — LIT INDÉMONTABLE. — CURIOSITÉS. — HISTOIRE DU CHATEAU. — UNE CHATELAINE QUI NE VEUT PAS LE DIABLE, MAIS TROIS CENTS PRÊTRES A SES FUNÉRAILLES. — UN CARAVANSÉRAIL DANS LE CAGNON.

Le cirque de la Caze apparaît à nos yeux. C'est un petit paradis. Sa vue est saluée par un feu croisé et roulant de superlatifs d'admiration. Oui ! C'est le *nec plus ultrà* de la beauté, du charme, de la solitude. On dirait le nouveau jardin des Hespérides.

Au bord de cette niche à l'emporte-pièce, voyez-moi ce château du moyen-âge, surplombant sur le Tarn, se mirant dans ses ondes, fièrement assis sur sa terrasse de tuf, plié dans de grands arbres, entouré d'un tapis de gazon, caché sous son manteau de lierre, baigné par une grande et belle source, lançant dans les airs ses quatre tours carrées, défendu par son donjon, le tout couronné de mâchicoulis. C'est la Caze.

S'il l'avait vu, Frédéric Bastiat aurait dit :

Le château de la Caze est le plus beau du monde.

Naguère ce manoir féodal était habité par M. de Gissac, ex-officier de dom Carlos. A la suite d'une cruelle blessure au front, reçue lors de l'expédition carliste, ce châtelain a été atteint d'un ramollissement de cerveau, est devenu misanthrope, rêveur, exalté et a été enfermé dans une maison de santé.

Amarrons le bateau et montons voir ce petit bijou.

Le château est entouré de fossés ; les fenêtres sont à meneaux, les murs à l'antique ; du haut de la terrasse on domine un des plus beaux planiols du Tarn.

Au rez-de-chaussée, deux ou trois chambres en assez bon état ; un salon et, disons-le, la *chambre du diable.* Aux quatre points cardinaux de cette dernière est peint le portrait de huit belles dames. Leur costume est plus ou moins correct. Un peu à la Pompadour.

On prétend que ces huit châtelaines avaient vu le jour dans le château de la Caze et qu'elles étaient filles du capitaine Bertrand de Monstuéjols. L'aînée aurait épousé le sire de Malian.

Çà et là, sont peintes les armoiries des seigneurs du lieu et celles de leur lignage. Quelques sculptures remontent au siècle de Louis XIV.

Dans une chambre voisine se trouve un lit remarquable, noir d'ébène. On ignore, dit-on, la manière de le démonter. Serait-ce le lit dont parle le Père Louvreleuil dans ses mémoires ?

La cuisine possède une cheminée monumentale, noir d'ébène. Ses colonnes et le chambranle sont ornés de mille figurines, nymphes, satyres, naïades, dauphins, groupes d'amazones ; style de la Renaissance.

M. de Rozière en aurait fait l'acquisition en Toscane, vers 1850. On regarde cette cheminée comme une œuvre d'art.

Mentionnons un petit bijou de chapelle qui se trouve au premier. Les appartements voisins sont presque en ruines, portant encore l'empreinte de l'incendie qui les dévora, le 29 octobre 1847.

— Voulez-vous connaître l'histoire de ce château? demanda le cher cicérone. — Volontiers. — La voici:

Partageant le sort de la plupart des châteaux du Cagnon, la Caze fit partie, aux XIe, XIIe et XIIIe siècles, de la vicomté de Grèzes. Au XIVe siècle, ce château était au pouvoir des Alemand de Mende. Il passa ensuite aux Montclar, aux Monstuéjols, aux Malian, à M. Ernest de Rozière et enfin aux Gissac (1).

B. A. 1890.

Soubeyrane Alemand épousa Guillaume Montclar en 1486. Tel qu'il existe aujourd'hui, ce manoir fut construit en 1489 par le prieur de Ste-Enimie, frère de Léger Alemand. Soubeyrane dut le recevoir en héritage. Un peu plus tard, Gabrielle, petite-fille de Léger Alemand, épousa Bertrand de Montclar.

On ne croit pas qu'elle ait laissé d'héritiers naturels. Daté du 26 mars 1563, son testament n'en fait aucune mention. Elle veut être ensevelie dans l'église conventuelle de Ste-Enimie, où repose son mari. 300 prêtres ou religieux assisteront à ses funérailles. A chacun d'eux on donnera 4 deniers: ils réciteront quatre fois le psautier; autour du cercueil, on fera sept absolutions générales. Aux pauvres, on distribuera sept sétiers de blé, en pain cuit, à la porte du château, et un sétier à perpétuité le Jeudi-Saint. A Antoine-André, aveugle de Laval, on donnera trois sétiers de blé, une chemise et, tous les trois ans, une robe de drap *bureau* (sic).

(COMITIS, *notaire de Ste-Enimie*).

Noble Anne de Curières, sa niécé, fut désignée pour être son héritière, « mais elle lui substitua les pauvres de Dieu. »

---

(1) Mgr de Malian naquit à la Caze; nommé évêque de St-Flour sous la Restauration, il mourut avant d'avoir pris possession de son siège.

Le château fut destiné à la fondation d'un hospice où 20 pauvres seraient mis et choisis par les consuls de Ste-Enimie. Ce projet avorta (id.).

En 1529, les biens de la Caze produisaient 100 livres tournois de rente. Bertrand de Monstuéjols, gouverneur du Languedoc, possédait ce manoir en 1568. Peu après (1574), le seigneur de Grandlac était chargé de la défense du château (*Arch. dépar. G. 973*). Ce M. de Grandlac, que nous croyons être un Monstuéjols, était seigneur de la Caze et d'Hauterive *(C. 1793)*.

Comme ce château est aujourd'hui inhabité, d'aucuns auraient l'intention d'y installer une communauté de moines ; d'autres voudraient en faire un caravansérail pour les touristes, afin que de ce gîte fortuné ils pussent rayonner dans tout le Cagnon.

L'idée est très ingénieuse. La dépense ne serait pas énorme. Une soixantaine de mille francs, avec le beau domaine qui l'entoure. Ainsi ce château pourrait revenir à son premier rôle ; car, d'après M. Bosse, « sa position semble indiquer qu'il n'a pu être bâti que comme rendez-vous de fêtes, surtout en barques, auxquelles le Tarn se prête admirablement en amont et en aval. »

(Pro. p. 78.).

VI. — **Hauterive.**

MARCHE EN AVANT. — CHATEAU. — MAITRES. — UN GUERRIER, ENFANT DU CAGNON, RÉCOMPENSÉ PAR HENRI IV. — STOPPONS. — NOUS FILONS A TOUTE VITESSE. — PANORAMA. — ARDENNES. — BAOUMO DE L'OURS. — ARRIVÉE. — BON ACCUEIL.

— Hâtez-vous ! nous crient nos bateliers impatients ; l'heure du déjeûner approche: c'est Mme Monginoux qui ne sera pas contente !...

Nous voilà relancés de nouveau sur l'onde pure. Devant nous se déroule une des plus belles nappes d'eau du Canon.

Sur les deux rives s'épanouit un gracieux berceau de verdure. Au loin, à droite, coulent la Tieure et la Clujade ; à gauche, sur un piton dénudé, à mi-côte, s'élèvent menaçantes les murailles éventrées du castel de Hauterive. Perché sur sa roche altière, comme un nid d'aigle, ce manoir féodal protégeait jadis le hameau qui s'étend à ses pieds et commandait un des passages du Tarn.

Au XIII° siècle, ce vieux donjon était la propriété des comtes de Rodez, seigneurs de Sévérac. Un d'entre eux en fit hommage-lige à Mgr Étienne, évêque de Mende, comte du Gévaudan, en 1224. Le même acte d'hommage eut encore lieu en 1235 et 1298 (*doc. hist.*), pour les châteaux de Dolan, Blanquefort, Montesquieu, Plagnols, Hauterive.

En 1586, le seigneur de Hauterive avait le titre de baron. Intrépide guerrier, il combattit vaillamment, en 1586, sous les ordres du duc de Joyeuse, au Malzieu, à Marvejols et à Peyre. Au Malzieu, il parlementa avec les habitants et les engagea à capituler. A Peyre, il fut blessé et s'attacha désormais au duc de Joyeuse. Après la mort de ce dernier (1592), au combat de Villemur, Hauterive alla trouver Anne de Joyeuse pour le prier de venir remplacer son frère. Grands furent les services que rendit à la cause royale, en Languedoc, cet enfant du Cagnon. Aussi Henri IV, par l'édit de Folembrai, lui accorda pour neuf ans les revenus de la terre de Coursan et une pension annuelle de 100.000 écus, afin qu'il pût suivre Joyeuse et l'assister de ses conseils.

(Pro. p. 87).

En 1612, M. de Grandlac possédait le castel d'Hauterive. Ce manoir était déjà détruit en 1724. Le sieur de Candiac fut peut-être chargé de sa démolition de 1629 à 1634.

Sur la rive gauche s'étend en amphithéâtre le hameau d'Hauterive. Il compte 15 maisons de modeste apparence. A ses pieds s'étend un nouveau barrage à l'extrémité duquel s'élève un moulin.

Ici, il faut atterrir. Nous stoppons. Après quelques pas sur un sable brûlant, nous remontons en bateau, au bas de la digue. Le courant nous entraîne.

Nous filons à toute vitesse. Voici de nouveaux paysages ; la gorge s'élargit et dilate ses entrailles. Caché sous le feuillage, le rossignol chante son cantique divin. Çà et là, un riverain occupé à la culture : à gauche, apparaît la blanche maison de Castelos ; à droite se dresse le grand rocher de la Malène ; plus haut, celui de Castel-Merlet ; au fond, celui de Montesquieu et la falaise de l'Angle ; en face, la belle statue de Notre-Dame de Lourdes, bénissant la vallée. Tout autour serpente en lacets la route de Rouveret ; à mi-côte, une grotte, un calvaire fac-similé de celui de Lourdes ; au bas de la gorge, un pont de construction récente.

Voici, à gauche, l'abondante source des Ardennes, « souvent double, triple, décuple, quand longue fut la pluie, ou féconde en averses la brève tempête autour des avens du causse Méjean méridional. » (O. Reclus).

Le roc taillé en aiguillette, la fameuse caverne de l'Ours et *lo Baoumo del Drach*, défilent sous nos yeux. En aval, une puissante digue nous ferme le passage.

Nous amarrons la barque aux abords du moulin Monginoux. A onze heures sonnant, nous descendions à l'hôtel.

— Bonjour, Mme Monginoux, voici une autre caravane, dit le brave Bernard. Ces messieurs veulent déjeuner ; nous apportons un peu de fricot. Et il exhibe une belle liasse de poissons. Les yeux de l'hôtesse brillent de plaisir.

— Dans trois quarts d'heure, dit-elle, ces messieurs seront servis. — En attendant, sortons faire un petit tour de promenade !

VII. — **Les Monginoux.**

Au bas de l'escalier, nous rencontrons le père Monginoux : un excellent homme, frais, gaillard, alerte, un vrai paysan bourgeois. Il mange déjà dans ses 80 ans.

— Le premier de tous, nous dit-il, j'ai eu l'idée d'abaisser à 45 francs le trajet en bateau de Ste-Enimie au Rozier.

Son hôtel est très confortable.

Religieux chez les Oblats de Marie, son fils ainé est préfet apostolique au fond de l'Afrique, chez les Caffres ou les Hottentots.

Le second, Théophile, est juge de paix à St-Germain-du-Teil. Zouave pontifical, en 1870, il arbora le drapeau blanc sur la porte *Pia*, lors de la prise de Rome.

Mme Monginoux est une excellente dame, très-bien élevée.

A deux pas se trouve l'hôtel de M. Casimir Monginoux, un excellent patriarche aussi, avec sa couronne de cheveux blancs, double d'un bon catholique.

— A la Malène il n'y a donc que des Monginoux ? me direz-vous. — Ils sont bien quatre ou cinq : Casimir, Justin, Paulin, Adolphe, Osmin, Gustave, etc...

Tous ces braves gens du Cagnon sont fort aimables, très ouverts, un peu naïfs, mais très francs, expansifs, serviables, ignorant l'art alpiniste de *plumer* à point le touriste trop crédule.

CHAPITRE III.

I. — La Malène.

SITE. — ORIGINE. — CASTELLUM MELENA. — THIERRY.
— UN PRINCE INVITANT UN ÉVÊQUE A MANGER UN
GIGOT EN RASE CAMPAGNE. — NOTRE-DAME DE
LOURDES. — PONT. — ANTIQUITÉS. — CAUQUENAS.
— VIEUX MANOIR. — PROTESTANTS. — AMENDES.
— LA LIGUE. — POLVEREL, CAPITAINE. — CLAUDE
GALL. — GEORGES DE MONTESQUIEU. — ROHAN.

Situé au fond d'un recoin, à l'ombre d'énormes falaises, le village de la Malène (mauvais trou) présente certains agréments (280 habitants : commune, 620 ; 440 m. d'alt. ; canton de Ste-Énimie : 1 curé, 1 vicaire ; 1 couvent ; rive droite du Tarn).

« La Malène, dit M. Lequeutre, située au débouché
« d'une brèche de muraille du causse de Sauveterre
« et en face d'une brèche du Méjean, a été de tous
« temps un des rares passages du Cagnon. On ne sait
« à quelle époque remonte son origine : mais les chro-
« niques des évêques de Mende, citées par M. de
« Malafosse, disent qu'en 532, l'évêque S. Hilaire
« (qu'il ne faut pas confondre avec S. Ilère) fut assiégé
« dans le *Castrum* de la Malène par Thierry Ier, venu
« dans ces parages à la suite de la guerre d'Auvergne.
« L'entente se serait bientôt établie entre le roi des
« Francs et l'Évêque, si bien même que ce dernier,
« après avoir assisté au concile de Clermont, en 535,
« serait devenu le conseiller de Théodebert, fils du roi
« d'Austrasie. Ce Castrum se trouverait probablement
« près du Causse, à l'entrée du ravin. »

Ce *Castrum*, d'après plusieurs, n'était autre que Castel-Merlet, *Castellum-Melena*, dont on voit encore les ruines près de *Cauquenas*, village gallo-romain.

L'invasion eut-elle lieu en 532 ou en 507, au lendemain de la bataille de Vouillé, alors que Clovis envoya Thierry, son fils, soumettre le Limousin, le Quercy, le Rouergue,le Gévaudan,le Velay, etc.? *Historici certant et adhuc subjudice lis est.*

Le siège du *Castrum-Melena* par Thierry est-il bien authentique? Nous en doutons, puisqu'on n'a là-dessus aucune donnée bien certaine. On regarde ce fait comme vraisemblable, disant que le prince mérovingien pénétra en Gévaudan par le Rouergue, après l'incendie de *Segodunum* (Rodez). La version suivante nous paraît préférable.

Occupé au siège du château de Cabrières (commune de Cocurès, près Florac), où se trouvait la *belle Deutérie* (laquelle, disons-le en passant, venait de noyer dans le Tarn sa fille Olympie, pour être libre de toute entrave et mieux captiver, quoique veuve, les faveurs du prince royal qu'elle épousa bientôt), Thierry apprit que l'évêque Hilaire se cachait dans le Castrum-Mélena. Il le mande auprès de lui. L'évêque se présente devant le prince franc.

Nous lisons dans l'histoire romaine que lorsque les ambassadeurs de Narsès, roi de Perse, se présentèrent devant l'empereur romain, Probus, ils le trouvèrent assis à terre, revêtu d'une casaque de laine et mangeant des pois verts, cuits au lard. Le prince mérovingien était, paraît-il, un peu plus gourmet et raffiné dans ses goûts culinaires. Lorsque l'évêque Hilaire se présenta à lui, il le trouva assis sur la verte pelouse, prêt à manger un superbe gigot de mouton. Le prince invite le Prélat à s'asseoir et à partager son dîner. Hilaire accepte sans façons.

Or voilà, dit la légende, qu'au moment où le cuisinier enlevait le gigot de la broche rustique, il le laissa tomber sur la cendre, par maladresse sans doute. Sans se déconcerter, il le frotte un peu de ses biceps crasseux, l'essuie tant bien que mal et le présente tel quel. Sans sourciller, le prince se met à le découper et à en offrir une belle tranche à son hôte. Le régal fut fort honnête, dit-on.....

Il faut avouer qu'en fait d'art culinaire, les rois mérovingiens n'étaient pas si délicats que les ducs de Mayenne et de Souabe...

En face de la Malène et du ravin du Mazel, se dresse la belle statue de Notre-Dame de Lourdes, intronisée depuis près de 15 ans. Les Malénois doivent, dit-on, la conservation de leurs vignes à la protection maternelle de la bonne madone.

Du haut de son observatoire, Marie règne en Souveraine sur les rives du Tarn. Au mois de mai, riverains et Caussenards viennent lui présenter leurs vœux et leurs hommages.

Bâti en 1860, le pont de la Malène fut emporté en 1875 et reconstruit deux ans plus tard. Les vieux castels, les dolmens, les grottes préhistoriques, les vestiges des trois périodes celtique, gauloise et romaine, haches en silex, flèches, amulettes, amphores, lances en pierre, couteaux en silex, dents et coquilles percées, bracelets en bronze, poteries, médailles, monnaies, abondent autour de la Malène.

A Cauquenas, on trouve des habitations gallo-romaines ; à Castel-Merlet, un intrépide chercheur à déterré un chapiteau corinthien. Non loin se trouve une grotte de toute beauté. On croit que Cauquenas fut jadis une station romaine. Espérons que de nouvelles découvertes feront la lumière sur ce point.

Ces gorges furent dévastées par les excursions des Sarrasins, des Albigeois et des Anglais. Construits, dès le principe, à ce qu'on croit, comme lieux de refuge pour abriter les habitants, les *Castrum* servirent souvent de repaire à des brigands pour, de là, piller, rançonner les pauvres riverains et les pacifiques Caussenards. La Malène possède encore un de ces vieux manoirs.

Depuis le XIIIe siècle jusqu'à ces derniers temps, il a été la propriété des Montesquieu. Aujourd'hui il appartient à M. de Lescure, de Mende. Brûlé par les Sans-Culottes de 1793, ce château encore tout enfumé fut restauré plus tard. Des anciennes bâtisses, il ne reste plus que les tours et les voûtes. Les Montesquieu étaient les seigneurs du pays. Leurs rentes liquides de toutes charges étaient de 100 livres tournois.

(B. A. 1889).

En 1568, les protestants, maîtres de Meyrueis, Millau, Compeyre, Sévérac, prélevaient les revenus de la Malène, Quézac, Ispagnac, le Recoux, St-Georges. Le service divin ne se faisait qu'à Mende, Langogne, Saugues, le Malzieu, St-Chély, la Canourgue et Ste-Enimie.

(B. A. 1886. p. 84-85).

Douze mille séditieux dont les Peyre, les Mirandol, les Montesquieu étaient les chefs, ruinèrent « *tout le plat du païs après avoir assiégé Mende* ». Un édit royal condamna tous ces révoltés à une amende.

(Arch. g. 1468).

Maffre de Montesquieu, seigneur de la Parade et de Plagnols et son frère Pierre furent condamnés à payer 300 l. T. Le seigneur de Montbrun, Lyon de Chapelu, paya 1,000 l. T.

A l'avènement de Henri IV, les Malènois prirent fait et cause pour les Ligueurs, sous les ordres du capitaine Polverel, seigneur de Tenque, et de Claude Gall.

Le causse Méjean, Vebron, Quézac, Ispagnac devinrent le théâtre de leurs excursions. Polverel et Gall. se soumirent le 24 septembre 1592, « par devant les commis, syndics, députés du diocèse et Mgr de Mende.

Ils promirent obéissance au roi, de tenir et conserver le lieu et fort de la Malène sous l'autorité de Sa Majesté, de *courre* sus à ceux du contraire parti, empêcher leurs ravages... Polverel recevra 450 écus pour avoir fortifié la Malène. »

(*B. A. 1888, p. 45*).

En mars 1593, le seigneur de la Rouvière, chef des Ligueurs, tenait encore en son pouvoir un château de la Malène (Plagnols, très probablement).

En 1617, Fra. Georges de Montesquieu, à la tête de 100 soldats, arrêta d'Assas, qui arrivait du Vigan au secours d'Andredieu. Georges occupa tous les passages et battit la campagne pendant un mois.

Quelques jours plus tard, 300 soldats du capitaine Grailhe passent à la Malène et, pendant trois jours, ils y commettent plusieurs dégâts, « ravaiges et ruynes ». Pour ces deux motifs, de Montesquieu obtient des Etats 2.000 l. t. a titre d'indemnité.

(*Arch. d. C. 805*).

En 1621, le duc de Rohan met le feu dans les Cévennes. On s'agite de tous côtés. Mgr de Rousseau organise la défense. Villefort, le mont Lozère, Montmirat, Sauveterre, la Malène, les Vignes, le Rozier et tous les châteaux du Cagnon reçoivent des garnisons et sont désignés comme avant-postes de la ligne défensive. L'intrépide Georges fut encore là avec 300 soldats, voltigeant de tous côtés. Intimidé, Rohan tourne ses efforts vers le Bas-Languedoc. 6 ans après, il revient, s'empare de Florac, de Meyrueis, veut forcer le passage de la Malène, mais Georges l'arrête et l'expulse vers Florac.

En récompense, ce dernier conserva son château de la Malène, d'après une faveur expresse du cardinal de Richelieu.

Tout en écoutant ce récit plein d'intérêt, nous avions

honoré d'une courte visite, le château, le couvent, le pont et les étroits boulevards de la Malène.

— Voyons l'église ? ajouta le cicérone.

Il y a là un monument remarquable, qui va me servir de thème pour vous raconter un épisode sanglant de la grande Révolution. — Adopté ! — Nous y voilà.

II. — **L'église de la Malène.**

Bâtie sur un léger mamelon, à l'ouest du village et à droite du ravin de Recoulettes, l'église de la Malène est un monument du Xe ou XIe siècle. M. Bosse le fait remonter jusqu'au VIe (nous y coupons), et il voudrait en faire l'église monacale du couvent bénédictin que St Hilaire fonda sur les rives du Tarn. C'est son affaire.

D'assez chétive apparence, cet édifice, large de 8 mètres, long de 20 m., à trois nefs, trois travées, une abside à trois pans, style roman très lourd, primordial, défiguré par un maudit badigeon, orné d'arcatures, est déparé par d'énormes colonnes qui relient des arcs à plein-ceintre. Sa voûte est peu élancée ; riche en coins et en recoins, pauvre en architecture, cette église est cependant d'une solidité éternelle. C'est son seul mérite.

Sous l'abside de la nef de gauche se trouve un cénotaphe en marbre blanc, parsemé de nervures. Il porte l'inscription de plusieurs noms. — Qu'est-ce donc ?

— Messieurs, nous répond le cicérone, vous êtes en présence du tombeau de 39 victimes de la Grande Révolution. Ces hommes sont morts pour la défense du trône et de l'autel. Ils étaient tous enfants du peuple. Dans le pays, on ne les connaît que sous le nom de *Martyrs de la Malène.*

Nous nous servons de ce mot avec toutes les réserves que doit s'imposer un enfant soumis à l'Eglise, sa mère.

III. — **Martyrs de la Malène.**

Dieu et le Roi. — La Terreur. — Charrier. — Colporteur assassiné. — 1re excursion. — Grotte de Barre. — Grêle de pierres. — Soulèvement, victoires, proclamation de Charrier. — 1er et 2e groupes des royalistes. — Malenois. — Guet-apens. — Trahison. — Florac. — Prison. — Condamnation. — Préparation a la mort. — Guillotine. — Danses macabres. — Un infame. — Evasions. — Confiscation. — 10,000 Sans-Culottes. — 25 prisonniers. — Incendie. — Restauration. — Chapelle expiatoire. — Triomphe.

Nous savons déjà que dans les veines des *Malénois* coulait le sang de catholiques convaincus et de patriotes ardents.

En 1793, les petits-fils des Ligueurs se montrèrent dignes de leurs ancêtres. *Dieu et le Roi*, telle fut leur devise. Deux prêtres modèles, au caractère bien trempé, MM. Pascal, curé, et Rouvelet, vicaire, gouvernaient la paroisse. De Montesquieu, ancien mousquetaire, blessé à Fontenay, royaliste à tous crins, habitait le château de la Malène avec sa famille. Lorsque la révolution éclata, une légion de prêtres, de nobles proscrits s'abattit sur les gorges du Tarn et trouva une retraite assurée au fond des grottes comme au milieu de ces populations catholiques.

L'ère de la Terreur venait d'apparaître. Déjà le sanglant couperet avait tranché la tête de l'infortuné Louis XVI. Les prisons regorgeaient de victimes. La Convention faisait couler des flots de sang.

Ecœurés à la vue de cette anarchie, électrisés par la fibre du patriotisme, les paysans vendéens venaient de se soulever en masse et d'inaugurer cette lutte sanglante que Napoléon Ier a appelée *une guerre de géants*.

Dans l'Ardèche et la Hte-Loire, le camp de Jalès était déjà en formation. Lyon préparait un soulèvement formidable. Il fallait arracher notre noble France à la marée montante de l'émeute et du sang, aux griffes cruelles de l'infâme Convention, de ce César sanguinaire aux cinq ou six cents têtes.

Le spectre de la Terreur avait déjà secoué l'apathie des paysans d'Aubrac. A leur tête marchait un intrépide montagnard. Ex-capitaine au régiment du Bourbonnais, ex-député du Tiers-Etat à la Constituante, où il avait vu la Révolution naissante marcher à pas de géant, prête à broyer la royauté et la patrie, le trône et l'autel, sous son talon sanglant, Marc-Antoine Charrier, notaire de Nasbinals, arrivait de Coblentz, muni d'un plan d'insurrection qu'il avait concerté avec les princes. Les Vendéens du Midi devaient courir aux armes, se joindre à leurs frères de l'Est, du Nord et de l'Ouest, enlacer la France dans un cercle de fer, marcher sur Paris et y rétablir le trône de nos rois.

Sur les Causses et dans les gorges du Tarn, on se préparait aussi à la résistance. A la Malène, Antoine Bonnefoi venait de tuer, en plein jour, un colporteur soupçonné d'espionnage.

Les patriotes firent planter un arbre de la *liberté* (lisez tyrannie) à l'endroit même où était tombée la victime, mais le lendemain on trouvait l'arbre renversé et scié au pied. Les farouches administrateurs du département entrent en fureur. Ils envoient 400 gardes républicains pour faire des perquisitions et punir les Malènois. Piller, dévaliser les maisons, les *caves*, les écuries, insulter les pauvres riverains, les rançonner, se livrer à l'orgie, en pleine place publique, fut une belle fête pour ces séides de la Révolution.

Au beau milieu du repas, lancés d'une hauteur de

150 mètres, de la grotte de Barre, deux énormes blocs de pierre roulent avec fracas et jettent la terreur dans le camp des patriotes. Sauter sur leurs fusils et faire une décharge générale, fut pour ces guerriers à la gamelle l'affaire d'un instant. Fi donc ! la grêle de pierres continue toujours de plus belle en plus belle.

Effrayés, nos Sans-Culottes abandonnent la place ; avant tout ils veulent sauver leur peau ; ils prennent donc la fuite du côté de Plagnols. En chemin ils rencontrent la demoiselle Perségol, lui enlèvent 300 francs et escaladent la montagne au pas de course par mille sentiers divers, en aval de Cauquenas.

Quelques jours plus tard, dans la nuit du 24 au 25 mai, le vaillant Charrier arborait sur l'Aubrac le drapeau fleurdelisé : Il assiégeait Recoules-d'Aubrac, y tuait quatre soldats et faisait une centaine de prisonniers. Les paysans accouraient de toutes parts, se ranger sous ses ordres, armés de vieux fusils, de faux, de fourches, de bâtons.

Le 26 mai, il entrait à Marvejols et le lendemain à Mende sans coup férir, à la tête de 3.000 royalistes. Il invitait, en même temps, tous les hommes de cœur de 16 à 50 ans « à venir rejoindre armés et sans délay, le « détachement de l'armée chrétienne et royale du Midi, « en son quartier général. »

Le 26 mai, un premier groupe de 15 royalistes partait de la Malène. Ces volontaires allaient rejoindre l'armée royale ; le 27, ils entraient à Mende avec elle ; le 30, ils combattaient à Chanac ; mais licenciés le lendemain, ils reprenaient le chemin de leurs foyers, sous la conduite du prieur Solanet des Vignes, trésorier de l'armée de Charrier.

Disons qu'en passant à la Capelle, ils essayèrent en vain de faire revenir à résipiscence le curé Clément, prêtre assermenté. On eût beau le menacer de le jeter tout vivant dans un abîme, tout fut inutile.

Le 28 mai, un second groupe de royalistes malénois était encore parti pour aller grossir les rangs de l'armée chrétienne. En route, ils se joignent aux volontaires de Laval, réunis à la Cassalède, sous les ordres de Monestier de Rausas, ils arborent la cocarde et le drapeau blancs.

Sur le plateau de Sauveterre, tout près du Choizal, ils rencontrent le général Louis à la tête de 1.500 patriotes ardéchois et cévenols. « Vive le roi ! » crient ces derniers, à leur approche, voulant leur tendre un piège. Un patriote, le citoyen Gardès, court même à eux en arborant la cocarde blanche.

Cinquante deux royalistes s'avancent sans méfiance aucune, croyant se réunir à des frères d'armes et ils tombent entre les mains de leurs ennemis. Un d'entre eux va même embrasser le général Louis, le prenant pour Charrier. Tout à coup retentit un coup de fusil ; alors, les royalistes les plus méfiants qui se trouvaient à l'écart s'enfuient à toutes jambes.

Cependant un d'entre eux, Antoine Seguin de Lueysse à ce qu'on croit, s'avance pour réclamer son fils à grands cris et on le fusille sur-le-champ.

Le gendarme Volpelière fouille les captifs, et il trouve une lettre dans la poche de Monestier de Rausas. Ce dernier venait de recevoir cette missive de la part de Malzac de Montignac. Ce caussenard du Méjean s'excusait de ne pouvoir répondre à son appel avec son frère, parce qu'il partait pour le Rozier, afin d'y traiter une affaire conséquente. Toutefois, il le priait d'inviter M. Charrier à faire une descente vers Meyrueis, que terrorisaient une quinzaine de patriotes, disant qu'il y racolerait près de 2.000 soldats.

(Pièces officielles).

Le soir du même jour, le général Louis conduisit les prisonniers à Florac, où s'était réfugié le Directoire.

A l'entrée de la ville, comme le sieur Alméras de la Croze fit mine de vouloir s'arrêter, se trouvant harassé de fatigue, un patriote énergumène le perça de part en part d'un coup de baïonnette et il s'acharna à mutiler son cadavre.

On jette les prisonniers au fond d'un cachot infect, où on les laisse sans nourriture jusqu'au lendemain. Le 30 on fait désinfecter la prison et on leur donne des vivres. Ce même jour, l'accusateur public Dalzan est chargé de la procédure.

Le surlendemain, 2 juin, le tribunal révolutionnaire condamne à mort tous les captifs. Ils monteront sur l'échafaud. On s'aperçoit alors qu'on n'a point de guillotine. L'exécution ne peut donc avoir lieu dans les 24 heures. Le féroce Dalzan demande un sursis pour les victimes (procès-verbaux des séances du Directoire). Les condamnés, dignes des plus beaux âges de la foi, en profitent pour se préparer à la mort. Ils veulent tous mourir en bons chrétiens.

Dans leur prison se trouvaient plusieurs prêtres non assermentés : Gigonzac, Chardon, Jourdier d'Inos et Charrier, vicaires de Fontans, d'Arzenc, de Sévérac-le-Château et le dernier, curé d'Aleyrac (Aveyron).

Ces hommes de Dieu reçurent la confession des captifs, les exhortant à rester fidèles jusqu'à la fin à leur religion, à leur Dieu et à leur roi.

Le 11 juin, fête de S. Barnabé, jour de foire à Florac, on exhibe de leur cachot ces champions de la foi, pour les mener à l'échafaud. La guillotine, à l'aspect sinistre, se dresse au milieu du cimetière. A côté s'ouvre une large fosse. Les flots d'une foule de curieux, la plupart calvinistes, remplissent toutes les avenues.

Voici les confesseurs de la foi ! Ils marchent deux à deux, d'un pas ferme, assuré, le front haut, le chapelet à la main et en chantant les litanies de la Vierge Immaculée. *Auxilium christianorum, ora pro nobis.*

« Si vous voulez vous enrôler dans l'armée des patriotes, leur a-t-on dit, vous ne mourrez pas. — Jamais, ont-ils répondu tous d'une voix, nous préférons la mort ! »

Vous mourrez donc, nobles victimes du devoir !

Trente-neuf fois, le couteau sanglant de la guillotine s'élève dans les airs, et trente-neuf fois le fatal couperet retombe en sifflant pour trancher la tête d'un défenseur de la cause royale et chrétienne. Trente-neuf fois encore, le cruel bourreau (chose honteuse à dire), s'empresse de jeter dans la fosse, d'un violent coup de pied, une de ces têtes vénérées.

On rapporte que tous ces héros moururent la prière sur les lèvres et l'espérance dans le cœur.

Chose inouïe ! Au moment de l'exécution, l'infâme Dalzan-Lapierre avait, dit-on, entre ses mains, la grâce des condamnés ; mais dans sa rage infernale, il ne voulut pas l'exhiber. Cette infâmie ne lui portera pas bonheur ; car, un jour, il mourra misérablement comme Hérode et Pilate.

L'exécution venait de finir, lorsque des énergumènes se mirent à hurler le *çà ira* et à faire la farandole autour des cadavres encore palpitants des nobles victimes.

(CHARBONNEL).

De pareilles saturnales vous révoltent et vous soulèvent le cœur d'indignation.

Au sortir de la prison, Joseph Gal de la Malène et Dumas de Hauterive réussirent à s'évader, grâce au bienveillant concours de M. Velay, receveur d'enregistrement. Honneur à lui !

Quatre autres, J.-B. Caussignac, J.-B. Bonnet, J.-B. Persegol de la Malène et Antoine Jonquet, furent guillotinés à Mende, avec MM. Gigonzac, Chardon et Jourdier.

Un autre captif fut sauvé par le conventionnel Châteauneuf, son parent. Nous donnerons ci-après la liste complète des victimes.

Le 13 juin 1793, le Directoire porta un décret de confiscation de tous les biens des royalistes pris les armes à la main. De ce nombre fut Malzac de Montignac, compromis par sa lettre. Les biens furent vendus au profit de la nation. M. Ladet de Meyrueis, ex-capitaine au régiment du duc d'Angoulême, les acheta et les rendit aux héritiers des victimes.

A l'instar de Lyon, le bourg de la Malène fut condamné à être rasé et détruit. Deux compagnies de patriotes l'occupent d'abord ; à la fin d'octobre 1793, toute une armée de sans-culottes et de pillards s'y précipite. Ils étaient 10.000, dit-on, sous les ordres du général Gout, venus de Mende, Sévérac, Meyrueis, Millau, etc.

— Ils avaient donc perdu la tête ! reprit le Gascon ; 10.000 hommes dans ce trou ! Pourquoi faire ?

Pour faire 25 prisonniers qu'ils prirent encore par trahison en leur donnant rendez-vous dans la basse-cour du château. Les nommés Coulomb, Fages et Flourou sont envoyés à Mende : Les 22 autres à Rodez, à savoir : Persegol, maire ; Monginoux, meunier ; Robert ; Persegol François ; Fages ; J.-P. Persegol ; J. Persegol ; Malafosse ; Pagès ; Auguste Persegol ; Brunel ; J. Pierre Persegol ; J. Coulom ; Bonnet ; Pierre Coulom ; Faisandier ; Caplat ; G. Fages ; Antoine Fages ; J.-P. Fages ; Pierre Fages et Antoine Bonnefoi. Ce dernier fut le seul condamné à mort, comme meurtrier de l'ancien colporteur et exécuté dans les 24 heures. Deux d'entre eux moururent en route : après trois mois de détention, tous les autres rentrèrent dans leurs foyers.

Le 31 octobre 1793, le Château et les 70 maisons de la Malène furent livrés aux flammes. Une seule maison échappa à l'incendie. Elle existe encore. Trois fois on y mit le feu et à trois reprises une femme intrépide réussit à éteindre les flammes. Tout fut pillé, dévasté, saccagé. Les grottes et les cavernes servirent de refuge aux pauvres riverains. Le lendemain, la nuée des incendiaires se dissipa. Sur la demande du procureur Syndic de Sévérac, le Directoire de la Lozère se chargea de faire élever cinq enfants orphelins de la Malène dans l'hospice de Mende (Séances).

Le calme revint peu à peu. Encouragés par l'abbé Rouvelet, les Malénois reconstruisirent leurs maisons, réparèrent les ruines ; on restaura l'église. Tous les ans, le 11 juin, on célébra un office solennel pour le repos de l'âme des victimes de la Révolution. En ! ur honneur, on érigea, en 1859, une chapelle expiatoire, grâce à la générosité de Madame de Thilorier et de nombreux souscripteurs. L'empereur Napoléon III envoya une riche offrande. On exhuma les ossements des 39 victimes de Florac, le 5 juin 1859: Ils furent déposés dans un cercueil en zinc. Le surlendemain le convoi arriva à la Malène. Mgr Foulquier présida la cérémonie de leur translation. M. Blanc, curé de la cathédrale, enfant des Rives du Tarn, prononça un brillant panégyrique. C'est devant ce tombeau que viennent de nos jours, s'agenouiller et pleurer les petits-fils de ces vaillants défenseurs de la cause royale et « de la religion de Jésus-Christ. » (Ces derniers mots se trouvent dans le procès de condamnation).

Tiré des pièces officielles du procès, Charbonnel, La Croix de la Lozère; Séances du Directoire; Mes souvenirs, etc.)

Le cénotaphe porte cette inscription latine:

« *Pro Deo et Rege legitime certantes coronati sunt, die 11ª Junii 1793).*

IV. — Martyrs de la Malène et des environs.

Nous employons le mot *martyr* avec toutes les réserves spécifiées ci-devant.

1. — DE LA MALÈNE.

	Exécutés
Jean-Baptiste Bonnet....................	à Mende
Jacques Caplat, père de famille.............	à Florac
Pierre Caplat...........................	—
J.-B. Caussignac, fabricant...............	à Mende
Pierre Fages, tisserand, célibataire........	à Florac
J.-B. Flourou, travailleur de terre, père de famille...........................	—
Pierre-Jean Gal, célibataire..............	—
Antoine Persegol, cadet..................	—
Antoine Persegol......................	—
François Persegol......................	—
J.-B. Persegol, dit le *Clergue*, fils de Pierre-Jean...........................	à Mende
Louis Persegol........................	à Florac
Marcellin Persegol.....................	—
J.-J.-Ph. Polges, notaire,................	—
Etienne Rabier, de Chanac, habitant la Malène...........................	—
Jean Robert, célibataire.................	—

2. — DE CAUQUENAS.

J.-Fr. Maurin, berger...................	à Florac
Pierre-Jean Monginoux..................	—
Pierre Sévenier, dit *Bergelis*............	—
Pierre-Jean Fages, des Mons.............	—
J.-A. Arnal, père de famille de la Clujade..	—
J.-J. Gal, de l'Angle, évadé.	

3. -- DE LAVAL-DU-TARN.

Pierre Bonicel................................	à Florac
Jacques Brajon, dit *la Blague*, garçon tailleur	à Mende

D'autres disent qu'il fut tué en descendant
la côte de Molines. On lui aurait tranché la
tête, qu'on aurait fait rouler à coups de pied.
Jean Gaches, évadé.

Antoine Jonquet, de Cénaret, valet chez Bon- nemayre..............................	à Mende

Antoine Jonquet, sans renseignements.

Antoine Ladet..............................	à Florac

J.-B. Malafosse, cabaretier, sans renseignem.

J.-A. Monestier, voiturier..................	à Florac
A. Bonnemayre, domestique chez Combettes de Périères..............................	—
Louis Fournier, de Périères................	—
Jean Ladet................................	—
Joseph Monestier, de Rausas, maire de Laval.	—
Antoine Teissèdre, de Rausas..............	—
François Boyer, de Montredon............	—
Antoine Gal, du Pin-Bas..................	—
Jean Gal, du Pin-Bas, cultivateur..........	—

Antoine Seguin, de Lueyse, tué à Florac ou
sur le Causse de Sauveterre.

4. — DIVERS.

Antoine Caussignac, d'Hauterive, sans renseignements.
Antoine Dumas, d'Hauterive, évadé.
Antoine Fages, d'Hauterive, exécuté à Florac.
J.-B. Flourou, de la Croze (croyons-nous), exécuté à
Florac.
Pierre Burlon, de Champerboux, sans renseignements.
Etienne Claret, de Bramonas, domestique chez Paradan
de Champerboux, sans renseignements.

G. Malzac, domestique chez Domeizel de Champerboux,
sans renseignements.

Etienne Méjean, de Sauveterre, domestique chez Domeizel, sans renseignements.

Antoine Badaroux, de la Croze, sans rensseignements.

Alméras, de la Croze, tué à l'entrée de Florac.

Jean Pradeilles, des Ceyrelles (la Capelle), sans renseignements.

J.-B. Fages, huissier du tribunal du district de Meyrueis pour le canton de la Parade, sans renseignements.

*(Liste communiquée par M. G..., ancien vicaire de la Malène,
copiée sur les registres officiels.*

V. — « Liste des Complices de l'infâme Charrier, qui sont condamnés à la mort ou à la déportation, par contumace et qui errent dans les campagnes » (1).

« Pierre Paparel, père, fermier de Ressouches, commune et canton de Chanac, district de Mende ;

Joseph Giscard, dit Loubesson, de la même commune.

Le nommé Quintin, valet de la veuve Pin, de la Roche
(Barjac) ;

Bouschet, dit Marca, de la Roche (Rieutort-de-Randon) ;

Louis Gervais, dit Coucourel, de la Brugeire ;

Pierre Rozier, dit lou Gandaille, de Malassagne ;

Etienne Bonnal, dit Pierronas ;

Préjet Sarrut, de la Brugeire, ex-abbé ;

Jean Viala, dit Janon, de Coulagnet (Chastel-Nouvel) ;

Jean-Pierre Ballez, fils du paysan de Fumas, commune
de St-Léger-de-Peyre ;

Bonnal, maréchal-ferrant et hôte, près St-Laurent-de-
Muret, parent de Pons-Caylus ;

---

(1) Cette liste fut imprimée à Mende chez Kocher et Prost, l'an second
de la République Française.

Astruc, cordonnier, de Marvejols ;

Le ci-devant, vicaire d'Antrenas ;

Théodore Liger, fils de Pierre de Marvejols ;

Jarrousse, cadet, de Chaldecoste, maire de St-Laurent-de Muret ;

Augustin Déliane, ex-abbé du Monastier, canton de Chirac ;

Romain Melhac, dit la Colle, voiturier de Chirac ;

L'ex-abbé Boudet, dit Villaret, prêtre du Monastier (qui se battit vaillamment à Chanac) ;

Prouzet, cadet, praticien de Couffignets, commune de St-Sauveur-de-Peyre ;

L'ex-abbé Libourel, de Pratviala ;

Fournier, de Sainte-Lucie ;

L'ex-abbé Gibelin, prêtre, du Pin (Prinsuéjols) ;

Berjon, prêtre, ci-devant aumônier de la Baume :

Toiron, ci-devant vicaire de Prinsuéjols (exécuté à Mende ;

Alexis Roume, de Crueize, commune de St-Sauveur-de-Peyre ;

Le ci-devant vicaire de Marchastel ;

Mestre, curé de Marchastel ;

Valette, jeune, fils cadet du juge de Nasbinals (parent de Charrier ;

Fournier, ci-devant prieur, curé de Nasbinals ;

Jarrigion, ci-devant curé de Recoules-d'Aubrac ;

Charbonnier, dit Parisien, de Nasbinals ;

L'ex-abbé Rouel, vicaire de Nasbinals (exécuté à Mende);

Delestang Joseph, aîné, chirurgien de Chirac (fusillé à Chirac) ;

Jarrigion, ci-devant vicaire de St-Chély-du-Tarn (exécuté à Mende) ;

Le cadet Jurquet, dit le chevalier de la Salle, de Mont-jézieu ;

Malzac, aîné, de Montignac, canton de la Parade, district de Meyrueis ;

Verdier, ex-abbé de Chaudesaigues (Cantal) ;

Pons de Caylus (de la Cresse), près Millau (Aveyron) ;

Bastide, de Leissac (Aveyron) ;

Salgues, chevalier, dit le brigand d'Ambessières, de Liocan, commune de St-Côme (Aveyron) ;

Soutouli, médecin, de Saint-Côme ;

Le Vasseur, maçon de St-Geniez, un des chefs de l'état-major ;

Charles Bruel, gendarme, à la résidence de Nasbinals ;

Brouès, dit St Jean ou le Camard, marchand, de Mende ;

Gilbert Brajon, dit Pied-de-Pastière, tonnelier de Mende ;

Victor Laurens, fils cadet, de Mende (condamné à mort le 27 germinal, an 2 ; ses biens furent confisqués) ;

Chevalier, dit Picard, boucher, de Mende, même condamnation que le précédent ;

Borrel, ex-abbé, de Mende, frère de trois émigrés, même coudamnation ;

Desfonds, fils, prêtre de Mende, même condamnation ;

Baptiste Vammale, dit Antoni, de Chanac, même condamnation ;

Gasc, ecclésiastique de Chanac, même condamnation ;

Bergounhe, dit Delroc, gendarme de Chanac, même condamnation ;

Rabier l'aîné, du Cros, de Chanac, même condamnation ;

Paparel, fils, ex-curé de Vabres, même condamnation ;

Paparel, fils, ci-devant vicaire de Javols, de Chanac, frère du précédent, même condamnation ;

Grousset, de Booz, commune de Salmon, condamné à mort le 16 avril 1794, évadé ;

Boissonnade, dit la Fage, d'Auxillac ;

Placide Monestier, de Rauzas, maire de Laval-du-Tarn, guillotiné à Florac, le 11 juin 1793 ;

    « *Les dénommés ci-dessus condamnés à mort.* »

Remedi, du Buisson, district de Marvejols ;

Boissonnade, dit l'Etudiant, de Rieutort-d'Aubrac ;

Jean-Marc Laporte, de Chantegrenouille, ami intime de
Marc-Charrier, arrêté avec lui à Ginestoux, le 4 juin
1793, et emmené à Rodez ;

Pierre Hébrard, dit Barjac, peigneur de laine de
Chirac ;

Jean Guillaume Avit, fils, ex-abbé, de Nasbinals ;

Paradan, dit Bidet, brasseur, de Mende, condamné à la
déportation à vie, parce qu'il avait contribué à l'ar-
restation de M. Delieuze, curé de St-Bauzile, massacré inhumainement par une horde de scélérats ;

« *Les dénommés ci-dessus condamnés à la déportation.* »

« Certifié cette liste extraite des registres du tribunal
criminel du département de la Lozère. »

<table>
<tr><td>KOCHER & PROST,
Imprimeurs.</td><td>VELAY,
Président au dit tribunal.</td></tr>
</table>

VI. — Liste de certains autres officiers et soldats de l'armée royaliste de Charrier.

Marc-Antoine Charrier, notaire à Nasbinals, général en chef, pris par trahison, le 4 juin, à la ferme de
Ginestoux par les Sans-Culottes d'Espalion, guillotiné
à Rodez le 17 juillet 1793.

Antoine Charrier, prieur de Malbouzon, frère du
précédent, pris le 10 octobre 1793 et guillotiné à Mende.
« Il fut capturé par Louis Valon, capitaine n° 2 du 3ᵉ
régiment de l'Ardèche, avec plusieurs paysans de
Prinsuéjols. Valon demanda et obtint la gratification de 100 livres qu'on accordait à ceux qui arrê-
taient un prêtre *fonctionnaire public*, conformément
au décret de la Convention Nationale du 14 février
1793. »

(*B. A., 1884*).

Claude Allier, prieur de Chambonas (Ardèche), qu'on accusa « *d'être l'instigateur et l'auteur de tous les maux qui avaient fondu sur le département de la Lozère;* » arrêté le 17 août 1793, à Montrazon (Haute-Loire), commune de Thoras, en vertu d'un mandat du 17 mai 1793, en la compagnie de Constans de Recoules-d'Aubrac, de Carre, soldat déserteur et de Pierre Vidal, maire de Thoras, conduit à Mende sous bonne escorte et emprisonné.

Le 16 septembre, on lui notifie sa condamnation à mort. Il fut exécuté le lendemain, à Mende, sur la place d'Angiran.

Le capitaine de gendarmerie, B. Lafraux, obtint de *Couthon* une gratification de 3.000 l. pour avoir capturé Allier, à l'instar de ceux qui avaient pris *M. A. Charrier*.

Le *comte de Noyant,* seigneur de Combe-Jouve, paroisse d'Arcomie, ex-président de l'assemblée départementale le 6 juillet 1789, correspondant de M. Charrier.

Porquéry, du Bourg (Aveyron).

Bréchet, de Nasbinals, chirurgien.

Lahutes, de Montpeillier, docteur-médecin, arrêté à Villefort le 11 juin 1793 et transféré à Mende.

René Duparc, du Méjantel, domestique de Mgr de Castellane, se refugie à Montredon (Salelles), le 26 juin 1793; condamné à mort le 16 avril 1794.

Solholin, du Rouergue.

Plombat,   —

Pons Vayssettes, —

Rigal, de St-Geniez.

L'abbé Ollier, prieur de la Trinitat, près St-Côme (Aveyron).

L'abbé Sollier, surnommé Sans-Peur.

Cablat, de Sévérac-le-Château.

Pierre-Jean Meillou, du Bourg (Aveyron), qui se fit

plus tard chef de brigands, terrorisa les cantons de Peyreleau, Sévérac, le Massegros, Meyrueis, fut blessé à Samonta, pris à Eglazines et mourut en prison à Millau des suites de sa blessure.

Aimé Muret, de Marvejols.

Michel du Ventouzet.

Vors, menuisier de Chirac.

Malet, de St-Léger-de-Peyre.

Pascal, de St-Léger-de-Peyre.

Laurent Labréche, de Montrodat.

Renouard, aîné, de Mende.

Astruc, de Combret.

Brouillet, de Peyre.

Jacques Nogaret, officier municipal de Chirac.

Antoine Melhac, boucher de Chirac, fut pris par les patriotes dans sa maison, condamné à mort, mais mis en liberté à la chute de Robespierre ; Louis XVIII lui accorda une petite pension.

Etienne Chabannes, de Chirac, déserteur.

Baptiste Lafont, de Chirac.

Jean-Antoine Hermabessière, dit Joliqueur, de Frégouttes, paroisse de Ste-Colombe-de-Peyre.

Grousset, de la Rouvière (Monastier).

Le prieur Solanet, de St-Préjet-du-Tarn.

Couderc, de Marvejols, tambour.

Crespin, vicaire de Recoules-d'Aubrac, fusillé dans sa paroisse.

Pierre Coulomb, cordonnier de Mende.

Piquet, garçon-serrurier,   —

Parlette, fils tisserand,   —

Brunel, aîné, négociant,   —

Chabrol, apothicaire,   —

Giral Magnac, dit Lesquisse,   —

Grousset, cadet, cordonnier,   —

Soulages, chaudronnier,   —

A. Benoit, dit Lougayou, tisser. —

Jean Joachim, dom. de Randon, de Mende.

Lajeunesse, maçon,   —

L'abbé Martinet,   —

L'abbé Bourrillon, fils à Charles, de Mende, réfugié à Montredon.

L'abbé Vidal, de Mende.

Julien Galière, dit Brunet, de Mende.

L'abbé Bessière,   —

Crespin Sellier,   —

Pierre Laget, maçon,   —

Philippe Amouroux, maçon.   —

Blanquet, fils ainé,   —

Causse Saltel, fils ainé, serrur..   —

Broca, imprimeur,   —

Jourdan, boucher,   —

Vital Collier, tisserand,   —

Pestet, dit Oziol,   —

Michel Méjean, pêcheur,   —

Dufraïsse ou Barrandon,   —

Borrel, frères,   —

Hébrard, officier municipal,   —

Constans, de Recoules-d'Aubrac.

Loudes, qui enleva à Malhe de St-Mamert 6.300 fr., dans l'auberge Boulet, de Marvejols, de concert avec Bastide, etc.

VII. — Anciens Curés de la Malène.

Jean Privat, fut curé de la Malène pendant longtemps ; il mourut agé d'environ 80 ans, le 23 août 1668 ; il fut inhumé dans l'église.

Jean Toqueviou lui succéda le 1er septembre 1668 et mourut à la Malène en 1703.

Jean-François Galonier fut nommé le 28 décembre 1703, il mourut à Barjac le 25 juin 1731.

André-Louis Malafosse le remplaça le 8 juillet 1731.

Pascal, nommé le 9 mai 1768, mourut pendant la grande Révolution : il avait remplacé M. Malafosse. Ce dernier, en 1760, était chef des conférences du district de St-Préjet-du-Tarn ; il avait alors pour vicaire M. de Rochemure.

Labaume, pro-curé de la Malène depuis 1795 jusqu'au 6 mars 1805.

Jourdan, curé, le 15 mars 1805 jusqu'au 23 août 1805.

Pagès, curé, du 23 août 1805 jusqu'au 5 janvier 1810.

(Ces renseignements ont été puisés dans les registres officiels par M. de Pastorel, curé de Rourerel, le 16 septembre 1862).

On peut ajouter à cette liste les noms de MM. Périer, Bonnemayre, mort en 1870, Bach, et Astruc, curé actuel.

VIII. — Le Déjeuner.

SANS MOUTARDE. — NOUVEL ÉPISODE. — L'OMELETTE. — UNE FEMME BAVARDE MISE A SA PLACE. — UNE PIÈCE AUTHENTIQUE. — PIRE QUE LE PHYLLOXÉRA.

— Messieurs les Touristes se font attendre, nous dit le papa Monginoux, en rentrant à l'hôtel.

— Ne m'en parlez pas, répondit le gascon ; avec sa verve furibonde ce Cicérone amuserait des ours.

A table, nous prenons place un peu à l'aventure et toujours à la bonne franquette. Nous enlevons les premiers mets avec un appétit phénoménal.

Voyagez en barque, Messieurs et Dames, et adieu la moutarde !

Divinement exquis fut le court-bouillon. C'était du bon et du frais ; nous le savions *de visu* et *de tactu*. Tout naturellement la grande Révolution fit les frais de la conversation. Voyons si le père Monginoux ne contredit pas le récit de notre narrateur ? Les deux versions concordèrent de point en point.

Voici, nous dit le vieillard, une épisode dont mon grand-père fut un peu le héros !

Lorsque la Révolution éclata, M. Bonnel, frère du maire de Mende et grand-vicaire de Mgr de Castellane, vint demander l'hospitalité à mon aïeul Antoine Monginoux.

Mon grand père le reçut en ami ; pendant de longs mois, il le cacha avec d'autres proscrits dans son moulin. Un vendredi, à l'heure du déjeuner, une femme, venue à la maison pour affaires, remarque qu'après avoir préparé une omelète, ma grand-mère l'apporte à l'étage supérieur. — Il y a là des proscrits, pense l'étrangère. Quelques minutes plus tard ces derniers descendent. Il y avait deux prêtres et un laïque. Malgré que vous soyez déguisés, leur dit la mégère, je sais bien qui vous êtes et si je voulais vous trahir votre tête sauterait bientôt.

Les deux prêtres n'ont cure de cette insolence, ils continuent leur chemin ; mais le laïque se retourne, tire un pistolet à deux coups, s'approche de l'impertinente : « Tu menaces ces prêtres, lui dit-il, parce que tu sais d'avance qu'ils ne se vengeront pas ; mais moi je ne suis pas prêtre et, si tu as le malheur de dire un seul mot, je viens te brûler la cervelle. » L'imprudente garda de *Conrad* le silence prudent ! Les proscrits eurent le temps d'échapper aux limiers qui étaient déjà à leurs trousses.

Dieu nous préserve de revoir ces malheureux temps !

On a remarqué cependant qu'aucune famille de nos martyrs n'a jamais été délaissée par la Divine Providence. Nous leur donnons ce nom glorieux parce qu'ils sont morts plutôt pour la défense de leur religion que de leur patrie.

« Il résulte, lisons-nous dans une des pièces du pro-« cès, des minutes du ci-devant tribunal criminel de ce « département, que, par jugement du 2 juin 1793, « Pierre-Jean Fages, des Monts, commune de la Malène, « et autres, furent condamnés à mort et à être livrés à

« l'exécuteur criminel dans les 24 heures, comme con-
« vaincus d'avoir provoqué le rétablissement de la
« royauté; de s'être armés et réunis pour opérer la
« Contre-Révolution; d'avoir pris le prétexte de la reli-
« gion et de Jésus-Christ pour se porter à de pareils
« excès. »

Cette Révolution, ajouta le père Monginoux, nous fut
plus funeste que le phylloxéra. Ce fléau moderne n'emporte que nos vignes, tandis que celui de 1793 décima
notre population, emporta nos maisons et remplit le
vallon de ruines, de massacres et d'incendies. N'en
parlons plus, messieurs, ça vous fait mal au cœur!

— Entendu, père Monginoux! dit l'Enfant des Rives
du Tarn, nous allons continuer notre excursion pacifi-
que et cingler vers le Pas-de-Souci.

CHAPITRE IV.

I. — **En barque. — Plagnols ou Planiol.**

Départ poétique. — Voici Plagnols. — Son histoire. — Ses maitres. — D'Albignac. — Pillage. — Monitoire. — Excommunication. —
D'Albignac revient. — Chateau rasé. — Oubliettes.

La barque nous attend aux pieds du pont, atterrie à
un gravier en face de la Galenne, source qui sert de
soupirail à l'*aven* de Rouveret.

Le bâteau est monté par deux gentils garçons.

Nous voilà réinstallés. Nous cinglons vers le château
de Plagnols. Le frêle esquif file sans secousses sur une
nappe d'eaux dormantes. Les deux rives sont bordées
de jardins, de prairies, de grèves aux cailloux étincelants, ombragées de peupliers, trembles, noyers.

A gauche, des falaises, des escarpements, des gravières, un talus boisé, un large ravin. A droite, fuient derrière nous la Malène, son grand rocher tout enfumé, son église et ses maisons.

Le soleil est brillant, clair, joyeux, brûlant et pailletant d'or les eaux vertes du Tarn. Il déverse sur nos fronts des flots d'une lumière éblouissante.

A l'ombre des grandes roches ou des arbres touffus le ciel bleu se mire dans le cristal des eaux : il drappe de ses reflets en gaze miroitante d'un bleu verdoyant les surplombs des roches rouges et crénelées.

Voici un cap à angle aigu, formé par un éperon de Sauveterre. Sur son arrière-train, il porte les ruines de Planiol; deux vieux pans de mur du XIe ou XIIe siècle. Ce manoir est un des plus anciens du Cagnon. Le 4 juillet 1060, Guillaume de Planiol ratifia la donation de la collégiale de la Canourgue à l'abbaye de St Victor de Marseille. Il était chanoine de cette collégiale (cartulaire de St Victor).

Cent ans plus tard (1161), Plagnols appartenait aux Montferrand. Le 7 des calendes de mars, Hugues de Montferrand et son frère Guillabert le reconnurent à Raymond Bérenger, roi d'Aragon.

(Arch. g. 455).

Passa-t-il peu après en la possession des comtes de Rodez? Nous le croyons. En 1224, un de ces derniers en ait hommage à Etienne, évêque de Mende, ainsi que les châteaux de Dolan, Blanquefort et Hauterive. Nous avons que les évêques de Mende étaient comtes du Gevaudan. La *bulle d'or* leur avait déjà confirmé ce titre.

Au XIIIe siècle, Planiol relevait des seigneurs de Peyre, du moins ces derniers le prétendaient, parce que ce château faisait partie de la vicomté de Gothie.

En effet, en 1300, Pierre de Rausas, damoiseau et

chevalier (*eques*) en rend hommage-lige à Astorg de Peyre.

On lit dans ce document que Planiol comprenait dans son mandement le Suc, Tenque, Cauquenas, Brie et autres possessions situées dans les paroisses de la Malène, St-Georges, la Capelle.

(Papiers de Peyre).

Le damoiseau de Rausas devait être un Montesquieu, puisque 2 ans plus tard (1302), Astorg de Châteauneuf, prieur de Ste-Enimie, fit maintenir sa juridiction sur Planiol que le sieur de Montesquieu avait reconnu à tort aux barons de Peyre.

(Notice sur le Monastère).

Le prieur avait sans nul doute hérité des droits de l'évêque de Mende.

Désormais les Montesquieu possédèrent Planiol avec ses dépendances. D'Albignac, seigneur du Triadou, s'empara de ce château en 1588, 25 janvier ; il y entra par trahison, fit abattre tous les arbres fruitiers des environs, une grande *pinolède* (sic), arracha les vignes, pilla les bestiaux, fit plusieurs prisonniers, les rançonna et en égorgea deux ou trois *de froit sang* (sic) ; il mit le feu à deux villages. Ses soldats *perdirent cœur* (sic) et partirent le 19 mars.

Comitis, Salles et Polverel arrivèrent pour piller tout ce qui restait. Les dégâts s'élevèrent à 2.000 écus.

(B. A. 1888, p. 335).

Pour punir les pillards, l'évêque de Mende publia un Monitoire d'après lequel il ordonne à M. le Curé de la Malène de publier 3 dimanches consécutifs que ses paroissiens sont tenus de dénoncer :

1° Toute personne qui serait entrée au château de Planiol, le samedi 19 mars, jour où les Huguenots l'auraient quitté ;

2° Toute personne, qui du 19 mars au lundi soir suivant, aurait pris, emporté et volé de Planiol, les meubles, de 50 à 60 sétiers de blé, la plupart froment, bétail, matelas, couvertures, draps de lit, etc.

3° Tous ceux qui se trouvaient à Planiol au moment du départ précipité des Huguenots et auraient vu emporter les dits meubles et grains... *et in casu oppositionis, proponentes, opponentes, si qui sint fori nostri, coram nobis vocetis... die sabbati proxime futuri, sub pœnâ excommunicationis, quæ adversus reos proferetur, nisi mandatis nostris obedirent.*

(Fonds de l'Évêché).

Six mois après, Planiol était aménagé de nouveau, mais le 5 mars 1589, d'Albignac s'en emparait une seconde fois. Jean de Retrum, que nous croyons être la Roche, l'en délogea après un siège de 15 jours, et rasa le château par ordre de Mgr de Mende. Les dégats furent évalués au chiffre de 5.000 écus.

(Arch. C. 1353).

Planiol fut encore relevé de ses ruines. Lors des deux équiqées d'Andredieu et de Rohan, on y plaça une garnison. Richelieu le fit démanteler vers 1632.

On montre encore sous ses ruines les oubliettes où on renfermait les malfaiteurs. On y descend par un escalier taillé dans le roc. Ce cachot est très humide.
Autour de Planiol, on récoltait naguère un vin exquis, vrai nectar des Dieux.

II. — **Cirque de l'Angle.**

Panorama. — Une riveraine qui se noie. — Le Coronel. — Gaujac. — Ron de Montesquieu.

Nous doublons le cap de Plagnols. Sur la surface liquide, affinée, polie comme un miroir, au fond duquel se dessine le paysage d'alentour, notre barque glisse délicieusement. Des myriades de poissons aux nageoires d'argent passent à côté de nous, rapides comme l'éclair. Tous remontent le courant, pas un seul ne le descend.

Voici un nouvel horizon ! C'est le cirque de l'Angle.

Le vallon s'élargit et se pare de ses habits de fête. Sur les deux rives, se déroulent des massifs de verdure, des cordons parallèles de vernes ondoyants, d'oseraies plantureuses, de sveltes peupliers qui se dédoublent là-bas au fond des ondes, à côté des corniches des deux causses et des nuages d'or du firmament. L'Angle est un des plus jolis recoins du Cagnon.

A droite et à gauche s'étend une étroite lisière de terre végétale. Plus haut, les derniers et tristes vestiges des vignobles du Suc et de Magalsi, qui serpentent sur le penchant des collines. Plus loin (r. d.), le hameau de l'Angle, tapi sous le feuillage, à l'ombre d'une grande muraille de falaises, où nichent les corneilles et dont le pied est baigné par deux belles sources : l'Angle et la Sompte.

Au second plan, la riante prairie de Claux déroule son tapis vert, tacheté de peupliers, de noyers et de mûriers.

Au beau milieu, s'élève une maison rustique, dont la maîtresse vient de mettre fin à sa vie, en se noyant dans le Tarn, un jour de Pâques.

Au loin apparaît le Coronel, perché comme un nid de vautour sur le premier contrefort des *Destrechs* ; au-dessus, un bouquet de chênes verts et des groupes de rochers silencieux, sortes de moines bourrus, maussades, réunis en Chapître, pour méditer quelques coups d'Etat.

A gauche, et en face, se trouve le hameau de Gaujac, entouré de quelques mûriers courant la prétantaine. Sur sa tête, se cachent dans les nues les derniers rem-

parts du Méjean, où nichent les aigles, les vautours, et
qui semblent défier les ouragans et les tempêtes.

Voyez-vous ce géant (riv. g.) qui surplombe sur le Tarn
à 310 mètres d'altitude. C'est le *Ron de Montesquieu*.
Sur la plate-forme de ce cône tronqué, s'élevait, au XIe,
XIIe siècles et suivants, le *Castel* de ce nom.

L'Evêque de Mende en était le Suzerain. Le comte de
Rodez lui reconnut ce droit en 1235 — 1298 — etc.

(Doc. hist. de la Lozère.)

III. — **La grotte des Proscrits.**

Tout auprès du Ron de Montesquieu, reliée au
château par quelques pans de mur, se trouve la *grotte
des Proscrits*. C'est là que lors de la tourmente
révolutionnaire de 1793, se retira M. le baron de
Montesquieu avec son épouse et ses trois petits-fils.
La baronne était déjà aveugle et septuagénaire.

Un berger et un domestique fidèle se constituèrent
les gardiens des nobles proscrits et pourvurent à tous
leurs besoins. Leur dévouement ne se démentit jamais.

Sur une fausse alerte, les proscrits émigrèrent dans
une seconde grotte, située à deux kilomètres en aval,
à l'entrée des *Destrechs*. Celle-ci surplombe sur le
Tarn(1), on ne peut y arriver qu'en bateau et au moyen
d'une longue échelle. Les cinq proscrits restèrent cachés
dans leur retraite pendant neuf mois. Ils n'en sortirent
que lorsque le calme fut revenu sur le sol de France.

Dénués de tout, dépossédés de leurs biens, ils étaient
sans ressources. Les Malénois se cotisèrent pour venir
à leurs secours. Grâce à certains actes de générosité,
la baronne put racheter une partie de ses biens. Elle
mourut âgée de 90 ans.

(Croix de la Lozère, 1889).

---

(1) On l'appelle la *Grotte de la Momie*.

M. de Saint-Amans est de nos jours (croyons-nous)
le représentant de cette ancienne famille.

IV. — Episode des prêtres proscrits en 1793.

Refuge — Une jeune enfant qui sert des proscrits. — Violent orage. — Coup de tonnerre. — Un mort. — Ses funérailles. — Une bonne capture. — Une victime.

C'est encore dans la vaste grotte de Montesquieu que
trouvèrent un refuge assuré, pendant deux ans, MM.
Pascal, Rouvelet, Pierre Pascal, vicaire de St-Préjet-
du-Tarn, neveu du précédent, Popel, curé de Meyrueis
et Montégut, chanoine de Mende, natif du Puy-de-
Dôme et ancien aumônier de la cour. Ces deux derniers
offraient dans leur retraite le saint Sacrifice de la messe.
Les deux vicaires étaient souvent en course et volti-
geaient de droite et de gauche.

Deux habitants de l'Angle, Belvezet et Polverel,
pourvoyaient aux besoins des proscrits avec un dévouement héroïque.

Effrayé à la seule pensée d'une mort violente, M.
Montégut tremblait de tous ses membres lorsqu'on lui
parlait du martyre. *Non est volentis, neque currentis,
sed miserentis Dei.*

Accoutumé, au contraire, à lutter de près contre les
fanatiques protestants, M. Popel appelait le martyre de
tous ses vœux. Le ciel les exauça l'un et l'autre.

Quant à M. Pascal, curé de la Malène, atteint d'un
ramollissement de cerveau, il n'avait presque pas conscience de la situation critique où il se trouvait et il se
contentait de communier de temps à autre.

Voici ce que je tiens d'un témoin oculaire, ajouta
notre cicérone. — Nous prêtons une oreille attentive.

C'était à la fin mai 1794 : un beau jour, nos vénérables proscrits voient arriver à eux, vers 1 h. du soir, une jeune messagère de 14 ans. C'était Justine, la fille aînée de Jacques Belvezet. La jeune blonde, après avoir traversé le Tarn en bateau, leur apportait un modeste et frugal repas. C'est elle-même qui m'a raconté le fait 70 ans plus tard.

Affamés par un jeûne peut-être un peu trop prolongé au gré de leurs désirs, les nobles proscrits font honneur aux provisions de bouche que la jeune enfant étale à leurs yeux. Assise sur les bords de la grotte, elle leur racontait les nouvelles du hameau et celles des environs. Le repas venait de finir, lorsque le ciel se charge de nuages et bientôt se déchaine un violent orage. Les proscrits tirent leur chapelet et s'empressent d'invoquer avec ferveur la Vierge Marie.

De sinistres éclairs sillonnent les nues : le tonnerre éclate d'abord avec un bruit sec, strident, épouvantable.

Bientôt la foudre gronde sans interruption. C'est un roulement continuel, que les échos de la vallée répercutent au loin. Les serviteurs de Marie redoublent de ferveur : « Sainte Marie priez pour nous, maintenant et à l'heure de notre mort. »

Tout à coup la gorge profonde s'assombrit, l'air se raréfie, un éclair sinistre brille à deux pas, un violent coup de tonnerre éclate au seuil de la caverne, le fluide électrique pénètre dans l'intérieur, asphyxie M. Montégut et renverse sans connaissance ses trois compagnons. Après plusieurs heures d'évanouissement, ces derniers reviennent à eux et s'empressent autour de M. le chanoine, s'efforçant de le rappeler à la vie. Tout fut inutile, M. Montégut était mortellement atteint. On récita autour de son cadavre l'office des morts.

Le lendemain, on lui décerna les honneurs de la sépulture. A la faveur des ténèbres, son corps fut descendu sur le rivage, on bénit une tombe et on l'ensevelit dans le sable, sur les bords du Tarn, en face de l'Angle. — Ce souvenir ne s'effacera jamais de ma mémoire, nous répétait souvent la bonne Justine, morte à l'âge de 85 ans. Lorsque cette brave femme entendait gronder le tonnerre, je l'ai vue souvent trembler de tous ses membres, tirer son chapelet et prier avec la ferveur d'un séraphin.

— Que devinrent les autres proscrits ? me demanderez-vous. — Quelque jours plus tard, les membres du Directoire de Meyrueis, qui comptait à sa tête un prêtre apostat, apprenant que des curés et des déserteurs se cachaient à l'Angle, envoient dans ces parages un détachement de soldats.

MM. Pascal, Popel et deux déserteurs tombent au pouvoir des Terroriseurs. On les enchaîne. Ils sont conduits à Cauquenas avec Jacques Belvezet et Joseph Polverel. On les interne pendant trois jours dans la maison Monginoux. On propose à M. Popel de favoriser son évasion. Il s'y refuse obstinément pour ne pas compromettre ses hôtes et surtout pour ne pas perdre la palme du martyre.

Conduit à Mende, M. le curé de Meyrueis fut décapité sur la place d'Angiran.

Après trois mois de détention, M. Pascal et les deux habitants de l'Angle furent relâchés et rendus à leur famille.

V. — **Les Destrechs.**

Un des bijoux du Cagnon. — Galerie de Raphael. — Préface du Cirque des Baumes. — Ilot des Chèvres.

En aval de la Maléne, sur un parcours de 4 kilomètres, le Tarn traîne ses flots avec lenteur, en vrai *farniente*, sur un lit de sable fin, élargi par les inondations. Autour de Planiol, il s'arrête avec la nonchalance d'un désœuvré. *Recta !*

Coulant ensuite silencieux, il va caresser mollement le pied du *Ron de Montesquieu.* Aux planiols d'eau dormante ne succèdent que quelques chenaux ou petits rapides insignifiants. Par intervalles, le courant est peu profond ; alors, si le bateau est chargé, vous entendrez de temps en temps les grincements de sa base contre les grèves et ce ne sera qu'à force de bras que les bateliers le feront glisser de chenal en chenal. Quelquefois même ils jetteront de lest. Certes, ils ne noieront pas les voyageurs, mais ils se mettront eux-mêmes à l'eau, poussant le bachot à force de bras.

A Gaujac se trouve un vrai *ratch* ou *rapide*, qui vous lance gaiement dans les *Destrechs.* Que c'est beau ! magique !!

Au point de vue pittoresque, certains connaisseurs disent que les *Destrechs* sont le bijou du Cagnon du Tarn : une sorte de petit Eden terrestre.

« Sur près de 5 kilomètres, dit M. Lequeutre, on voit tout-à-coup se profiler les grands à-pics des falaises, les grandes roches isolées, les aiguilles, les entassements de rochers, les énormes éperons, qui de ressaut en ressaut, descendent des deux causses et viennent plonger dans le Tarn. »

(Tour du monde, p. 293).

Nous dirons plus : c'est merveilleux, grandiose.

Oui ! Il y a là un certain cachet de grandeur, de majesté imposante, qui vous frappe, vous élève, vous transporte. Vous glissez entre deux remparts taillés à pic dans la même falaise d'une hauteur prodigieuse.

Dans cette riche galerie de Raphaël, vous trouvez toutes les images, tous les tableaux, tous les prospects, tous les charmes. Sur vos têtes ne s'étend que la voûte du ciel, parce que vous êtes dans une impasse, un défilé, un détroit, ce qu'on appelle, en langue romane, un *destrech*.

« J'ai descendu et remonté l'Ardèche en bateau, continue M. Lequeutre, j'ai visité plusieurs fois les cluses célèbres des défilés de St-Georges et de Pierre-lisse, dans la vallée de l'Aude, les *fox* ou cluses plus belles encore de la vallée de Roncal, dans la Navarre, et je n'ai rien vu d'aussi surprenant et d'aussi vraiment beau que le site des Etroits. Les vallées d'Arrasas et de Nisle, le défilé de Benta-Amillo entre Vénasque et Campo, dans l'Essera, sont d'ordre absolument différent.

« Ici la rivière est large et c'est plaisir de voir refléter sur le miroir de ses eaux assombries les falaises hautes de 100 mètres et plus, au-dessus desquelles parfois pyramident des talus en ressaut, à 500 mètres de hauteur, les tours, les forteresses crénelées, les fines aiguilles, les grands bastions des deux causses. Dans toutes les fissures de la roche, sur tous les entablements, se dressent ou se penchent des pins, des arbustes, des plantes gigantesques ; çà et là, entre les grands rochers, montent des trainées de verdure.

« Dans cette solitude sonore comme une cathédrale, on éprouve une sorte de respect religieux. On se tait : pour un peu on se découvrirait.

Les Etroits sont la splendide préface du merveilleux Cirque des Baumes. »

L'habile géographe, l'éminent paysagiste a tracé de main de maître le tableau enchanteur des Destrechs. Rien à ajouter, rien à retrancher. On se croirait au beau milieu d'une immense basilique où tout vous invite à publier les louanges du Créateur.

Un saint recueillement s'empare de votre âme. Oh ! que le langage de la nature est beau, éloquent, sublime !

Occupant tout le parquet de ce long et vaste couloir,

le Tarn silencieux roule ses flots argentés sur un lit de sable fin. Ces rivages enchanteurs, il semble ne vouloir les quitter qu'à regret. Là, son flot dormant et paisible, essuyant l'écume de son front, acquiert de nouvelles forces pour voler à de nouveaux combats.

Cà et là il va heurter un écueil, se dandiner sur la rive, se fondre en nappe dormante, ou caresser un ílot de gravier qui émerge à la surface.

Ce charmant défilé se termine par l'Ilot des Chèvres, immense rocher qui, se détachant du flanc de la montagne, du sommet d'un talus en ressaut, altéré par la soif, est venu baigner son pied dans l'onde humide. Au poisson il présente une retraite assurée et la chèvre capricieuse, condamnée à un exil momentané, aime à tondre les rares cheveux de son auguste chef.

Le *Canon des Etroits* débouche brusquement sur le Cirque de la Croze.

VI. — **La Croze.**

SON CIRQUE. — LA DAME A L'OMBRELLE. — AMPHITÉA-
TRE. — SPECTATEURS. — UN RIVERAIN QUI PART
POUR LA 1re CROISADE. — PAS DE CHANCE. — DO-
NATIONS.

En franchissant le seuil des Destrechs ou plutôt la *porte de sortie*, nous voyons l'horizon s'élargir devant nous. Les luxueuses décorations du *cirque de la Croze* se déroulent à nos regards. A gauche, une immense grève aux cailloux arrondis, limés, blanchis par les flots du Tarn; à côté, des cordons parallèles d'oseraies, de peupliers, de mûriers, une étroite lisière de champs, de jardins, tachetés d'arbres touffus. Plus haut, encadré dans un rideau de vert feuillage, se montre le hameau de la Croze (4 maisons). Sur le flanc de la montagne, parsemé de ressauts, de talus, d'entablements, quelques maigres champs, des fouillis, des clairières, des pâturages, un bois de chênes, voire même la belle *Dame à l'ombrelle*. Cette Sévigné m'a tout l'air d'une *belle rose* du printemps, occupée à la garde de ses moutons ; je me trompe, c'est une courtisane, une dame d'honneur, une Maintenon. quoi ! puisque tout à côté j'aperçois la cour silencieuse de Louis XIV et même Louis Philippe avec son nez *à la Bourbon*, etc.

A droite, s'étend un long ruban de saules pleureurs, de buis, de noyers, de chênes, etc. ; plus loin, une autre immense grève ; sur le bord, deux bateaux amarrés ; au second plan, se dresse sourcilleux le grand rocher de l'*Escaillou ;* en face, debout, fixe, au port d'armes, se plante *Lou Dougaou*; au dernier plan, nous apercevons les dernières crêtes du *Rougeïrès*, de l'*Ennouse* et les derniers gradins du magique *Cirque des Baumes,* qui vont se confondre avec les hauts remparts des deux causses et semblent contempler notre marche d'un œil attentif.

Nous voilà, dis-je, au fond d'un vaste amphithéâtre, dont *l'hémicycle* renferme une foule de spectateurs de tout âge, de tout sexe, de toute grandeur. Ils sont immobiles, silencieux comme des statues de sel.

Nous sommes les vaillants gladiateurs, qui luttons dans l'arène et patinons sur le ruban argenté du Tarn. Tout à coup, sortant d'une rêverie profonde : ce village de la Croze, nous dit le cicérone, est fort ancien. Vers l'an 1090, Gilbert, Baron de Cénaret, fit don de ce mas à Pierre, prieur de Sainte-Enimie. Le donateur partit pour la première croisade, sous la bannière de Raymond comte de Toulouse. A son retour en France, il mourut dans l'île de Rhodes. Son compagnon, Aldebert, évêque de Mende, l'assista à ses derniers moments.

(Docum. hist.)

Je sais encore, qu'en 1165, Aldebert de la Croze

donna au prieuré de Sainte-Enimie ses droits féodaux
sur Champerboux, la Citerne et la Blabeyre. (*id.*)

Vers la même époque, Pierre André et Raymond de
la Croze lui firent don des moulins de Sainte-Enimie.
Au XIVe siècle, le duc d'Arpajon avait acquis sur la
Croze des droits incontestables, puisqu'en 1418, il rendit hommage à Pierre de Saint-Martial prieur de Sainte-
Enimie, pour le mas de la Croze et pour tout ce qu'il
possédait à Saint-Chély-du-Tarn. La Croze faisait partie du mandement du château de Lévéjac.

(Doc. hist.)

VII. — **Entrée du Cirque des Baumes.**

L'Escaillou. — Un frisson d'horreur. — Le
    Baoumas del Dougaou. — Le moulinet. —
    Vallée de Tempée.

A peine avions-nous jeté un coup d'œil rapide sur
les beautés grandioses qui encadrent le cirque de la
Croze, que déjà le bateau nous avait emportés vers
l'immense rocher de l'Escaillou. Ici on prend haleine;
on respire, sur ce planiol. Recueillons nos esprits agités
en face de ce gouffre profond et sans rival où fourmillent des milliers de poissons. Il y a quelque dix ans que
les *dynamitarts* de Sévérac, ouvriers du chemin de fer,
en sortirent de trois à quatre quintaux. Les Vandales !

— Ne bougez pas, Messieurs. Tenons-nous sur les
bords du rivage ! s'écrie le périgourdin, en jetant un regard d'effroi sur ce gouffre sans fond, au puissant remous ; si la barque venait à chavirer, malheur !

Le batelier de l'avant, rame avec lenteur et adresse ;
soudain, il donne un coup de gaffe, nous décrivons une
courbe à angle droit, le danger est évité et nous filons
vers le *Baoumas del Dougaou.*

Cette caverne d'Aristhée nous paraît encore plus effrayante que l'Escaillou. Le courant nous y précipite avec une rapidité vertigineuse. Serons-nous donc tombés de Charybde en Scylla ?

Un frisson d'horreur parcourt nos membres ; nos cheveux semblent se dresser sur la tête. C'est l'affaire de deux ou trois secondes. Nos bateliers intrépides font le moulinet, ils luttent avec effort : docile à leur impulsion la barque décrit une seconde courbe, rase le bord de la grève et nous voilà hors de danger, lancés sur un nouveau planiol. Nous entrons dans le cirque des Baumes, nouvelle et charmante vallée de Tempée.

VIII. -- **Cirque des Baumes.**

1re IMPRESSION. — POÉSIE. — GRANDES LIGNES. — ST OLARY LE THAUMATURGE. — L'ENNOUSE. — DÉCORATIONS DU CIRQUE. — UN CAPHARNAUM MAGIQUE.

Quel magnifique paysage ! En France vous ne trouverez rien de pareil ! Quel prospect enlevant, sublime ! Alpinistes du bon goût accourez, venez voir l'idéal du beau naturel, du pittoresque ? Ces traînées, ces abîmes de verdure, tantôt sombre et obscure, tantôt brillante et ensoleillée, ces précipices affreux à la Tarpéïenne ; ces aspects sauvages à l'alpique ; ces profils, ces élancements de roches à la pyrénéenne ; cette source qui murmure sous un tapis de gazon, ou s'échappe en cascade et au flot chantant ; le Tarn qui roule, en ruban argenté, ses ondes rapides ; cette légère vapeur qui s'élève en nuages gazeux ; ces montagnes bleuâtres dont le lointain profil se confond avec l'azur du ciel ; ces immenses falaises distribuées en gradins, en ressauts, en pyramides, géants des siècles, sentinelles immobiles qui semblent défier le ciseau du temps, tout est ravissant, plein de poésie et d'enchantement.

L'air, la lumière, les nuances des ombres et des éclaircies, la teinte des objets, la variété des tableaux, cette nature grandiose, sublime, tout enfin parle à votre imagination un langage inconnu qui l'élève, l'exalte, la ravit, la transporte. Quel charme ! quel bonheur ! vous ne parlez plus ? vous regardez ébahi ! Hypnotisé ?

Qu'un Salvator Rosa, un Rubens, ou un Raphaël accoure armé de son pinceau magique et vienne s'immortaliser en ces lieux en les immortalisant.

Çà et là autour de nous, s'étalent de longs rubans d'oseraies ondoyantes, d'arbres de toute espèce d'assez belle venue, coupés en taillis, ou levant leur tête altière et lançant vers le ciel leurs longues lames d'épée ; plus loin, des grèves minuscules, parsemées de gazon, de graminées, d'herbes aquatiques, des prés, des champs à la *cagnonaise ;* plus haut, le buis vert encadré de mousse, grimpant autour du chêne rabougri.

A droite, coule le Mounnet, puis le Lisson ; à l'extrémité se dresse menaçant le Grand-Massif des Baumes-Hautes, où jadis un immense éclat de la falaise écrasa une maison ; plus bas, le second massif renfrogné des Baumes-Basses : au beau milieu, le charmant ravin de St-Hilaire *(Sont Olary).*

Voyez-vous ce petit bâtiment blanc, tapi en nid d'hirondelle contre la falaise? C'est la chapelle de St Hilaire (St Olary), sanctuaire, ermitage, si vous voulez, vénéré des riverains et du Rouergue ; rendez-vous d'un pèlerinage fréquenté qui se fait encore, tous les ans, le second mardi du mois de mai et remonte bien avant dans les siècles, voire même jusqu'à St Hilaire (VIe siècle) (1).

On y invoque surtout cet apôtre des Gorges du Tarn pour obtenir la guérison des ophtalmies. Bon nombre

---

(1) Parmi les Ermitages les plus célèbres du Gévaudan, nous citerons : 1º St-Privat ; 2º Ste-Thècle, paroisse des Bories ; 3º St-Loup, près Villefort ; 4º St-Ferriol (Arzenc-de-Randon) ; 5º St-Théodore, paroisse de Balsièges ; 6º Ste-Enimie, St-Pons et St-Marcellin, dans les Gorges du Tarn.

de prodiges se sont opérés, dit-on, dans cet humble sanctuaire.

Je connais même un enfant aveugle, ajouta le cicérone, qui y a recouvré la vue. A côté de la chapelle, au fond d'une grotte basse et humide, coule une source où les pèlerins viennent se laver les yeux.

A notre gauche, le vallon et le bois de l'Ennouse déroulent leur magnifique éventail de verdure. Les arbres semblent vouloir escalader jusqu'aux cieux.

Au dernier plan, se montrent les hauteurs de la Barre, les ruines de Lévéjac et les clairières rougeâtres des Baumes-Claudes, qui vont se perdre dans les nues.

Du fronton de Sauveterre à celui du Méjean, le Cirque mesure à peine 3 kilomètres, et l'arène moins d'un kilomètre. L'*Escaillou* et le *Dougaou* en sont les portes triomphales ; les champs, les prés et la *Combe* de Saint-Hilaire en forment l'arène ; le Tarn, le podium ; l'*Ennouse*, la *Flesco* et *Peiro-Grosso*, les Carcérès ; l'*Epine* pourrait se trouver aux pieds du Roc de Saint-Hilaire et l'ensemble formerait une sorte de cirque duagonal.

Le rouge, le jaune, le noir, le gris, le bleu, le vert, en un mot les sept couleurs de l'arc-en-ciel nuancent les gradins et le fond du tableau. Çà et là, des plaques de broussailles suspendues entre le ciel et l'eau ou les abîmes. Des grottes, antiques repaires de nos plus primitifs ancêtres, devenues plus tard chambres des fées et aujourd'hui tannières de renard, ouvrent dans ces précipices leurs gueules béantes ; de tous côtés des géants de pierre, sculptés, burinés et découpés ou fendus en deux par le fantastique burin des eaux ou du gel, se penchent curieusement au-dessus de l'abîme pour contempler ce qui se passe dans la lice. Vous en trouvez de toutes les formes, de toutes les couleurs, de toutes les dimensions.

C'est un Capharnaum d'étranges beautés, même les plus bizarres et les plus variées : aiguilles, tours, pyramides, bastions, arceaux, tourelles, colonnes et colonettes, châpiteaux et machicoulis, châteaux, donjons et forteresses, c'est une exposition universelle dont les objets changent d'aspect au gré des jeux de la lumière et de l'ombre.

Cependant dans ce psalmigondis universel, on trouve l'harmonie des grandes lignes et des couleurs ; il y a une unité parfaite. Perdu au fond de ce grand cirque, qui forma peut-être autrefois un lac immense, le touriste se sent comme écrase par la grandeur du tableau. Etreint par un profond recueillement, mystérieux et écrasant effroi qui impose le silence, il est tenté de s'écrier hors de lui : je n'ai jamais rien vu d'aussi beau. C'est magique. sublime, divin !

IX. — **Baumes Chaudes ou Baoumos Caldos**

TOPOGRAPHIE. — HOMME PÉTRIFIÉ. — EXPLORATION COMPLÈTE. — DESCRIPTION. — UN TOURISTE EN CALIFOURCHON SUR UN ABIME. — CONCLUSIONS.

Parlez-nous un peu, demandai-je à notre cicérone, de la fameuse grotte des *Baumes-Chaudes*, dont le journal *La Nature* publia, il y a quelques années, un article si retentissant.

Messieurs, c'est ici le cas ou jamais. Levez la tête. Regardez à droite, là-haut à 350 mètres, vers la cime du ravin de St Hilaire, au pied de ce ressaut du causse de Sauveterre, au milieu des broussailles. C'est là que se trouve la grotte la plus remarquable du Cagnon.

Découverte par M. l'abbé Solanet, vers 1866, qui y trouva, dit-on, un homme pétrifié assis sur un entablement de roche, la tête appuyée sur son coude ;

Explorée par M. le docteur Prunières (1875), qui prétend y avoir déterré beaucoup de traces de l'homme

préhistorique, du Troglodyte, de l'*Ursœus spelœus,*
et que nous laissons volontiers se bercer dans ses rêves
imaginaires, parfois trop hasardés pour ne rien dire de
plus ; la célèbre grotte n'a été décrite et analysée dans
son entier que par le hardi grottologue M. Martel
(1888). Nous allons lui laisser la parole.

« Un quart de son étendue à peine avait été parcouru
avant mes investigations. Il n'y a point dans les cavi-
tés secrètes des Baumes-Chaudes, de grands dômes
étincelants, ni de clochetons cristallisés ; mais la dis-
position de la caverne est unique en son genre et d'un
intérêt capital, au point de vue géologique. En effet,
ses ramifications consistent simplement en neuf puits
verticaux, profonds de 8 à 30 mètres ; larges de 1 à 12
mètres ; superposés en trois étages reliés par quatre
galeries horizontales qui se surmontent et s'entrecroi-
sent dans l'épaisseur de la montagne. Le développement
des Baumes-Chaudes atteint 900 mètres de long et 90
mètres de profondeur... Il nous fallut deux jours pour
parvenir au dernier puits, profond de 30 mètres et occupé par un lac.

« Je me fis descendre dans ce gouffre en califourchon
sur une forte branche et attaché à des cordes que rete-
naient cinq hommes. Cet exercice est resté pour moi le
plus impressionnant souvenir de toute ma campagne
de 1888. Le lac est tout petit d'ailleurs (12 mètres de
long sur 6 mètres de large, 3 mètres de prof.), mais sa
présence à 90 mètres au fond des Baumes Chaudes,
280 mètres au-dessus des flots du Tarn et 200 mètres
au-dessous du Causse, est des plus intéressantes à constater, au point de vue hydrologique qui m'y avait
conduit. »

(Rapport de M. Martel).

A la suite de cette exploration et de bien d'autres,
l'intelligent géologue a été emmené à conclure: 1° que

la structure des causses se compose de dolomies inférieures, d'une couche de marne, de dolomies supérieures
et de bancs calcaires ; 2° que dans les vallées mêmes,
des éboulements colossaux obstruant le talwet entier
et barrant le cours des rivières, comme le chaos du
Pas-de-Souci, achèvent de démontrer que les cassures
ou failles des dolomies ont été le réseau de trous de
mine utilisé par les eaux courantes pour pratiquer les
cavernes et que les écroulements de ces derniers (trous
de mine) ont tracé ensuite le sillon originaire, l'amorce
des canons actuels (id).

X. -- **Prieuré de St Pierre et St Christol.**

Nous voici au milieu du Cirque des Baumes, en face
du ravin de *Sont-Olary*.

Encadrée dans le feuillage, au beau milieu d'une
prairie verdoyante, s'élève une maison assez coquette,
de construction récente. Elle appartient à M. Castan.
On l'appelle Saint-Pierre ou *Son-Peyré*, en patois.
Sur son emplacement, comme l'indiquent encore de
nombreuses ruines, s'élevait, dans les siècles passés, une
église dédiée à St Pierre et à St Cristol (Christophe),
le patron des torrents et des passages dangereux.

Gervais Alliot nous dit, dans son Pouillé général de
France, que le prieuré de St Pierre et de St Christol
de Lévéjac appartenait à l'abbaye de St Victor de
Marseille et il en dépendait encore en 1647.

Ce prieuré dut disparaître vers la fin du XVII° siècle,
puisque le P. Louvreleuil n'en parle pas dans ses
Mémoires, imprimés vers 1724. Sa ruine fut-elle l'œuvre
des Camisards ? Cet édifice sacré tomba-t-il de vétusté ?
Fut-il démoli par le ciseau du temps, ou abandonné par
défaut de prêtres ou de fidèles ? Nous l'ignorons. Toujours est-il que son existence devait rendre de très
grands services aux pauvres riverains.

Le voisinage de la chapelle de St Hilaire, située à 100 mètres plus bas dans un encorbellement de roche, nous ferait croire que le prieuré de St Pierre pourrait avoir été fondé par ce saint Evêque de Mende.

Au chevet de la chapelle se trouvait le lit du Saint, au fond d'une petite cavité qu'on montre encore.

Au-dessus du petit édicule s'ouvre une grotte dans les flancs de la falaise, où on aurait vu autrefois, à ce qu'on dit, le Saint apparaître sous la forme d'une blanche colombe. Nous nous contentons de relater le fait pour mémoire.

XI. — Château de Lévéjac.

Peyro-Grosso. — La Flesco. — Pas-del-Loup. — Lo Barro. — Baumes-Basses. — Le vieux donjon. — Signaux d'alarme. — Un Cardinal ingénieux. — Les Sévérac. — Les d'Arpajon. — La comtesse de Roye. — Trouvailles.

Notre bateau continue toujours sa marche calme et tranquille sur l'onde azurée. Nous traversons sans frémir l'énorme grouffre de Peyro-Grosso.

De l'eau, il y en aurait là pour boire un coup, si on faisait le plongeon ; on en aurait même par-dessus la tête et pas mal...

A droite, s'élève majestueux le grand massif des Baumes-Basses ; dans ses flancs caverneux, il abrite une maison d'apparence rustique. Aux pieds de l'énorme géant, s'étendent quelques jardins en terrasses et un pré charmant qu'arrose de son onde argentée une belle source et qu'encadre délicieusement un long cordon de sveltes peupliers.

A gauche, nous admirons la *Flesco*, avec son joli nid de verdure, le *Pas-del-Loup*, qui ne paraît pas très rassurant pour le piéton avec son plan presque vertical, et enfin les premiers contreforts de la Barre, si imposante et si majestueuse. On dirait que nous sommes entre les deux Colonnes d'Hercule. Un pont de 50 mètres de largeur pourrait les unir.

Voyez-vous ce bloc majestueux qui abrite sous son large auvent les Baumes-Basses? nous dit le cicérone.

Durant de longs siècles, il a porté sur sa croupe altière un château-fort, Lévéjac était son nom. — Ce mot signifie *diable léger*, dirait un Anglais. (*Leve*, léger, *jack,* diable).

Notre vieux donjon, siège d'un mandement, commandait à la vallée de St-Hilaire et au cirque du Pas-de-Souci. A Montesquieu, à Peyre, au Maynial et à Blanquefort, il transmettait tous les signaux d'alarme, au moment du danger et surtout de l'invasion anglaise.

On sait qu'à cette époque (vers 1330), le Cardinal de Monstuéjols établit dans les Cévennes, au moyen de phares lumineux, une ligne de correspondance par laquelle tout le pays était averti presque instantanément de la présence de l'ennemi.

(Doc. Hist. Invasion anglaise).

Il est à croire que ce système ingénieux, ou d'autres encore, fonctionnèrent, durant plusieurs siècles, dans les gorges du Tarn, surtout lors du flux et du reflux des Barbares.

Le seigneur de Lévéjac était baron, comme celui de Dolan. En 1244, ce château appartenait aux Sévérac.

En cette année-là, Guy, seigneur de Sévérac, se trouvant à la Canourgue, rendit hommage de vassalité à Etienne II, évêque de Mende, pour Dolan, Lébérac ou Lévéjac et plusieurs autres places.

En 1318, les Sévérac soutinrent, au sujet de Lévéjac, une dispute de juridiction de la nature de celle de Plagnols, dont nous avons parlé.

(Arch. dép., G. 805 et 806).

Des Sévérac, le château en question passa aux ducs d'Arpajon et de ceux-ci à la comtesse de Roye, qui le possédait en 1728 *(B. A. 1876)*. On croit que ce château périt par les flammes.

Naguère un amateur d'antiquités de nos amis a trouvé dans les ruines de Lévéjac, plusieurs pièces de monnaie et deux clés mignonnes en cuivre, artistement ciselées, que nous avons eues entre les mains.

Non loin du château, à gauche, se trouve la fameuse côte des *Issartels* (pays des *isards*, chamois), qui mène à St-Georges-de-Lévéjac.

CHAPITRE V.

I. — **Débarquement. — Fontmaure. — Cirque du Pas-de-Souci.**

Lou Baoumas. — Lou Trissou. — Combro de los Fados. — L'écho de la Barre, etc.

A 500 mètres en aval des Baumes-Basses, nous accostons la rive droite et nous mettons pied à terre, juste en face du *Baoumas* (creux, caverne).

Nous admirons son arc grandiose, ses tours, ses aiguilles. Plus haut, s'élance dans les airs le *Roc del Trissou* ou Rocher du Pilon.

Non loin se trouve la fameuse Chambre des fées, sur le seuil de laquelle ces impertinentes lancèrent leurs amères railleries à la vierge Enimie.

Sur la rive gauche s'étend l'énorme et longue falaise de la *Barre*, au puissant écho.

— Je m'en vais vous en donner un spécimen, dit le cicérone, et il s'écrie d'une voix forte : Lou Baoumas ! L'écho répercuté répète syllabe par syllabe et *recta: Lou Baoumas, lou Trissou, lo Combro de los Fados*, etc.

A 200 pas en aval, sourd du fond du lias et à gros

bouillons, l'énorme source de Fonmaure, dont les eaux azurées vont grossir, à 100 mètres plus bas, celles du Tarn. Des truites d'un noir d'ébène se jouent dans son large bassin. Jetez-leur une pierre, elles s'enfileront dans les flancs de la montagne.

A côté, se déroule le solitaire vallon de Fonmaure. Si autrefois les Sarrasins ou les Maures d'Afrique y posèrent leur tente, ils dûrent n'être troublés que par le *brouhaha* des flots du Tarn.

Au dernier plan git le chaos du Pas-de-Souci ; là se dressent orgueilleux et menaçants, le massif de Roche-Sourde, Roc-Aiguille taillé en pyramide, des cyclopes rocheux et solitaires et d'immenses monolithes tantôt isolés comme le *Cun*, *Lo patto del Diablés*, *Lo Quillo*, *Lou Roc dés Coudouns*, *lou Ron de lo Penchénado*, tantôt réunis en famille, comme à la *Tasse, ol Possodou* ou *ol Négodou*.

De ces géants des siècles, les uns sont tout chauves. ce sont tous ceux qui sont battus par les vagues ; les autres ne portent sur la nuque ou l'occiput que quelques rares cheveux en broussailles ; le front de ceux-ci étale à vos regards le luxe d'une belle chevelure, tandis que ceux-là, plus malingres, vieillards décrépits ou bambins frileux, se drapent dans un épais et ondoyant manteau de verdure.

Les hautes saillies des *Fraous* et les cimes du *Claous dé Ginou* ferment l'horizon du côté de l'ouest. A l'est et au midi, s'étendent la Barre, *lou Dévés*, *lou Ron rougé*, et, plus haut, *lo Vacquaresse* et *lou Ron de lo Glaoudo*, qui portent leurs cimes jusqu'au ciel.

II. — **Pas-de-Souci.**

Nouvel Héas. — Brouhaha. — La Tasse. — Roc-Aiguille. — Un fac-simile du combat de Rezonville, ou une charge a la Galifet. — Le gour de l'Ifer. — Abracadabrant. — Sortons d'ici. — La belle Paquerette.

Une fois bien campés sur les grandes lignes du Cirque du Pas-de-Souci, ainsi que sur le nom et la silhouette de toutes ses merveilles poétiques, nous continuons, par un excellent petit chemin de chars, notre marché fiévreuse vers le nouvel Héas.

Chargés de nos bagages, les bateliers nous devancent et se hâtent d'aller prévenir. à son de trompe, leurs confrères des Vignes.

Déjà nous entendons comme le bruit sourd d'un torrent débordé ou d'une puissante cascade. C'est le fracas des eaux qui s'engouffrent en grondant sous les entassements cyclopéens, au fond de la gorge profonde. Ce fracas continu produit un brouhaha étourdissant.

Bientôt nous apercevons les abords du quartier de la Tasse, où les eaux tourbillonnantes luttent avec effort et se brisent avec furie.

Nous voici au pied du grand monolithe de l'Aiguille.

C'est le roi de la vallée. A le voir, on dirait qu'il a conscience de son rôle. Il domine le chaos de toute sa hauteur.

Voyez comme il lance dans les airs sa cîme effilée, sa tête altière, à une hauteur de 80 mètres. Légèrement penchée en avant, cette sorte de Tour Eiffel, faite toute d'une pièce, règne en souveraine sur une cité en ruines, sous lesquelles le Tarn semble écrasé. A la posture inclinée de ce fier cyclope, on dirait qu'il est envieux de grossir le chaos de ses puissants débris, ou bien de compatir à son malheureux sort. Jetons un coup d'œil sur ce site sauvage et contemplons un instant l'étrange phénomène qui se déroule à nos regards.

A Rezonville, pour sauver les débris de l'armée française, il fallait à tout prix arrêter les Allemands, contenir les masses prussiennes. Le général Frossard demande alors un sacrifice héroïque aux cuirassiers de la garde. En avant! leur dit-il. Les intrépides cavaliers s'élancent au pas de course; ils s'abattent, au milieu d'un effroyable ouragan de plomb sillonné d'éclairs, sur les carrés ennemis qu'ils ne pourront ébranler, mais dont ils arrêteront la marche triomphante. C'est une charge sublime.

La 2e ligne appuie la 1re et arrive encore à la charge comme un ouragan. La 3e ligne se précipite enfin avec furie et vient se heurter, à son tour, contre une barrière de cadavres, où elle éprouve le même sort que les précédentes.

Cette charge héroïque n'était que le prélude de celle que le colonel de Galifet devait conduire à Sedan et qui arracha ce cri d'admiration au vieux Guillaume : « Oh ! les braves gens ! »

Vous avez là un fac-simile de la charge continuelle des flots du Tarn contre les masses cyclopéennes du Pas-de-Souci.

Prévoyant, en quelque sorte, l'affreux obstacle qui se dresse devant eux, les flots du Tarn s'élancent à une charge furieuse, ils arrivent au pas de course, tout frémissants de rage. A leur marche échevelée, furibonde, à fond de train, on comprend qu'ils volent à un assaut des plus furieux. Les brisants, formés en carrés, les attendent de pied ferme. Fiers, audacieux, immobiles depuis des siècles, ils ne bronchent pas, ne reculent pas d'un pouce; ils tiennent tête à l'orage. Les flots impuissants viennent se heurter contre leurs flancs d'acier, en frémissant de rage, ils retournent sur eux-mêmes ; leur front se couronne d'écume et contre le rempart invincible, ils brisent toute leur furie. Bientôt, honteux de leur défaite, pressés par le ban et l'arrière-ban, éperdus, éreintés, se rapetissant, cachant leur dépit, ils s'enfuyent en déconfiture par mille fissures diverses, lorsqu'ils ne vont pas butter encore contre un second, un troisième *carré* ou brisant.

Suivez-les ces eaux malheureuses sous l'énorme masse des monolithes amoncelés pêle mèle au fond du val. Perdues dans un dédale incohérent, elles mugissent encore sourdement ; elles bouillonnent, vont, reviennent, tournent et retournent vingt fois sur elles-mêmes ; enfin harrassées de fatigue, elles se calment et, à 200 mètres plus bas, elles reparaissent tranquilles et dormantes, à côté du *Gour de l'Ifer* (gouffre de l'Enfer).

Si dans sa fébrile curiosité, le touriste veut savoir *de visu* ce que font les eaux dans leurs abîmes souterrains, il n'a qu'à descendre en sautant de rocher en rocher à la façon de l'écureuil des bois dans de profondes et humides cavernes, passer d'une rive à l'autre à pied sec, à la suite d'un guide sûr et expert dans le métier ; là, il verra des gouffres profonds où se jouent, avec délices, d'énormes poissons, il admirera des cascades jaillissantes qui feront entendre un sourd mugissement fort semblable à celui d'un grand vent qui se joue à travers d'une immense forêt ;

Il lui semblera que les rochers et les montagnes, suspendues sur sa tête, vont se rejoindre, s'abattre pour l'écraser et l'engloutir au fond des enfers. C'est *abrâcadabrant*, dira-t-il, sortons d'ici. Saisi d'effroi, son cœur battra avec force, il aura hâte de regagner les hauteurs et en s'éloignant il répétera les vers du vieux troubadour :

Ce Pas est le Pas de Souci,
Sachez cela, jeunes fillettes !
A la Vierge dites merci,
Et n'y passez jamais seulettes !

Un jour le Comte de Calmon
Dit à la belle Pâquerette :
Dans trois jours viendrai d'Espaillon,
Gardez en mémoire secrète !

Tu seras au Pas des Amours ;
Là te baillerai mille atours ;
Collier d'or à ta collerette.
Et sera mon amoureusette.
Au pas des amours fut en vain
La jeune et gente Pâquerette :
Car d'Espaillon nul ne s'en vint.
Hors la messagère Tristette...

Disant : Le Monsieur de Calmon
En ce monde n'est plus qu'un nom.
Tu peux t'en retourner Seulette
Et mourut notre amoureusette.
Ce Pas est le Pas de Souci.
Sachez cela jeunes fillettes !
A la Vierge dites merci,
Et n'y passez jamais seulettes.

(Poëte Languedocien du 17e siècle).

III. – **Formation du chaos de Souci.**

Sans faire appel à la mythologie, pas même à l'hypocondre Gargantua, nous croyons que ce barrage grandiose a été produit par l'effondrement des parois des deux causses, minées par les eaux ou désagrégées par le déjel.

M. de Malafosse, qui a étudié avec un soin jaloux la géologie du Cagnon du Tarn, reconnaît qu'il y a eu à Souci deux chaos d'époques géologiques différentes. L'un, produit par la rupture de la digue qui retenait les eaux du Tarn dans le Cirque de Fonmaure et des Baumes, remonterait à l'époque quaternaire ; l'autre, produit par l'écroulement d'une partie des falaises du Ron-Rouge et des *Fraous*, serait de date récente (le mot *Fraous*, effondrement, donne l'idée d'un cataclysme).

— Je n'ai pas encore quarante ans, dit l'enfant des rives du Tarn, et cependant j'ai vu ce bloc énorme, qui est là, en face de Roche-Sourde, se détacher un beau matin du milieu de la falaise du Ron-Rouge.

Il y a quelque 25 ans, qu'un peu en aval (r. d.), s'est produit, un dimanche matin, pour cause de déjel, un second éboulement qui a jeté l'épouvante jusqu'au sein du village des Vignes, distant de deux kilomètres. Peu s'en fallut que le père Badaroux, des Baumes-Basses, ne fût pris au piège et écrasé sous un monceau de ruinee.

Peut-être, ajoute M. de Malafosse, que le dernier chaos fut causé par le tremblement de terre de l'an 580, qui, au dire de Grégoire de Tours, fit tomber d'immenses pierres dans les Pyrénées et dont la commotion se fit sentir dans les pays voisins. C'était presque à cette époque que vivaient St Ilère et Ste Enimie, et la légende aurait attaché à l'histoire de ces deux saints le souvenir d'un fait si extraordinaire.

— Je n'aurais pas voulu m'y trouver dit le gascon. Sortons de ces lieux hantés par le diable : je tremble déjà pour ma peau.

IV. — **La Baume du Drach.**

Tout doux, reprend le Cicérone, ne vous félicitez pas encore d'avoir échappé aux griffes du diable. Voici devant nous la Baume du *Drach!* Ce monstre à nature humaine, animale et infernale, pourrait bien sauter sur vous et vous croquer à belles dents, comme un visir vulgaire.

Disons que le Drach était un monstre, autrefois très redouté dans le Midi de la France. On rapporte qu'il aimait à se repaître de la chair fraîche des enfants.

Cet ogre établissait son repaire sur le bord des chemins, des sources et des rivières; pour surprendre et dévorer les passants, il employait mille ruses diverses.

Les sorciers se transformaient. dit-on, en ogres de ce genre, pour satisfaire leurs goûts anthropophages. Le chapitre 37 de la loi salique prononce une amende de 300 écus contre tout sorcier ou *Stryge* qui aura mangé un homme.

Les assassinats mystérieux des Juifs talmudistes, commis sur la personne de jeunes enfants chrétiens, assassinats que ces déidides continuent encore de nos jours, v. g. à Damas, à Corfou, etc., ont pu donner lieu à cette croyance.

Après la dispersion de ce peuple déicide, on sait que plusieurs colonies juives s'établirent sur nos montagnes et dans nos vallons. Lors de l'invasion des barbares, ces hommes à l'esprit rapace durent se retirer dans les cavernes des Gorges du Tarn, afin d'y cacher leurs dépouilles. Il y a 20 ans que, dans les ruines du prieuré de St-Pierre-de-Lévéjac, on a déterré une tombe juive que nous avons vue de nos yeux (1).

Ce seul fait servirait à prouver ce que nous avançons.

Voici la grotte du Drach. Vous voyez, messieurs, que le repaire de ce Croquemitaine ne pouvait être mieux choisi. Des amateurs d'antiquailles ont trouvé en ces lieux des vestiges d'habitation, des ossements, des flèches, des poteries grossières des époques celtique et gauloise.

A deux cents pas, à l'ouest, se trouvait un village celte ; *Lous Claousets* (Petites caselles). Au pied de la grotte du *Drach* coulent deux belles sources.

En face (riv. g.), apparaissent le ravin de la *Coumbo*, le vieux castel et le hameau du Meynial.

---

(1) On prétend que, lors de la Guerre de Cent ans, ce furent les Juifs qui appelèrent et soutinrent les Anglais au sein des montagnes du Gévaudan, pour se venger de ce qu'on les avait chassés de Mende. Ils se trouvaient à cette époque fortement établis à Marvejols, Chirac, Châteauneuf, Florac, Salmon, Montjézieu, Gimels, Mont-David, Jordane, Booz, Reilles, Imbecque, Salelles, etc., etc.

(Prouzet, Charbonnnel).

V. — Castel du Meynial ou de la Vacaresse.

Bonne fortune. — Position. — Nouveau capitole. — Heureuse trouvaille. — Seigneur de la Vacaresse. — Ses cavales. — Vaca Ressa. — Bioiou. — Cailiou.

Au fond de l'impasse de Souci, nous retrouvons nos bateliers installés dans une nouvelle barque.

Par fortune, nous disent-ils, nous allons descendre en bateau jusqu'aux Vignes. Adopté.

Regardez, nous dit le Cicérone, cette roche caverneuse surmontée d'un arc à plein cintre, qui s'élève à mi-côte (r. g.) sur le penchant du *talweg* du ravin de la Combe. C'est là qu'on avait tapi le vieux Castrum de la Vacaresse qu'on appelle aujourd'hui Castel du Meynial. On y arrivait par cette langue de roche étroite qui s'étend sur un ressaut au pied de la falaise.

Lors de l'invasion des Barbares, ce donjon dut servir d'asile assuré et imprenable aux habitants de la vallée. Ils s'y refugiaient avec armes et bagages, femmes et enfants, bestiaux, filets, provisions.....

Lorsque l'orage était passé, nos ancêtres descendaient du haut de leur Capitole et rentraient dans leur humble foyer, que trop souvent, hélas! ils trouvaient pillé, ruiné, incendié. A notre humble avis, le castel du Meynial n'aurait été détruit que dans le cours du XVIIe siècle; la preuve, c'est que dans ces derniers temps, un riverain a trouvé sur l'emplacement du vieux manoir, renfermés dans une sorte de marmite en métal, quelques écus de 3 et de 6 livres, portant l'effigie et le monogramme de Henri III, *rex Galliæ + et Navarræ.*

Dans les documents historiques sur les guerres de religion qui désolèrent notre Gévaudan, nous avons trouvé la mention d'un séigneur de la Vacaresse, riverain du Tarn. La Ligue n'eut pas de plus chaud partisan. Pour la défense de la cause catholique et royale, ce seigneur avait déjà fait plusieurs expeditions belliqueuses avant 1591. Le 3 mai de cette année-là, Décomps, commandant à Vabres, Compeyre, St-Bausile, promit à Mgr de Mende que « les seigneurs de Triadou, la Rouvière, la Vacaresse et autres ne feraient aucune course, ni prise de personne, ni de bestal, aux sujets des terres du seigneur de Mende et il ne leur sera fait empêchements par aucuns soldats demeurant sur la rivière du Tarn ; et cela en récompense de ce que le dit seigneur a rendu les cavales prises par le seigneur Félice, aux dits de la Vacaresse, Marènes et autres, leurs soldats. »

« Nous avons donné notre parole par escript signé de notre main, le 8 mai 1591. »

(Arch. C. 1802).

Le mot Vacaresse semble dériver de *Vacca-Ressa*, vache rousse. A côté de ce lieu, il y a un autre quartier qu'on appelle *Bioïou-Caïliou*, bœuf variolé. Y a-t-il eu, aux temps antiques, dans les Gorges du Tarn, des animaux sauvages ? On serait tenté de le croire, d'après ce simple rapprochement.

On trouve encore en plusieurs endroits des traces de sanglier ou de l'ours des cavernes ; v. g. à la Malène la Caverne du Drach, d'où les élèves de l'Institution Turgot, à Paris, ont emporté, il y a deux ans, le squelette d'un ours tout entier.

VI. — **Le Meynial.**

UN FORTIN A LA ROMAINE. — SOUVENIRS HISTORIQUES. — CONJECTURES.

A 500 mètres du Castel de la Vacaresse, en aval, sur la même ligne parallèle (r. g.), se trouve le hameau du Meynial (3 maisons).

Les villages de ce nom sont assez communs. Ils déri
vent dit-on, de ces deux mots latins *mœnia alta* (lieux
élevés, fortifiés). On a remarqué que ces villages se trouvent situés ordinairement sur les bords d'un torrent,
d'une rivière, à coté d'un gué qu'ils dominent.

Ce fait se réalise pour le Meynial des Vignes qui se
trouve placé au-dessus du *Gas* (gué) de la *Bouldoire* et
pour le Meyniel du Truel, situé sur les bords de la
Jonte.

Un archéologue du Rouergue, M. Lunet, prétend,
qu'après la prise d'Alésia par César, les derniers vestiges
de l'armé de Vercingétorix, poursuivis par les légions
romaines, mis en déroute dans les plaines de *Canet*
(causse Méjean) et de *Carnac* (carnage) malgré la bra-
voure de Luctérius, chef des Ruthènes et des cadur-
ques, auraient traversé le Tarn au Meynial des Vignes,
tandis que les Romains auraient passé la Jonte au Meyniel du Truel, pour gagner le Causse-Noir.

Le Tarn aurait ainsi divisé les deux armées ennemies
et mis fin pour quelque temps à une guerre meurtrière
qui se termina, en l'an 51 avant J.-C., par la prise de
Drappés, successeur de Luctérius, à *Uxellodunum*
(Dordogne).

D'autres historiens placent le combat qui aurait eu
lieu sur le Causse Méjean entre les Gaulois et les Romains, après la déroute des troupes de Bituit, général
des Arvernes, par le consul Fabius Maximus et le pro-
consul Domitius.

On sait que la bataille se livra sur les bords du Rhône,
que l'armée gauloise comptait 200.000 guerriers, dont
22.000 archers fournis par le Rouergue. 100.000 hommes
restèrent sur le champ de bataille (122 av. J.-C.).

(Histoire romaine).

Durant l'occupation romaine, une voie ferrée, servant
d'embranchement à la *Vialate* de Sainte-Enimie à

Meyrueis, aurait pu descendre par le Meynial, passer
par les Vignes, le Villaret *via recta* (voie raide) et aller
rejoindre le *Comi-Ferrat* dont on trouve encore le tracé
entre Cauvel et Versels sur le causse du Massegros.

Cette dernière voie était celle de Millau en Auvergne
par Chanac, Chirac, Saint-Chély et Saint-Flour.

VII. — **Le château de Dolan.**

BOULDOIRE. — BELLE NAPPE D'EAU. — PEYRO MOU-
LINO. — CASTEL. — SES MAITRES. — CAMP DES
ONGLÈS. — TROIS VIEUX LOUSTICS. — LIGUE. —
MASSACRE. — INCENDIE. — TASSE EN ARGENT. —
UN RIVERAIN BIEN CAPOT.

Nous passons à côté du bassin de Bouldoire, joli
recoin, dont le nom vient d'une des sources qui en
jaillissent et qui sous terre fait entendre le glouglou
d'une eau en ébullition.

Au milieu de ce beau paysage, s'élève une maison de
construction récente avec ses dépendances.

Devant nous, fatigué par la rude traversée du Pas-de-
Souci, le Tarn étend et déroule ses flots sur une nappe
splendide (longueur, 1.500 mètres; larg. 150 m.). Ce
séjour lui plait, cette étape hospitalière l'enchante, et il
embellit ses rives d'un cadre de verdure luxuriante,
d'un long rideau d'arbres touffus, rangés en longues
files, et de champs ou de jardins en plate-bande.

. A l'entrée de ce joli recoin, repose sur sa couche humide un énorme bloc qu'on appelle la *Peyro-Moulino*
de Mal-Clapier.

Là-haut, devant nous, à droite, entre deux ravins,
sur l'*Air* et la *Peyro-d'Oustal*, sont perchés, à dos
d'âne, le hameau et les ruines du Castel de Dolan. Ce
château-fort est un des plus anciens et des plus célèbres

15.

de notre Gévaudan. Raymundus le possédait en 1041 et Hugues en 1174.

A cette époque, la baronnie de Dolan appartenait à la famille de ce nom. Au XIIIe siècle, elle passa aux Sévérac, puis aux Arpajon et, en 1728, elle appartenait à la comtesse de Roye.

(Denisy).

En 1220, le baron de Dolan contribua à la fondation du couvent des Cordeliers, à Mende, faite par saint Antoine de Padoue.

En 1224, 1244 et 1260, les seigneurs de Sévérac rendirent hommage de vassalité, pour le Château de Dolan, à Etienne II, évèque de Mende et à ses successeurs.

(Prouzet).

En 1359, le seigneur d'Arpajon, baron de Dolan, leva des troupes sur ses terres pour combattre les Anglais. Ces derniers s'emparèrent de plusieurs châteaux-forts des gorges du Tarn. D'après la tradition orale, ils auraient même construit le Castel de la Peyre, qui se trouve en face de celui de Dolan (r. g.) Non loin de là près de *Baoumo-Obscuro*, se trouve un pàturage qu'on appelle encore, de nos jours, le *Camp des Onglès* (1).

---

(1) Qui n'a entendu parler de la terrible guerre de cent ans, qui infligea à notre patrie les trois sanglantes défaites de Crécy, Poitiers, Azincourt, la mit à deux doigts de sa perte et se termina par la mission providentielle de Jeanne d'Arc et le traité d'Arras (1340-1438).

En 1356, Seguin de Badefol arrive en Gévaudan, s'empare de Châteauneuf, Aumont, St-Alban, Serverette, Chirac, Grèzes, Montrodat. Le traité de Brétigny rendit ces places au roi de France et les Anglais conservèrent le Rouergue (8 mai 1360). En 1361, les routiers, unis aux malandrins pillent et saccagent St-Pierre-de-Nogaret, Chirac, le Monastier, Marvejols, etc. Quelques mois après, conduits par Seguin de Badefol, Robert Carnolles, Berdugat d'Albret, Fabrosse, etc, les Anglais traversent l'Aubrac, reprennent Montrodat, Grèzes, Châteauneuf, Nasbinals, Aumont, Chirac ; empor-

En 1150, les barons de Dolan, Canilhac et Cabrières étaient feudataires des comtes de Barcelone. En conséquence, ils s'arrogeaient plusieurs droits sur la cathédrale de Mende. Ils prétendaient avoir du chef de leur suzerain l'administration de la maison épiscopale pendant la vacance du siège. On sait que les comtes de Barcelone possédaient alors la vicomté de Gothie ou de Grèzes. Nous avons déjà dit comment nos trois loustics avaient cherché à faire pièce au vénérable évêque Aldebert. Le Prélat acheta, moyennant une somme considérable les prétendus droits de ces trois barons et il se mit ainsi à l'abri de toutes leurs vexations.

(Arch. g. 1446).

Les trois baronnies suivirent les vicissitudes de la vicomté de Grèzes. Lorsque le roi de France eut acquis cette dernière (vers 1260), la baronnie de Dolan, jointe à la seigneurie de Blanquefort, forma un mandement. St-Préjet, St-Georges et St-Rome en dépendirent.

(B. A., 1876).

A l'avènement de Henri IV, les ligueurs s'emparèrent de Dolan (1590-1594). A cette époque, la baronne de Dolan s'appelait Mme de Castelnau, veuve de Louis d'Arpajon. Elle venait rarement au château de Dolan et habitait le manoir de Sévérac-le-Château. En 1590, comme elle était néo-protestante, mais en secret, elle

---

tent d'assaut St-Léger, Balsièges, la Garde-Guérin, Florac, se cantonnent dans les châteaux des gorges du Tarn, échouent devant St-Chély-d'Apcher et Mende; en 1365, on cherche à leur acheter la paix au prix de 6,000 florins d'or; ils continuent leurs brigandages; s'emparent de Montferrand. En 1379, ils échouent devant Marvejols, sont écrasés près de Chirac dans un lieu qu'on appelle encore le Cimetière des Anglais. L'année suivante, Duguesclin leur reprend Châteauneuf; Sancerre, Grèzes et Montferrand, qu'ils quittent moyennant 5,000 florins d'or. La reprise de Chapieu et la défaite de Luc achèvent de les chasser du sein de nos montagnes. En 1385, il ne restait aucun enfant d'Albion en Gévaudan.

invite un jour à dîner 14 prêtres des environs. Après le repas, elle les fait conduire sur la terrasse du château qui surplombe sur un abîme, au fond duquel se trouve aujourd'hui le cimetière de Sévérac. Cette malheureuse sort sur le perron du château. Ses séides entourent les prêtres. « Vous allez apostasier, leur dit-elle, ou mourir. » Les ministres de Dieu choisissent tous la mort. Sur un signe de la scélérate, on les précipite en bas. La nouvelle Jézabel se convertit, son fils unique fit construire sur les lieux une chapelle expiatoire dont il ne reste que les fondements. Une petite croix en fer indique encore l'endroit de la sanglante exécution.

(Souvenirs de royage).

A en juger par les ruines imposantes qui subsistent encore, le château de Dolan était de dimensions très grandes. Les traces d'une chapelle, d'une citerne cimentée, quelques pans de murs qui trahissent le XIIIe ou le XIVe siècle, et un large fossé du coté du nord, sont les seuls restes de ce vieux manoir féodal.

Les vieillards du pays racontent qu'il périt par les flammes. Les riverains auraient allumé l'incendie en l'absence des maîtres et en haine du joug trop dur que les barons de Dolan faisaient peser sur eux. Quelques démocrates du pays répètent encore cette phrase expressive que nous avons entendue de nos oreilles : « Nous n'avons plus envie d'aller, comme nos vieux, porter du sable à Dolan sur le *cabussaou*. »

Il y a près de 100 ans, un pauvre cultivateur du hameau de Dolan trouva une tasse en argent dans les ruines du château. Ayant appris qu'un certain M. de Béthune (croyons-nous), dernier possesseur du manoir féodal, habitait Clermont-Ferrand, en Auvergne, et espérant recevoir une belle récompense, s'il lui offrait sa trouvaille, le brave homme, par trop naïf, se rend à pied dans cette ville. M. de Béthune accepte très volontiers l'heureuse trouvaille, mais, en retour, il n'aurait eu, dit-on, qu'un plat d'invectives à offrir au bon villageois, lui disant : « C'est vous ou vos pères qui avez incendié notre château : vous êtes encore bien heureux que je ne vous oblige pas à le payer. » Le pauvre homme s'en revint capot, tout confus, jurant, mais trop tard, qu'on ne l'y prendrait plus.

Le Castel de Dolan existait encore en 1730. Nous croyons que les biens de la baronnie furent vendus en 1793 et qu'ils passèrent aux mains des X. Ici comme ailleurs, on a vu se vérifier l'axiome suivant :

Re male quæsita non gaudet tertius hœres.

VIII. — **Saint-Préjet-du-Tarn.**

TOPOGRAPHIE. — CIMETIÈRE GAULOIS. — EGLISE. — STYLE. — DÉVOTION A SAINT FÉLIX. — SAINT MARTIN, DE LA CANOURGUE. — REVENUS. — NOMBRE DE PRÊTRES. — CHAPELLE DE COURET. — CHAPELLENIE DE SAINT JACQUES.

Nous voilà presque en face de St-Préjet-du-Tarn. L'église, le presbytère et une maison de paysan forment la localité (commune, 350 habitants ; 414 m. d'alt.; 1 curé, 1 vicaire ; canton du Massegros ; rive gauche).

Derrière l'église s'étend le cimetière ; le tout se dérobe sous un rideau de verdure ou derrière les rameaux séculaires d'un énorme Sully. A quelques mètres du chevet de l'église se trouve un ravin creusé par les torrents. C'est un cimetière gaulois, voire même celtique, disent certains archéologues, parce qu'on y rencontre bon nombre de tombes et d'ossements humains.

Construite en beau style roman, non rudimentaire mais perfectionné, l'église remonte au XIIe siècle. Elle est l'œuvre des Bénédictins du Rozier, disent certains historiographes, mais ils n'en donnent aucune preuve.

La porte d'entrée surmontée d'une rosace, nous dit le cicérone, le chœur, l'abside et les fénétres du fond portent un certain cachet d'architecture. L'extérieur de l'abside est encadré dans un ruban de belles figurines qu'un Vandale a eu la sotte idée de recouvrir d'un mauvais badijeon. L'édifice est en forme de croix latine. Le Chœur penche un peu à droite, imitant ainsi, d'après les règles de l'art chrétien, l'inclination de tête de Notre Seigneur sur la croix.

L'intérieur est très bien tenu, d'une exquise propreté. On y trouve un riche reliquaire qu'on fait baiser aux enfants malades, rachitiques, mal constitués ou atteints de maladies nerveuses. C'est la dévotion de St Félix, très ancienne et très connue dans les Gorges du Tarn.

En 1250, le prieuré simple de Saint-Préjet-du-Tarn dépendait du monastère de St-Martin de la Canourgue. En cette année là, Béranger de Fontanilles, prieur de Saint-Martin, le céda à l'évêque de Mende, contre certains droits que ce dernier lui accordait sur la paroisse de Banassac.

(Arch. d. G. 717.)

En conséquence, il nous paraîtrait plus rationel d'attribuer la construction de l'église de Saint-Préjet aux Bénédictins de la Canourgue qu'à ceux du Rozier.

Monseigneur de Mende céda le prieuré de Saint-Préjet à la collégiale de Quézac. Plusieurs siècles plus tard, le droit de collation passa au prieur de Meyrueis, qui le conserva jusqu'en 1790.

(Denisy, manuscrit inédit.)

En 1724, Saint-Préjet comptait 7 prêtres et 55 familles taillables, sans compter les pauvres.

(Louvreleuil.)

A cette époque ce prieuré produisait 460 livres-tournois ; et les charges étaient de 155 liv.-tour.

M. Guillebert de Boisroyer en était prieur-décimateur
en 1728. Dans l'église de Saint-Préjet, il y avait avant
la révolution, une chapellenie dédiée à Saint Jacques et
fondée par M. Antoine Couret du lieu des Salelles.

Au 17e siècle, les revenus de cette chapellenie étaient
de 50 liv.-tour. M. Hélie de Brun de Montesquieu, chanoine de Saint Christophe (Rouergue), en était chapelain en 1693. En 1728, c'était M. Joseph Bourillon.

La chapelle, qui se trouve à la gauche du chœur, en
face de la sacristie, porte encore le nom de chapelle de
Couret.

(Communiqué par M. André, archiviste).

Le site de Saint-Préjet est ravissant. C'est unique
pour un prêtre qui aime la solitude, le silence et la retraite.

IX. — **Curés de St-Préjet-du-Tarn.**

Années
1666 Magalonne, vicaire perpétuel ;
1685 Michel ;
1697 Rodier, absent en 1700, 1701, 1702, pendant la
      guerre des Camisards ;
1703 B. Lévesque ;
1709 Desmartinets, remplacé, en 1710, par Joseph Ro-
      quette, qui démissionne ;
1711 Duclaux ou Duclos ;
1715 François d'Albignac du Rozier, mort le 22 février
      1760, à 70 ans ;
1760 J.-B. de Rochemure, de Grèzes-la-Clause (Haute-
      Loire), d'abord vicaire de la Malène, curé de
      St-Préjet, le 14 mars 1760 ;
1762 Le Maistre ;
1763 (22 février) Amable de Panafiieu, de St-Chély-
      d'Apcher ;
1769 Bousquet ;

1784 Souchon, de Chasseradès, se retire chez lui, en
1793, où il meurt peu après ;

1794 Pascal Pierre, d'abord vicaire ;

1815 Solanet, d'abord prieur de St-Marcellin, natif des
Vignes ;

1825 Privat, transféré, en 1842, à St-Bonnet-de-Chirac;

1842 Benoit Monestier, de Cauvel, paroisse de Saint-
Rome-de-Dolan ;

1876 M. Nurit, transféré, en 1879, au Chastel-Nouvel;

1879 M. Rabier, transféré, en 1882, à Montjézieu ;

1882 M. Giral, de Florac, nommé doyen de St-Germain-de-Calberte ;

1885 M. Bousquet, de Brenoux, transféré à Chadenet,
en 1889 ;

1889 M. Paris, d'abord curé à la Bastide.

(Arch. de la Commune. Insinuations. Ec. ordo).

X. — Vicaires de St-Préjet-du-Tarn.

Solanet	1685	Fontibus	1776
Lafont	1700	Clavel	1778
D'Albignac, du Ro-zier	1711	Brouillet	1784
Balme	1727	Pascal	1788
Arzalier	1738	Privat	1815
Macary	1740	Feybesse	1822
Ramadier, de Re-coules-de-Fumas	1743	Pourchin	1825
Libourel	1750	Passaneuf	1831
Gautier	1757	Oziol	1840
Duguo, enterré près des Fonts baptis-maux, en 1760	1759	Peyre	1842
Grégoire	1764	Vernhet	1848
Bazalgette	1769	Ruas	1854
Meissonnier	1773	Urbain Aragon	1866
		M. Prunet	1876
		M. Louis Peyronnet	1878
		M. Meyrueis	1884
		M. Rousset	1889

(Archives de St-Préjet. Ordo).

Acte de Décès de M. d'Albignac.

Le 22 février 1760, nous, Malafosse, curé de la Malène, chef des conférences du district de St-Préjet, certifie que le corps de Fra. d'Albignac, curé de St-Préjet, décédé à l'âge d'environ 70 ans, muni des sacrements de Pénitence et d'Extrême-Onction, n'ayant pu recevoir le saint Viatique à cause d'un vomissement continuel, a été enseveli au vestibule de l'église paroissiale de St-Préjet. Témoins : D'Albignac, son neveu ; Mathieu ; de Rochemure ; Alméras ; Malafosse ; Monestier (id).

XI. — La Caboussude. — Les Pinieïrals.

La chambre des Fadarelles

Au-dessus de Saint-Préjet, planté à pic sur le flanc de la montagne comme une sentinelle immobile, se dresse le piton de la *Caboussudo*.

On croit que son front fut jadis couronné d'un fortin. On y remarque encore quelques vestiges de construction. De nos jours, cet ermite boudeur, en rupture de bans avec tous ses voisins, n'a pour toute chevelure qu'un chêne rabougri et quelques maigres broussailles (1).

A 300 mètres plus haut, se dressent fièrement, avec la carrure d'un colosse, deux énormes monolithes. Ils se donnent la main comme deux fiancés. Est-ce le père et la mère de la Caboussude ? Mystère. A côté d'eux, celle-ci n'est qu'un avorton, un pygmée ; on les appelle les *Pinieïrals* (rochers de pies, ou bien perchés). Au haut des Issartels on trouve encore les traces d'un

______

(1) C'est le cas de dire : *Sustentant lilia turres.*

village celtique et gaulois, appelé les *Avigneirals* (rochers des oiseaux). Il est tout près du Point Sublime, du haut duquel un milord anglais s'extasiait naguère en disant: « J'ai parcouru les deux Mondes, mais, nulle part, je n'ai rien vu de comparable au splendide tableau qui se déroule à mes regards. »

L'épouse des *Pinieïrals* porte dans ses flancs une grotte, jadis habitée, qu'on appelle la *Chambre des Fadarelles.*

Au fond, ou plutôt au coin du plafond de cette grotte, suinte goutte à goutte, dans une conque artistement ciselée par le burin de la nature, une source d'eau fraîche et limpide. Elle coule des mamelles fécondes de l'épouse fortunée. Descendant de Régordi, de Contobre ou de *Conto-perdisé*, le pâtre solitaire vient souvent y rafraîchir sa langue, y tremper son pain et son chalumeau rustique.

XII. — **La Digue. — Le Moulin des Vignes.**

Cependant notre bateau chemine lentement sur l'onde dormante. Çà et là, carpes et carpillons à l'écaille argentée, cabots et cabotins à la nageoire écarlate, rasant le lit de la rivière, s'en donnent à cœur joie. A l'extrémité de la plaine liquide s'étend une digue immense (longueur: 250 mètres ; largeur ; 20 mètres). Elle coupe la rivière en profil, plan incliné. Au bout, sur la rive droite, à l'entrée des Vignes, se trouve un moulin antique. En Lozère, dit-on, la digue des Vignes, formée de gros blocs de pierre, enlacées dans une forêt de bois, n'a pas de rivale en longueur, en solidité, voire même en ancienneté. Que d'inondations n'a-t-elle pas vu passer sur sa tête !

D'après un titre en ma possession, dit le cicérone, cette superbe digue et le moulin qui a motivé sa construction existaient en 1474. Le document est rédigé en latin par Antoine Boisset, notaire de St-Georges-de-Lévéjac. Au XVe siècle, le moulin appartenait aux barons de Dolan. On l'appelait *Molendinum de Doloine.* La construction de la digue, dit la tradition locale, fut l'œuvre des ducs d'Arpajon, dont la juridiction s'étendait sur tous les pays d'alentour. Il est à croire que cette œuvre gigantesque s'effectua après l'invasion anglaise.

Notre moulin séculaire, semblable au canard aux goûts amphibiques, se mire, se lave, se baigne dans le cristal de l'eau. Ce liquide abondant il le reçoit par deux larges ouvertures et le rejette de même.

Le 13 septembre 1875, il resta enseveli presque en entier sous les eaux du Tarn. Lorsqu'il reparut à la lumière du soleil, il montra une large crevasse à son arrière-train. La blessure fut bientôt cicatrisée, grâce à une subvention de près de 2,000 francs. qu'obtint le propriétaire de l'immeuble.

CHAPITRE VI.

1. — **Les Vignes.**

Cassiopée. — Petit compliment. — Fameux bateliers. — Chapelle vicariale. — Sa fondation. — Son utilité. — Chateau. — Los counquettos dé los Vignos. — La ligue.

Nous abordons à côté du moulin, au pied du village des Vignes. Connaissez-vous la constellation Cassiopée ? vous aurez là une image fidèle de ce groupe d'habitations. Construit en amphithéâtre, un peu à l'aventure ou à la bonne franquette, reliée par un pont aux hameaux de la Cave, du Pont, de Saint-Préjet. du Meynial, le village des Vignes (r. g. 200 habitants), est la localité la plus importante de la commune.

« Dans le langage du pays, dit M. Bosse, vigne signifie terrain fertile, site agréable. Ce sens, les Vignes le justifient bien. Dans le parcours du Tarn, rien ne peut lui être comparé. Pour ce petit bassin les grandes murailles se sont écartées et inclinées, pour y laisser arriver une surabondance d'air et de rayons de soleil. Les roches se sont amollies pour se prêter au travail de bras robustes ; l'indigence y est inconnue. On ne tarde pas à le reconnaitre à la blancheur du linge de l'habitant et à la propreté coquette de sa maison. »

(Propempticon. p. 74).

Ce petit tableau est exact de tous points.

C'est aux Vignes qu'on trouve les plus fameux bateliers du Cagnon : Les Solanet, les Costecalde, les Gal, les Vernet. Il y a une petite chapelle vicariale, où on dit la messe tous les matins. Dans le bon vieux temps, lorsque les églises de Saint-Pierre et de Notre-Dame du Villaret (r. d.) furent abandonnées après les guerres de religion, deux pieuses demoiselles eurent la bonne idée de donner leur maison pour qu'on la transformât en chapelle. En temps d'hiver, disait-on, surtout après la grande noyade dont nous dirons un mot, le Tarn coulant à pleins bords, nous ne pouvons passer sur la rive gauche, pour aller entendre la messe à Saint-Préjet ; c'est donc pour nous une grande privation. Erigeons une chapelle ? — On applaudit des deux mains au généreux dessein des pieuses donatrices. L'autorité diocésaine accorda son autorisation. La paroisse eut deux prêtres : l'un fut, en fait, pasteur de la rive gauche (le curé bien entendu), et l'autre de la rive droite (le vicaire).

Voilà tantôt 300 ans que dure cet état de choses, à la satisfaction générale et les petites affaires religieuses n'en vont pas plus mal. L'antique chapelle de modeste apparence rend de réels services. Les vignerons en sont jaloux, très jaloux. Ils y tiennent comme à la prunelle de l'œil. N'en parlez pas mal, ami touriste, et si vous avez quelque Napoléon de reste, offrez-le pour son entretien.

Aux Vignes, existait autrefois un château. Il était sis au quartier qu'on appelle encore le Castel ou Coustel.

Nous croyons qu'il n'était qu'une dépendance du château de Dolan. On appelle les Vignerons : *Los Counquettos dé los Vignos ;* apparemment parce qu'ils aiment un peu trop le jus de la treille. Hélas ! Que de malédictions ils doivent lancer contre le phylloxéra, ce barbare au cœur de bronze. qui leur a enlevé le *gamay* si bon, si exquis !

Au XVIe siècle, les Vignerons combattirent *pro aris et focis*. Ils se rangèrent sous l'étendard fleurdelisé de la Ligue et prirent une part active aux sanglantes rencontres dont le Causse Méjean devint le théâtre.

II. -- **Histoire des Vignes en 1793.**

« Le terrible volcan révolutionnaire, écrivait, il y a
« cinquante ans, un curé légendaire de St-Préjet, M.
« Monestier, épargna de l'ardeur de ses feux infernaux
« et de son souffle brûlant, la petite paroisse de Saint-
« Préjet-du-Tarn. Elle ne vit pas couler le sang de ses
« enfants, ni les prisons s'ouvrir pour aucun d'entre
« eux et le priver du don précieux de la liberté. »

(Manuscrit en notre possession).

Le souffle empesté de la Révolution n'entama pas même les croyances ni la foi robuste de cette colonie bénédictine.

Il est vrai que cette foi avait été burinée au fond du cœur des riverains par les leçons, les vertus, les exemples des Panafieu, des d'Albignac, des Rochemure, etc. Lorsque l'orage éclata, MM. Pierre Souchon et Pierre Pascal dirigeaient la paroisse.

Accablé d'années et d'infirmités, surtout à la suite de

trois mois de cellule dans la maison hospitalière de Ferrat, des Vignes, M. Souchon se retira à Chasseradès, au sein de sa famille, où il mourut bientôt après.

N'écoutant que son zèle et son cœur d'apôtre, l'intrépide M. Pascal se dévoua pour le salut de tous. Le bon pasteur donne sa vie pour ses brebis, telle fut sa devise. Que de fois il fut obligé de se cacher au fond des forêts, des grottes, des caves, des greniers, pour échapper aux actives recherches des Sans-Culottes. Le ciel écarta de son front la trahison perfide. De la tourmente révolutionnaire il sortit sain et sauf.

Dieu seul connait ses mérites et tout le bien qu'il fit aux bons riverains. Il dirigea la paroisse jusqu'en 1815. Une mort prématurée l'enleva à l'affection des siens. Il mourut à Chausserans, dans sa maison paternelle, où il était allé en visite, fin janvier 1815.

Quel bon et saint prêtre! disent encore les anciens. *Defunctus adhuc loquitur.*

III. — **Le prieur Solanet.**

En 1793, il y avait encore, aux Vignes, un troisième prêtre dont le souvenir se perpétuera longtemps dans les âges futurs. C'était M. J.-Pierre Solanet, prieur de St-Marcellin; un colosse d'homme, vrai type du riverain, à l'air franc, avenant, au caractère gaulois. Nous l'avons vu trésorier de l'armée des Vendéens du Midi. Après leur déroute, le prieur Solanet, déguisé en paysan, la menace sur le front, le juron sur les lèvres, le fouet en escarcelle, s'aventura à faire le maquignon en vins, laines, bestiaux.

Toutefois, il n'abandonna jamais les saintes fonctions du ministère. Il conserva avec un soin jaloux le trésor de la foi et de l'orthodoxie. Après l'orage, il desservit l'annexe de Pallas, près Millau. Il occupa ensuite la cure de Liaucoux (Aveyron). En 1815, il succéda à M. Pierre

Pascal. Dix ans plus tard, il obtint sa retraite. Certaines mésintelligences ayant surgi entre ce bon patriarche et M. Privat, son successeur, il alla mourir à St-Georges-de-Lévéjac, et il enrichit cette paroisse par ses bonnes œuvres.

(Manuscrit id.).

IV. — **Pierre Ferrat.**

UNE CHARMANTE ALLOCUTION POUR UN JOUR DE DÉ-CADI.

En 1793, le maire des Vignes s'appelait Galtier, et le procureur de la commune, Pierre Ferrat, homme peu lettré, mais très jovial, un vrai Gaulois, tout pétillant d'esprit.

Le 20 prairial, an II (8 juin 1794), sommé par les autorités de faire un discours, M. le procureur se dit en lui-même : « Qu'à cela ne tienne, nous pouvons bien « rire un brin, en ce jour de décadi, où, par toute la « France, on fera la fête de l'Etre suprême. » (Il le racontait plus tard à M. Monestier). Il convoque donc tous les citoyens à la chapelle des Vignes. L'assistance fut peu nombreuse. N'importe, notre orateur improvisé monte sur le marchepied de l'autel, se tourne vers les auditeurs, déroule un chiffon de papier avec le sérieux d'un diplomate et prononce, devant l'auditoire ébahi, l'allocution suivante (idiome patois) :

« Bésés oïci dé qué dis oquésté popio :

Fennos qué obès de laïs, versas lous dins lou cœur dé bouostrés hommés.

Fillos qué né sès pas exemptos, versas lous dins oquel dés garçous.

Biels et biellos qu'abès auzit, sé per une aureillo és d'intrat, qué per l'aoùtro né souortio. » (Authentique).

En français :

« Voyez ce que dit ce papier :

Femmes qui avez des soucis, versez-les dans le cœur de vos époux.

Filles qui n'en êtes pas exemptes, versez-les dans le cœur des garçons.

Vieux et vieilles qui avez entendu, si ce discours est entré par une de vos oreilles, qu'il en sorte par l'autre. »

(Manuscrit de M. Monestier).

L'orateur affirmait plus tard que l'auditoire, peu touché de son pathétique discours eut dans moins d'une minute évacué l'enceinte de la chapelle. — « Mon éloquence obtint un effet rétrograde, disait-il. »

Ce Monsieur aurait fait un bon professeur de morale civique.

V. — **Patriotes de Millau.**

En octobre 1793, une après-midi, un bataillon de patriotes millautins arriva aux Vignes. Un frère du prieur Solanet labourait au *Cambon* de Bonnet. A la vue des Sans-Culottes, il abandonne bœufs et charrue et s'enfuit à toutes jambes vers les Vignes pour y donner l'éveil.

Les pauvres bœufs le suivent à pas de course. Ils flairaient le danger eux aussi.

En ce moment, les abbés Pascal et Solanet étaient blottis au fond d'une grange. « Fuyez, les brigands sont là, vient leur dire l'intrépide messager. — Je ne fuirai pas, dit M. Pascal, je dois mourir avec mes enfants. » Vaincu enfin par les instances de son ami, il se résigne à partir.

Les deux fugitifs gravissent la montagne et vont se cacher dans la grotte des *Narrios*, près de la *quille* des *Coustarelles*. De ce poste élevé, ils dominent la gorge et observent les mouvements de l'ennemi.

Déjà les Sans-Culottes sont là sous leurs yeux, la menace sur le front, le blasphème à la bouche, la rage dans le cœur.

« Mort aux calotins ! mort aux suspects ! s'écrient-ils en entrant dans le village. Ils pénètrent dans toutes les maisons, fouillent coins et recoins, caves et greniers. Peines inutiles ! Recherches infructueuses ! Aucun proscrit ne tombe sous leurs griffes.

On bat le rappel. Les patriotes se réunissent au Coustel, petite place. D'un ton impératif, ils demandent à boire et à manger. Tremblant de peur, les habitants exhibent des provisions de bouche ; ils apportent qui du lard, qui du vin, qui une tourte de pain. Ferrat fait le sacrifice d'un porc gras, les Costecalde, de la Cave, donnent un mouton.

Se partager le tout, installer des broches primitives en plein air, inaugurer le repas par quelques bonnes rasades de gamay, dévorer le menu pantagruélique, manger à satiété, boire, s'enivrer comme des templiers, se coucher sur la place, dans les rues, dans les écuries, les granges, cuver leur vin pendant toute une nuit, fut pour ces patriotes un bon exploit.

A la pointe du jour, le commandant fait sonner le réveil. Il mande le maire, M. Galtier : « Vous allez, lui dit-il, sur le champ et sous peine de mort, de par les ordres du Directoire de Millau et de l'Aveyron, convoquer la garde nationale des Vignes et nous accompagner jusqu'en vue de la Malène, que nous avons mission de prendre et de brûler. » Les ordres de ce nouveau Santerre sont exécutés à la lettre. *Recta !*

Nos patriotes s'acheminent vers la Malène, au chant de la *Marseillaise* ; les sinistres farceurs !

Les échos du Cagnon redisent pour la première fois les sauvages accents du *sang impur* et du *Ça ira*. Après deux heures de marche, on arrive en présence de la

Maléne. Le village n'était plus qu'un monceau de ruines fumantes. La veille, on l'avait pris et incendié. Nos Millavois se joignent aux vainqueurs et tous, de concert, célèbrent leur victoire par de nouvelles orgies.

Piller, banqueter, saccager, brûler, massacrer même, telle est la devise de tous les Satans révolutionnaires.

Le surlendemain, les patriotes repassaient par les Vignes, chargés d'un honteux butin. Ils portaient qui des assiettes en étain, qui des chaudrons, ceux-ci des cuillers, ceux-là des casseroles, etc. *(idem)*.

Les familles, ajoute M. Monestier, qui se firent le plus remarquer dans le vallon, pour la défense des prêtres, durant la Terreur, furent celles d'Aigouy, de la Bourgarié ; des Costecalde, de la Cave ; de Ferrat ; de Foulquier, du Cambon, et d'Airignac, de Versels (St-Rome). Ce dernier cachait trois prêtres dans sa maison ; l'un d'eux était son garçon d'écurie, l'autre son bouvier, le troisième son contre-maitre. Lui-même, jurant comme un Marat, s'était fait nommer fournisseur des armées de la République une et indivisible *(id.)*.

VI. — **Bande des Meilloux.**

En 1793, trois Vignerons, à savoir : Lafont, sur-nommé Paulas, Dupont, dit Poncette, natif de Nant, et Pierre Rabier, se joignirent à la bande des Meilloux. Ces derniers terrorisèrent, pendant deux ans, Boyne, Peyreleau, la Cresse, Liaucoux, Monstuéjols, voire même Millau, etc. Cette bande n'était qu'un ramassis des mauvais sujets du pays.

Sorti de son repaire, c'est-à-dire des bois de Favars, Pierre Meilloux, chef de la bande, qui comptait une centaine de brigands, prend un soir la direction du Massegros, qu'il laisse à gauche, descend dans la vallée du Tarn, passe cette rivière à St-Préjet, y enrégimente nos trois bandits, remonte sur le Causse Méjean par

Blanquefort et va camper le matin dans les bois du Mont-Buisson. Sur le soir, on part pour Campis, hameau tout protestant, situé près de Meyrueis. Il est pillé et incendié, nous dit l'auteur des *Souvenirs des Montagnes du Rouergue*, M. Favié.

« On pille la maison du citoyen Pougol, lisons-nous « dans le *Bulletin d'agriculture* (année 1884). On le « laisse lui et sa femme sur le carreau, sans mouvement « et sans vie, après avoir poussé la rage jusqu'à appliquer « une pelle rougie au feu sur les joues de la citoyenne « Pougol et l'avoir fouettée à plusieurs reprises avec cet « instrument. Les brigands blessèrent plusieurs citoyens « qui accouraient à la défense des victimes. 4 germinal » 1795. »

Une dizaine de pillards se séparèrent du gros de la troupe. Sous la conduite de Sans-Peur, ils se rendirent à Frémat, où ils égorgèrent Marcellin Pelet, sous les yeux de son épouse.

(B. A. 1884).

Tous ces faits sont de notoriété publique.

VII. — **Les Vignes. — Point stratégique.**

Situé sur la route départementale du Massegros à Florac, le village des Vignes est un des trois points stratégiques du Cagnon du Tarn. De temps immémorial, il y a eu un passage ouvert entre les deux causses. Nous n'en voulons pour preuve que les nombreuses antiquités et les châteaux-forts qu'on y rencontre. Dolmens, grottes habitées, noms celtiques, chambres des fades et des fadarelles, chemins et sentiers y fourmillent.

En 1622, le capitaine de Rcuille reçut ordre de garder ce passage contre les tentatives d'Assas, qui arrivait du Vigan pour rejoindre Andredieu. Avant la construction du pont actuel (1842), le passage des Vignes était plus difficile. Il ne pouvait s'effectuer qu'en bateau.

Toutefois, durant la belle saison, les gués sont très communs.

VIII. — **La noyade des Vignes.**

L'anecdote de la noyade des Vignes trouve ici sa place naturelle. Au rapport des anciens, elle remonte à plus de 200 ans. Tous disent que c'était avant l'érection de la chapelle des Vignes, le 25 janvier, fête de St Préjet, patron de la paroisse.

Une énorme brèche faite à la digue avait établi un courant très rapide. Les hardis bateliers, ne reculant pas devant un danger imminent, voulurent continuer à passer la barque, au Devès, situé en amont de la digue. Le bateau, se trouvant trop chargé, ne put être maîtrisé à temps ; il fut emporté par le courant, chavira en traversant le gouffre béant de la digue, et 20 personnes furent noyées et emportées par le tourbillon.

Deux sœurs encore à la fleur de l'âge, se donnèrent la main sans lâcher prise : on trouva les deux cadavres accrochés à un brisant qu'on appelle encore la Peyre-Nogade. Dès ce jour la fête patronale fut transférée au 8 septembre, fête de la Nativité de la Sainte Vierge.

IX. — **Le Castel de la Peyre.**

Nous avions déjà vidé deux ou trois bocks de bière, lorsque nos deux nouveaux bateliers, Vernhet et Costecalde, le facteur, arrivent pour nous annoncer que c'est l'heure du départ, sinon, disent-ils, la nuit nous surprendra en route.

Nous décampons. Déjà, la rive droite est ensevelie dans l'ombre. Sur les flancs de la montagne opposée, les reflets du soleil décrivent un long et large ruban couleur d'or, qui va en se rétrécissant de minute en minute.

— Peste ! dit le cicérone, la *Table de Terrados* est déjà dans l'ombre. Cependant les rayons du soleil dorent encore le cerveau de la Caboussude et du Castel de la Peyre et il y a loin de là à la Crouzette, à Contobré et à Crapounet.

— Ousque donc perche ce nouveau castel? demanda le Gascon.

— Le voilà, à mi-côte du Méjean, sous ce long lacet de route, au milieu de cette couche d'anthracite. Il était assis sur cet énorme monolythe à figure humaine (30 mètres de hauteur). Il ne reste de ce fortin qu'un vieux pan de mur aux assises régulières, à l'arête très vive et d'un aplomb remarquable. La pierre est en petit tillou quadrangulaire. Il y a 80 ans que les quatre murs de ce château étaient encore debout et on aurait pu reconstituer sa silhouette.

On prétend qu'il n'était qu'un avant-poste de celui de Blanquefort, dont nous parlerons bientôt. On ne pouvait aborder le seuil du castel de la Peyre qu'à l'aide d'un pont-levis dont on voit encore les assises. Une fois que ce dernier était levé, le donjon était imprenable. Son histoire est complètement inconnue.

CHAPITRE VII.

I. — **Des Vignes au Rozier.**

DÉPART. — DESCENTE A LA CANADIENNE. — PANORAMA. -- LOU CAP DE L'OME. — LE PARAYRÉS. — AVENS. — LA CAVE. — LE TARN. — MANŒUVRE. — HARDI. — PARO ! PARO ! — LE RATCH DEL CROSCAL. — LOS AIROS. — LE VILLARET. — LO DÉBUCÉLADE. — PROSPECT.

En arrivant sur la grève, le gascon fredonne l'air connu : embarque, embarque le joli bataillon !... il semble content de son sort. Voici l'heure solennelle, dit le cicérone; la partie de plaisir qu'il nous reste à prendre, dans ce canon fortuné, est, de toutes, la plus intéressante. En tous cas elle a bien commencé, dit le périgourdin. Vous verrez que la fin couronnera l'œuvre.

Nous voilà installés dans l'étroit bachot. Hardi! nous partons. Osmin est à la proue, le facteur à la poupe. La descente, nous dit ce dernier, esprit cultivé, intelligent, n'est pas très périlleuse, mais cependant elle est très émouvante. On l'appelle une *descente à la canadienne*. Nous allons rencontrer de nombreux écueils, brisants, et 25 rapides sur un parcours de 9 kilom. — Tant mieux, dit le gascon, avec deux solides gaillards comme vous, nous ne craignons rien.

Minus feriunt tela quæ præcidentur. Impavidum feriunt ruinæ.

— Voyez-moi ce joli pont à sept arches, dit notre narrateur, il est d'une solidité herculéenne. C'est l'œuvre d'un maître-maçon des Vignes, dont la vie a fait époque. Regardez là-haut, au-dessus de la corniche des Narrios, du Coutal et des ressauts de la Mine, aux confins de l'horizon. On dirait que les maisons de St-Rôme se penchent pour surveiller notre départ et s'esquivent en nous tirant une dernière révérence.

Voyez-moi, tout à côté, ce bonhomme de rocher à figure humaine. On dirait qu'il veut captiver notre attention sous les charmes de sa tenue grave, correcte, austère et sous les flots de son éloquence muette. Quel Bossuet! Affublé sous son camail brodé d'hermine, il a de l'Aigle de Meaux la tête et la carrure.

Bonsoir! On pourrait dire de lui: Jamais je n'ai vu prêcher ni si tôt, ni si tard. — C'est le *Cap dé l'Ome*, nous dit le facteur. — Très bien! Inscrivons ce nom dans notre calepin.

Plus près de nous, toujours sur la rive droite, nous voyons la *grotte de la Licorne*, devant laquelle les enfants ne passent qu'en tremblant; le moulin de Ferrat, avec son beau réservoir et sa fontaine de Parayrès, qui s'échappe en cascade écumante ; au-dessus, le hameau de la Tieule, dans un site très pittoresque ; là-haut, sur sa tête, au pied d'un de ces deux obélisques (la grande et la petite *Quille*), qui lèvent dans les airs leur tête altière, se trouve un aven fameux, dans lequel les enfants s'amusent à jeter des pierres. En face, mais sur la rive gauche, se trouve un second aven. C'est celui de Baume-Obscure. On prétend que celui-ci communique avec la grotte de Lyroncel, distante de 3 kilomètres ; tandis que le 1er communique avec la source du Parayrès. Nous signalons ces deux curiosités à M. Martel.

A gauche, se déroule à nos regards, derrière un charmant rideau de verdure et un cordon de sveltes peupliers, le pittoresque hameau de la Cave.

— Par une corrélation toute naturelle, dit le Gascon, les Vignes appellent la Cave et la Cave les Vignes.

— Rien de plus vrai ! Cependant, de nos jours, on a trouvé le secret d'avoir et de garnir des caves sans vignes.

A peine sommes-nous sortis du petit bassin des Vignes, au fond duquel le Tarn s'épanche en une belle nappe d'eau tranquille, que le défilé se resserre, les contreforts des causses se relèvent fiers et orgueilleux à 600 mètres au-dessus des talus verdoyants qui bordent la rivière. Le courant prend une sorte d'élan furieux ; il est plus rapide, plus échevelé, et le spectacle devient tout palpitant d'intérêt.

C'est plaisir de voir nos fins bateliers gaffer à droite, gaffer à gauche ; tantôt légèrement, tantôt avec vigueur, mais toujours avec une sûreté de coup d'œil, avec une dextérité de main magique ; puis, laissant filer le bateau à son gré et zigzaguer de chenal en chenal, de crochet en crochet, de ragol en ragol, de planiol en planiol. Arrive t-on à l'entrée d'un rapide ? Les bateliers se postent en sentinelle, se clignent l'œil, ne parlent plus ; im-

mobiles, l'arme au bras, frisant de la pointe la surface
liquide, ils attendent le moment. Hardi ! (c'est leur expression favorite) Paro ! paro ! A droite ! à gauche ! La
manœuvre commence. Ils se démènent, se débattent
comme des enragés ; le bateau file comme une flèche ; le
danger est évité, l'obstacle est franchi, vous rentrez
dans le calme riant à cœur joie de cette première émotion. Telle est l'impression que produit dans nos esprits
le premier rapide.

— C'est le *racth du Croscal*, nous dit le facteur. Il y
a trente ans, mon père prit là un fameux bain avec
trois compagnons. La barque, trop chargée de fumier,
fit eau de toutes parts, coula à fond et nos bateliers s'en
tirèrent avec un bain d'eau froide.

Une immense grève terminée par la pelouse des Aïres
s'étend à droite. Plus loin, l'oasis du Villaret, mouchetée
de gris, parsemée de massifs de verdure.

Voici le second rapide ! Il coupe la rivière en deux.
Un amas confus de rochers, enfants du fameux ravin des
Poutres, que chantait naguère M. l'abbé Solanet, sur sa
lyre de feu, obstrue le passage. Nous y voilà !

En un clin d'œil, prise et aspirée par le courant à la
surface onduleuse et écumante, notre barque file comme
un trait, nous emporte à travers le fracas des vagues,
le méandre des récifs ; le Malstrom finit, la rame commence, nous voici lancés dans le remous. Quel plaisir !
Cela vous secoue, vous remue, vous tient en éveil. Ce
pas s'appelle la *Débucélade* (amas, dégringolade de rochers).

Peu à peu, nous nous habituons à ce sport étrange,
nous y prenons goût, il nous passionne même et nous
appelons de tous nos vœux un nouveau rapide de première classe.

Sur les deux rives, un sentier monte et descend, suivant la situation des lieux et les caprices de la roche ou
des promontoires. La gigantesque paroi du causse Mé-

jean nous montre au-délà des mamelons de Billieïre et à son faîte doré, mille tableaux imposants, tours, champignons, aiguilles, châteaux, bastions rougeàtres, grisàtres, blanchàtres, merveilleusement ensoleillés ; le tout se trouve reproduit là-bas dans le cristal de l'eau, avec une fidélité parfaite, à côté des nuages d'or du ciel.

Notre-Dame de Villaret.

Regardez sur la rive droite, nous dit le Cicérone. Voyez ces ruines, au milieu de ce petit champ. Elles proviennent d'un antique sanctuaire appelé *Notre-Dame*. On croit que cette église constitua au moyen-âge le siège d'une paroisse. Elle était construite en style roman du XI ou XII siècle. Le presbytère se trouvait à côté ; il ne reste de ce bâtiment que la cuisine. D'aucuns pensent qu'il y avait là plusieurs religieux bénédictins du Rozier. Nous n'avons pu recueillir aucune donnée certaine sur ce point. Cependant nous ne désespérons pas de trouver quelque chose ; étant à l'affut d'une petite piste qui pourrait nous ouvrir d'autres horizons, sur la partie basse du Cagnon.

III. — Le castel de Blanquefort.

NABIOLS. — VASE DE SÈVRES. — BIEN PERCHÉ. — CENTRAL. — CITERNE. — SARRASINS. — BARONS D'ANDUZE. — COMTES DE RODEZ. — SEIGNEURS DE TRIADOU. — COMBAT SUR LE MÉJEAN. — DESTRUCTION. — DE ROQUEFEUIL. — RANDAVEL. — COMTESSE DE ROYE. — PIÈCE D'ARGENT.

Nous arrivons aux Nabiols du Villaret. Dans le Cagnon on appelle une barque un *nabiol*, du latin *nymba*. C'est en ce lieu que les habitants du Villaret ont coutume d'amarrer leurs bateaux.

Là-haut, presque en face, sur la paroi du Méjean, se dressent hardiment les bastions et les tourelles taillées à pic du vieux castel de Blanquefort.

Comme à Capluc, la silhouette de Blanquefort est couronnée par une sorte de vase de Sèvres, que j'ai escaladé dans mon enfance, dit le cicérone, mais jurant de ne plus y revenir. Sur la crête de ce vase, on voit encore quelques restes de la guérite de la sentinelle.

Tout autour des ruines du vieux castel, se dessine, comme un bouquet d'obélisques, de forts, de contreforts, d'aiguilles, de donjons... Bien perché le *nid des rautours*.

A l'est du massif rocheux, se trouve une cavité fermée encore par un vieux pan de mur dont les pierres noirâtres trahissent un incendie ; on y remarque les trous des poutrelles et les lignes de deux étages bien dessinés.

Blanquefort a joué un rôle prépondérant dans le passé du causse Méjean. Flanqué sur le faîte de cet énorme massif, ce vieux donjon correspondait, par signaux, avec Fontanilles, Caylus, Peyralade, Capluc, Castel-Robieïre, la Peyre, Dolan, le Meynial et Lévéjac. Il se trouvait au centre de ces neuf châteaux, dominant à la fois une partie du causse et du cagnon. Cachés derrière ses épais remparts, une poignée de braves pouvaient défier les efforts d'une armée toute entière. Seule la famine pouvait les obliger à capituler.

A en juger par la situation des lieux et ses ruines, ce castel devait comprendre trois enceintes. On abordait la première par un pont-levis, elle était accessible aux chevaux ; on n'arrivait aux deux autres qu'avec des échelles ou par des marches taillées dans le roc. La seconde enceinte était pourvue d'une citerne ronde, creusée dans le roc, qu'on admire encore (3 m. 80 de hauteur sur 2 m. de diamètre).

Quel vif intérêt présenterait l'histoire de ce vieux

manoir si on la connaissait à fond. Malheureusement nous n'en possédons que quelques bribes insignifiantes.

Son origine remonte-t-elle au IXe ou VIIIe siècle, à l'époque où l'intrépide Vaïffre, aidé des Sarrasins, soutint vaillamment dans les Cévennes ses droits à la couronne de France? Nous serions tentés de le croire. Nous savons par l'histoire qu'après avoir échappé à la terrible *Durandal* de Rolland, près de St-Etienne-Vallée-Française, les Sarrasins survivants se fortifièrent dans nos Cévennes, y construisirent plusieurs forts et se livrèrent au brigandage. Primitivement, les seigneurs de Blanquefort furent vassaux des barons d'Alais, seigneurs de Meyrueis, d'Anduze.

(BARRAU).

D'autres prétendent que ces vieux castels furent d'abord construits par les habitants ou seigneurs de l'endroit, afin de leur servir de refuge contre les invasions des barbares.

Quoi qu'il en soit, nous savons que le *Castrum* de Blanquefort existait au XIIe siècle et qu'il appartenait alors à la famille de ce nom. Au commencement du XIIIe s. la suzeraineté de Blanquefort dut passer aux comtes de Rodez, seigneurs de Sévérac, barons de Dolan. On nous dit que ce ne fut que nominalement. Cependant nous avons vu que ces derniers en rendirent hommage de vassalité à Mgr l'évêque de Mende (1224).

(*Prouzet. arch. dép.*).

Un historien du Rouergue raconte qu'après la guerre de cent ans, Blanquefort devint un nid de brigands qui firent planer la terreur et peser un joug de fer sur tous les pays d'alentour (Argeliez). Heureusement, ils furent vaincus et réduits à la raison par les seigneurs de Triadou et leurs feudataires. Ces derniers régnèrent dès lors sur le Cagnon, et disons en passant qu'ils ne furent pas exempts eux-mêmes de certaines peccadilles. Toutefois des documents authentiques nous manquent pour entrer dans des détails précis.

Au XIVe siècle, Blanquefort devint le siège d'un mandement.

(Denisy, arch. doc. hist.).

Au XVIe siècle, ce castel se trouvait, croyons-nous, au pouvoir des seigneurs de Triadou ou Peyreleau. C'est de ce poste fortifié que partaient les Ligueurs pour leurs excursions contre Quézac, Ispagnac, Vebron et les protestants des Cévennes.

(B. A. 1888, p. 86, arch. c. 1368).

Il y eut même plusieurs rencontres sanglantes.

« Le vendredy, 15 janvier 1588, en poursuivant ceux
« de la garnison de Peircleu (Peyreleau) et autres en-
« nemis de Dieu et de nostre party (protestant) les
« habitants de Vebron et de la Pise poursuivis de
« cavalerie, a esté tué : J. Malzac, J. Teissier, A. Rou-
« vière, G. Roux, G. Gras, de Vebron, et David Jordan
« de la Brède ; tout le reste s'étant sauvé de grande
« vitesse. MOILLERA, *notaire des sauvés.* »

(Arch. dép. Série E).

En 1728, Blanquefort appartenait à la comtesse de Roye ou Royer.

(DENISY).

Nous croyons cependant que ce Castel avait dû être démoli avant cette époque puisque le père Louvreleuil le passe sous silence. Ce château avait pu être ruiné lors des guerres des Camisards ou par ordre de Richelieu.

Voici comment les vieillards du Cagnon racontent sa destruction :

Dans les derniers temps, disent-ils, Blanquefort était devenu un affreux repaire de brigands. Un jour de foire de St-Michel tous les bandits partent pour Meyrueis. Ils ne laissent au château que deux hommes et deux femmes. Dès que les riverains en ont connaissance, par l'entremise d'un berger, se réunir en toute hâte, s'armer de fourches, de tridents, de haches, de faux, d'arquebuses, se concerter d'avance, voler au château, y pénétrer par surprise et à l'improviste, fureter dans tous les coins, surprendre à table les quatre gardiens sous et saouls comme des polonais, les précipiter dans le *Rajol*, d'une hauteur de 50 mètres, piller, démanteler, saccager et brûler le trop fameux repaire ; se poster ensuite en embuscade au col de Blanquefort pour surprendre les autres brigands à leur retour, les massacrer presque tous à la faveur des ténèbres, tel fut pour les enfants du Cagnon un glorieux fait d'armes dont ils reçurent de chaleureuses félicitations.

En 1613, Antoine de Roquefeuil, époux de Mlle de Cardaillac de Peyre, s'intitulait baron de Roquefeuil, Blanquefort, etc. Il fortifia, dit-on, ce dernier château et y plaça Randavel, pour le garder. Sur ces entrefaites, d'Albignac, seigneur de Triadou, compagnon d'armes de Randavel, prit et fortifia le château de Recoulettes. Ces deux chevaliers d'industrie auraient voulu renouveler les troubles des guerres de religion, mais Mgr de Montmorency leur intima des ordres sévères et leurs projets furent déjoués.

(Bul. A. 1876).

C'est peut-être à la suite de ces tentatives que ce château fut démoli (vers 1631).

Sur l'emplacement de Blanquefort, dit le Cicérone, j'ai trouvé une pièce d'argent portant cette inscription : *Henricus + rex + Galliæ + tertius nomine.* Henri, roi de France, 3e de nom.

IV. — **Le Ron-Rouge.**

LES RONS ILLUSTRES. — GAS DE LA PALE. — REINE
DES FALAISES. — VAUTOURS. — VIVEZ EN PAIX.

Nous passons à côté du *Roc du chirurgien*. Sur la rive
droite, se déroulent à nos regards les *Rons* de la Fa-
geollette, les corniches de *Roque-Donne*, au charmant
écho ; les *Trois-Rons*, placés en triangle isocèle ; plus
haut, les sombres bois, les contreforts et le large promontoire de la Fageolle ; au bas de la gorge, en avant,
le *Ron del Pastré*, percé à jour à la façon d'un cam-
panile.

— Voici un nouveau racth, nous dit Osmin. Attention ! C'est le *Gas de la Pâle* (Gué de la Pelle). Ce rapide n'est ni le moins long, ni le moins émouvant. Deux
cordons parallèles d'oseraies, de saules, de peupliers, le
bordent sur les deux rives.

Au sortir de ce rapide, et au-delà du *Valat del
Jouncquïo*, la plus puissante falaise du Cagnon se dé-
roule à nos regards étonnés, dans toute son ampleur.
Elle est splendide, à cette heure, se trouvant inondée
de lumière. Les derniers reflets de l'astre du jour la
dorent, l'embrasent, la revêtent d'un éclat majestueux.
Oh ! qu'il est beau, superbe, ce long et puissant contre-
fort du Méjean. Bien nommé, puisqu'on l'appelle le
Ron-Rouge. C'est la Reine des falaises d'Ispagnac au
Rozier, voire même de France et de Navarre.

La Barre, Conroc, l'Egoutal ne peuvent concourir.

Dans ses larges flancs, cette mère féconde renferme
toute une tribu, tout un peuple de vautours. Nous les
voyons arriver de tous côtés et planer majestueusement
sur nos têtes, autour de leur repaire. A l'aurore, ces
carnassiers sont partis dans toutes les directions, allé-
chés par l'espoir d'une curée quelconque. Ce soir, ils

arrivent repus, alourdis, fatigués. Demain, à l'aube du jour, ils reprendront leur course vagabonde, se précipitant à tire d'aile à la recherche de nouveaux appâts.

> Tellure, ut perhibent, is mos antiquus Ibera,
> Ex anima obscœnus consumat corpora Vultur.
>
> (Silv. Ita. I. XIII.).

Moïse appelle le vautour Daïa et le déclare impur (Lév. XI, v. 14). Les païens l'avaient consacré à Junon. Dans les hyéroglyphes, cet oiseau est cependant le symbole de la miséricorde. Les poètes anciens et modernes, moins indulgents, en font le prototype de la cruauté et de la rapine. Le cruel vautour de Prométhée, acharné à dévorer le foie de cet infortuné, durant 30.000 ans, sur les cîmes glacées du Caucase, a dû allumer le feu de leurs muses. Oiseaux de Junon, nous serons moins cruels! Vivez en paix dans les flancs du Ron-Rouge! *Crescite et multiplicamini!*

V. — Grotte de M. Arnal.

Situation. — Curé de St-Pierre. — Retraite. — Grotte des prêtres. — Fausse alerte. — Traitre. — Capture. — Mende. — Condamnation. — Exécution. — Mort du traitre.

A l'extrémité de la grande falaise du *Ron-Rouge*, à 500 mètres en amont du fameux Pas-de-l'Arc, au pied du hameau de la Bourgarié, se trouve une vaste grotte devenue célèbre depuis tantôt cent ans ; on l'appelle la grotte de M. Arnal.

Né à Pallas, près de Millau (Aveyron), d'une famille riche et très honorable, M. Arnal était curé de Saint-Pierre-des-Tripiers, lorsque la révolution éclata. Aux jours de la Terreur, il chercha un asile dans les Gorges du Tarn. La grotte en question devint son refuge.

Située dans les flancs d'un ressaut, d'un accès difficile, profonde de 8 mètres, large de 4 m., très basse et surtout très humide, cette caverne s'ouvre vers la cîme du *Rajol de l'Escale* (ravin de l'échelle), à 100 mètres dn sentier et à 30 mètres au-dessous du causse. M. Arnal l'habita pendant de longs mois.

Ce saint prêtre occupait ses loisirs à prier, à faire oraison et à fabriquer des corbeilles, des paniers d'osier, des chapelets, etc.

De temps à autre, sa nièce, se présentait furtivement à l'entrée de la grotte pour faire toucher au pauvre proscrit quelques provisions de bouche.

Le soir, lorsqu'on l'appelait pour remplir quelques fonctions de sa charge, le ministre de Dieu sortait de sa cachette et volait au secours de ses ouailles. Le dimanche, il trouvait toujours le moyen de célébrer le saint sacrifice de la messe, tantôt dans un endroit, tantôt dans un autre.

A cent pas, en amont de la grotte de M. Arnal, au beau milieu d'un^f *Flesco* (fissure entre deux ressauts), se trouve une seconde caverne, qu'on appelle la Grotte des prêtres. Celle-ci, d'un accès très difficile, abrita pendant la Terreur jusqu'à 8 prêtres. De ce nombre furent MM. Arnal, Martin, vicaire de la Canourgue et le curé de St-Dalmasy (Aveyron). Pendant le jour, la famille hospitalière d'Aigouy de la Bourgarié leur envoyait quelques provisions, qu'on descendait dans un panier, à travers la falaise, à l'aide d'une corde.

Un jour, les Sans-Culottes arrivent; ils viennent battre la campagne; ils s'avancent à deux pas de la grotte mystérieuse, dissimulée sous un entablement de roche; là, ils jurent, blasphèment comme des démons, glaçant d'épouvante les pauvres proscrits ; enfin de guerre lasse, ils reprennent le chemin de Meyrueis et s'en retournent bredouilles.

Quelque temps après, nos limiers furent plus heureux.

Un beau jour, ils descendent au Rozier, longeant le Cagnon de la Jonte et ils remontent vers les Vignes.

En arrivant au Cambon, ils lèvent les regards sur le Ron-Rouge. M. Arnal venait de rentrer dans son asile, à la suite d'une course faite dans sa paroisse par un temps pluvieux, et il avait commis l'imprudence d'épandre son manteau sur le seuil de la grotte pour le faire sécher aux rayons du soleil. Les Sans-Culottes aperçoivent ce manteau du fond de la gorge. Traverser le Tarn, escalader la montagne presque à pas de course, fut pour ces farouches démocrates l'affaire de quelques minutes.

A leur arrivée au Ravin de l'Escale, le manteau eut disparu et nos limiers se trouvent tout désorientés.

Après bien de recherches infructueuses, ils montent à la Bourgarié, en proférant mille menaces de mort.

C'est alors qu'un traître, l'infâme Caussignac, paroissien de M. Arnal, voire même son confident, s'offrit à leur livrer le pauvre proscrit. Il conduit donc les Sans-Culottes sur le bord de la falaise : Cherchez là; leur dit-il, en leur montrant de la main l'entrée de la grotte. Les démocrates pénètrent dans la caverne, enchaînent M. Arnal et le conduisent à la Bourgarié, dans l'aire de M. Aigouy.

Pour punir ce dernier d'être l'ami du vieillard, ils lui enlèvent dix moutons des plus beaux et on prend le chemin de St-Pierre-des-Tripiers. Caussignac, le nouveau Judas, les y avait précédés ; déjà, il avait pillé le trésor de M. Arnal, qu'il savait caché dans l'intérieur du maître-autel.

C'était un vase plein de pistoles avec plusieurs assignats.

Le scélérat avait encore dévalisé le presbytère ; il avait enlevé, entre autres choses, une belle pendule qu'une de ses petites filles (âgée aujourd'hui de 93 ans)

17.

possède encore. Le touriste pourra la voir dans sa maison, au hameau de la Bourgarié.

En arrivant à St-Pierre, les patriotes égorgent deux moutons, et fêtent joyeusement leur brillant exploit.

A la Parade leur faim et leur soif se sont rallumées, ils entrent dans une auberge, égorgent encore deux moutons, avalent de nombreuses rasades de vin, s'enivrent comme des templiers et s'endorment d'un profond sommeil.

Témoin de cet incident, la maîtrése du logis prend un couteau, brise les liens du prisonnier et l'invite à fuir. Le prêtre lui répond par un refus énergique : « Je ne veux pas vous exposer aux fureurs de mes ennemis, lui dit-il. »

Le lendemain les administrateurs de Meyrueis ordonnent de conduire M. Arnal à Mende. En passant au Bédos, le pauvre captif n'en pouvait plus. Emu de compassion, un brave paysan offrit son cheval et son domestique pour voiturer le vieillard jusqu'à Mende. L'offre est acceptée. En reconnaissance de ce bienfait, M. Arnal donne au domestique sa montre et les boucles de ses souliers. Nous ignorons ce que sont devenu ces objets.

A Mende, le tribunal révolutionnaire condamna le pauvre proscrit à être fusillé sur la place de Meyrueis.

On s'empressa donc de le reconduire dans cette dernière ville.

En marchant au supplice, M. Arnal entonna le *Miserere mei*. On raconte que ses bourreaux avinés, hors d'état de viser juste, lui firent subir un long et cruel martyre. Les bras et les jambes de la victime étaient criblés de balles. Comme elle respirait encore, baignée dans une mare de sang, le perfide Caussignac, outré de dépit, craignant peut-être qu'elle n'échappât à la mort, aurait saisi un fusil et, visant M. Arnal droit au cœur, lui aurait ainsi porté le coup mortel.

(Archives de St-Pierre. Manuscrit de M. Monestier. Tradition locale).

Honneur à cette noble victime de la Révolution de n'avoir pas reculé devant une mort cruelle! Honte au traître qui la livra entre les mains de ses bourreaux ! Depuis ce jour, le nom de cet infâme a été en exécration dans tout le pays. Il mourut près de Boyne (Aveyron) ; on le trouva baigné dans son sang, au beau milieu de la route.

Il laissa deux filles, dont l'une se maria à Rivière (Aveyron), et l'autre épousa Molinier, de la Bourgarié.

VI. — **Castel Robieïro ou du Ron-Rouge.**

A 200 mètres en amont du Rajol de l'Escale, au pied de la Reine des Falaises, au haut du bois *dés Couston-cés*, s'ouvre une troisième caverne, plus grande que ses deux sœurs. Dans les temps anciens, le riverain en fit sa demeure ; plus tard, durant la période romaine, il l'orna d'une bâtisse. Dans le vif de la roche, il creusa le trou des poutres, y assit un plancher et apprit l'art d'élever des étages. Bientôt, sous le coup de la menace des Barbares et des brigands, il entoura son logis d'épais remparts, de tourelles, de contreforts en machicoulis, pratiqua des meurtrières, creusa un large fossé, et notre grotte primitive se transforma en château-fort.

Son premier nom fut-il Castel du Ron-Rouge ou Castel Robieïro? Nous l'ignorons. Aujourd'hui, il les porte tous les deux.

Quel rôle joua notre castel dans l'histoire du pays? Nous avons trouvé quelque part qu'en 1148, Jordan de Rabière donna le mas de ce nom au monastère de Ste-Enimie. Ce mas serait-il le Rabière que nous avons en présence? Mystère.

Au XVIe siècle, M. de la Rouvière possédait un château dans la paroisse de St-Préjet-du-Tarn.

(Doc. hist.),

Ce château pourrait bien être celui du Ron-Rouge auquel M. de la Rouvière aurait attaché son nom.

M. de la Rouvière était juge au Vigan et un des chefs de la Ligue des plus marquants ; il habitait Peyreleau.

Le 14 mars 1593, il écrit aux députés du Gévaudan, leur disant qu'il a refusé de signer la trêve entre le Rouergue et le Gévaudan, que lui proposait le consul Melhac, de la Canourgue, parce qu'étant maître de deux châteaux, à St-Préjet et à la Maléne, il voulait savoir au préalable l'indemnité qu'on lui accorderait pour ces deux forts.

(Arch. C. 1803).

Les Etats promirent au seigneur de la Rouvière une indemnité de 225 écus. Celle-ci n'était pas encore payée le 28 août 1594. Usant de représailles, le seigneur de la Rouvière captura dans les champs quelques habitants de la ville de Mende et on s'exécuta.

(Arch. dép. C. 1793. B. A., 1888, p, 103).

Du château de Robieïre, il ne reste aujourd'hui que des ruines perdues dans les broussailles. *Sustentant lilia turres.* La caverne a été transformée en *jasse* (chazelle), où le berger clôt son troupeau,

VII. — **Lyroncel. — Pas-del-Tel.**

Voici deux nouveaux rapides : le *Gas del Joug* et *Lyronsel,* qui nous lancent dans les planiols ou les magmas de la *Rulle* et de *Poudomios.* Devant nous (r. g.) s'ouvre une belle grotte d'où s'échappe une charmante source au flot chantant.

Le site est ravissant, avec ses grandes roches en surplomb, sa fontaine, sa prairie, son banc de sable, son bouquet de saules, de peupliers, d'oseraies et sa solitude. Ce petit bout du monde, bien digne de captiver les regards du dessinateur, lui offrirait un superbe sujet d'aquarelle.

Notez, cher touriste, que la réputation de Lyronsel n'est plus à faire. C'est là, dans ce petit recoin, que se réunissaient les fées des temps anciens ; et même, si on en croit certaines vieilles femmes, c'est encore là que les francs-maçons de la province tiennent aujourd'hui leur sabbat. On n'en dit pas plus long. *Intelligenti pauca.*

Là-haut, à la cime de la roche terminée en corniche, sur laquelle serpente le sentier de St-Préjet au Rozier (r. g.), se trouve le fameux *Pas del Tel* (tilleuil), illustré par M. d'Albignac, ancien curé de St-Préjet (1715). Ce passage est, après celui de l'Escalette, le plus dangereux du Cagnon, à cause de l'abîme béant qui s'ouvre aux pieds du voyageur.

On raconte que, dans ses vieux jours, M. d'Albignac avait à son service une jolie petite ânesse.

Lorsqu'il se rendait au Rozier, son pays d'origine, il enjambait sa monture à St-Préjet et n'en descendait qu'au Rozier, devant le seuil de sa maison paternelle. Aucun précipice ne l'effrayait, pas même le *Pas del Tel.*

Lyroncel est le séjour favori des hirondelles, d'où lui vient son nom.

VIII. — **Cirque du Cambon.**

L'Escaillou. — Lou Tioulas. — Laissos del Coumbou. — Pas dé l'Arc. — Granairés. — Saint-Jean-del-Bouys. — Le Comtor Ugo. — Pauvre femme. -- Cinglegros.

A Lyroncel, nous entrons dans un nouveau méandre, où le Tarn, plus encaissé, roulant ses flots sur le lias, coule entre deux ressauts parallèles et se trouve obstrué çà et là par mille écueils. C'est un second *destrech* qui a nom l'Escaillou.

Après le planiol de Poudomios, se dresse, à droite, la grande falaise du Tioulas, à l'écho sonore. Elle se prolonge jusqu'au Valat-Roux (r. d.), faisant face à celle de Lyroncel.

A chaque instant, le bateau irait battre, se briser ou chavirer contre un récif, si nos deux gars de pilotes, aussi hardis qu'habiles, n'étaient là au guet avec leurs gaffes ferrées pour parer le coup à point, paralyser ou éviter le choc.

A gauche, sur les parois du Méjean, qu'on appelle *Laïssos del Coumbou*, les arcades, les ponts, les tours, les aiguilles, les obélisques cunéiformes ou ruiniformes et les accidents de tous genres sont innombrables.

C'est là, à 100 mètres au-dessous de la crête du Méjean, que se trouve le fameux *Pas de l'Arc*, une curiosité de premier ordre. Nous n'en voyons que le frontispice.

Visitez-le, ami touriste. Il est situé sur le sentier de la Bourgarié au Rozier. Au lieu d'un seul, vous en trouverez deux bel et bien.

C'est une des premières merveilles du Cagnon. Vous m'en donnerez des nouvelles. J'ose croire que vous en reviendrez ravi, enchanté, comme votre humble serviteur.

A droite, apparaissent, perchées sur un rocher ou accrochées à la roche, les deux maisons du Cambon. Plus haut, s'étend le *Granaïrés* avec son grand ravin que traverse le sentier de St-Marcellin ; plus loin, les ruines d'une antique église qu'on appelait St-Jean-del-Bouys (du buis). Celle-ci pourrait bien être l'église de St Jean-Baptiste de Balmis ou Palmis, qu'un certain Ugo, qualifié de Comtor, donna, en 998, au prieuré du Rozier, lors de sa fondation.

Ce Comte ne serait-il pas un Hugues, seigneur de

Montferrand, dont la famille possédait, vers cette époque, Peyreleau, Capluc et Plagnols, sur les bords du Tarn ?

(Pagus Gabalicus).

Cependant les Comtes de Rodez possédaient encore des biens dans ces parages en 951, dont ils firent donation au monastère de Ste-Enimie et à certains autres.

Au-dessus du Cambon se trouve encore un fameux aven (abîme), où deux scélérats auraient, dans les jours de la Terreur blanche, descendu une pauvre femme étrangère au pays, pour s'en débarrasser, et elle y serait morte de faim.

Le fait est-il authentique ? Est-ce un racontar ? Nous l'ignorons.

Au loin, sur le hameau de la Sablière (r. g.), s'élance dans les airs, à 600 mètres, la fière silhouette de Cinglegros. On dirait qu'il nous attend au passage pour s'abattre sur nos fronts et nous écraser sous sa lourde masse.

Ce massif est beau, superbe, enlevant.

IX. — Cirque du Mas de Lafont.

Coumbou dé Copélo. — Corgnes. — Deux ermitages. — Belle oasis. — Delafont et Sabatier.

Bientôt, de rapides en planiols et de plagnols en rapides, fuyant le *Cambon dé Capélo* et *lous Rounzassés*, nous passons à côté de la Sablière et arrivons en présence d'un site ravissant de beauté. La belle oasis ! Le beau paysage vivant et animé ! C'est l'hémicycle du Mas de Lafont.

A droite, le Villaret de Corgnes; plus haut, l'ermitage de St-Marcellin, au pied d'un géant rocheux ; sur la même ligne parallèle, les superbes contreforts d'Eglazines ; devant nous, une charmante prairie, des rubans ou rideaux de peupliers alignés au cordon, des bouquets d'arbres touffus, le mas de Lafont, des champs, des massifs de verdure, un bois de chênes. etc.

A gauche, les ruines du vieux castel de Peyreverde, Plaisance, et là-haut, au sommet, les contreforts et l'ermitage de St-Pons. On dirait une oasis au milieu d'un désert, Quel malheur que le soleil ne la dore pas de ses rayons de feu ! Hélas !

Les derniers reflets de l'astre du jour ont déjà disparu à l'horizon.

Le mas de Lafont doit sa dénomination à une famille de ce nom qui l'a possédé pendant longtemps. En 1529, le sieur Delafont, paroisse de Liaucoux, et Simon Sabatier, de Peyreleau, déclarèrent, devant les comissaires de François Iᵉʳ, leur bien noble être d'une valeur annuelle de 30 sols tournois.

Ces deux propriétaires avaient dû acheter le bien noble des seigneurs de Peyreverde.

X. — Ermitage de Saint-Marcellin.

Origine. — Suppositions. — Restauration. — Anciens prieurs. — Batoste de pèlerins. — Derniers souvenirs.

L'ermitage de St-Marcellin est un des plus anciens et des plus célèbres du Cagnon. A quelle époque remonte son origine ? Nous l'ignorons. On prétend qu'il fut fondé par les bénédictins du Rozier. Ces derniers auront, un beau jour, envoyé dans ces lieux sauvages, comme à St-Pons, un des leurs, animé du désir ardent de mener une vie cénobitique, ou dans le but d'y éteindre quelque vieux culte gaulois, et l'ermitage aura été fondé. D'ailleurs, là, comme à St-Pons, on trouve deux belles grottes qui portent encore certaines traces d'habitation.

A l'une d'elles, on ne peut arriver qu'au moyen d'une très longue échelle.

A côté, coule une belle source. Peut-être que ces grottes servaient primitivement de refuge à quelque druide, Sibylle ou Velléda, qui se plaisait à entretenir les populations trop crédules dans les filets de la superstition païenne. Nous savons d'ailleurs que le paganisme n'avait pas encore, au IXe siècle, complètement disparu du fond des gorges gévaudanaises.

De nos jours, la chapelle de St-Marcellin a été restaurée par les soins de MM. Dumas, prêtres, natifs de Liaucoux, et de M. Vernhes, curé de la paroisse. De temps en temps, on y célèbre la sainte messe.

En 1793, M. Solanet était prieur de St-Marcellin. Le nom de prieur lui resta toute sa vie. L'ermitage devait donc constituer un chef-lieu de paroisse.

M. Alméras en était prieur en 1760. Il y avait dans ce prieuré des dotations suffisantes pour l'entretien d'un prêtre.

La tradition rapporte qu'avant la Révolution, les paroisses environnantes se rendaient tous les ans en pèlerinage à St-Marcellin, lors des processions des Rogations.

Une année, dit-on, se serait élevé une dispute entre les pèlerins de St-Georges-de-Lévéjac et ceux de St-Préjet, au sujet d'une question de préséances. Les coups de bâton et de poings auraient même succédé aux coups de langue ; à la suite de ces désordres, on aurait suspendu les pèlerinages annuels. Cependant, dans toutes les paroisses des environs, il existe encore une procession dite de St-Marcellin, qu'on fait en effectuant un trajet plus ou moins long, sur l'ancien chemin qui conduisait à cet ermitage.

C'est au-delà de la grande falaise de St-Marcellin, qu'en 1794, les brigands du Bourg assassinèrent M. Dumas, notaire de Liaucoux.

XI. — Ermitage de St-Pons.

L'ermitage de St-Pons se trouve sur la rive gauche, en face de celui de St-Marcellin, sous les parois du Méjean, au milieu d'un site très pittoresque. Il y avait là une chapelle dont il ne reste que le mur de face, un pan de l'abside (style roman) et un petit bénitier creusé dans le roc.

L'autel est un cube de maçonnerie de 0 m. 80 de longueur, sur 0 m. 90 de hauteur.

A ce sanctuaire, se rattache encore aujourd'hui une dévotion particulière pour les jeunes enfants malades.

On y voit des ex-voto modernes, bien modestes, tels que médailles, chapelets, croix, etc., qu'on attache à une petite croix en fer qui se trouve fixée sur l'autel rustique.

Les habitants du causse et de la vallée se rendaient autrefois à St-Pons, pour y demander la pluie. A la suite de certaines fouilles, on y a déterré des deniers et des oboles de Melgueil, de Bernard d'Anduze, de Raymond V de Toulouse et du Puy, remontant aux XIe et XIIe siècles.

Non loin de l'ermitage, coule une belle source où le touriste peut se désaltérer.

XII. — Le Roi des Rapides ou le Ratch dés Pratchs.

POURPARLERS. — EFFROI. — NOYADE D'ANGLAIS. — PAS DE MAL. — LANÇONS-NOUS. — LA MANŒUVRE. — UNE MINUTE ÉPATANTE DE PLASIR. — GOUR DE L'OULE. — RÉFLEXIONS.

Tout à coup, la barque stoppe et nos deux pilotes, d'un air sérieux : « Voici le plus dangereux des rapides, nous disent-ils. C'est le *Ratch dés Pratchs*. Messieurs les touristes désirent-ils mettre pied à terre, faire le trajet *pedibus cum jambis*, ou rester dans le bateau durant la descente du rapide? » Nos avis étaient partagés.

Je tremblais pour ma peau ; le périgourdin était blême d'effroi. « Je sais nager, dit le gascon ; moi, je ne sors pas. Je pourrais vous dire comme Jules César : Pourquoi craindre, pilotes ? Vous portez un Gascon et sa fortune ! En avant ! »

— Voyez-moi ce rapide, dit notre cicérone, on dirait une cascade aux eaux jaillissantes. La barque doit passer entre deux écueils à fleur d'eau et franchir un ressac assez fort, causé par l'excavation d'une roche.

« En 1880, raconte M. de Malafosse, huit Anglais et
« deux Anglaises descendaient le Tarn dans deux
« barques. Arrivés à ce rapide, la première barque
« plongea dans le ressac, mais passa néanmoins, après
« avoir eu ses passagers complètement mouillés. La
« seconde prit mal le courant et, malgré le coup de
« gaffe trop tardif de l'homme de l'avant, donna en
« plein sur le roc, s'ouvrit et coula à pic. Trois voya-
« geurs furent roulés par le courant, avec les deux pilotes,
« et jetés sur la berge. Deux Anglais se trouvèrent pris
« dans le rentrant de la roche, et ils auraient péri sans
« l'aide de l'un des bateliers qui plongea et réussit à les
« dégager et à les entraîner avec lui.

« L'accident n'eut d'ailleurs aucune suite grave. Si j'ai
« cité cet accident, resté mémorable chez tous les pê-
« cheurs du Tarn, c'est pour engager les voyageurs à
« ne pas se fier au premier batelier venu. »

(Monographie).

Ce récit me glaça d'épouvante. « Le fait est vrai, dit le facteur, exact de tous points, puisque j'étais témoin oculaire ; mais, ce jour-là, le Tarn coulait à pleins bords, le Malstrom était énorme et, par suite, le ratch devenait très dangereux. Aujourd'hui, il n'y a presque rien à craindre; d'ailleurs, le passage a été élargi à l'aide de quelques coups de dynamite. » Ces paroles nous rassurèrent. « Affrontons le rapide! répondîmes-nous tous de concert. En avant! »

La barque est relancée dans le courant. « Tenez-vous bien, dit Osmin, ne bougez pas! » Nos bateliers se postent fièrement. La manœuvre commence. L'un complète le mouvement de son partenaire. Paro d'ici! Paro de là! Ils agissent avec cette aisance, cette sûreté de coup d'œil d'hommes qui savent bien ce qu'ils font et connaissent leur métier. Les coups de gaffe deviennent de plus en plus violents, plus rapides. C'est le moulinet. Paro! paro! Ramo! ramo! La vitesse devient vertigineuse. Hop! Pouff! Nous voilà dans le Malstrom!

Un fracas étourdissant, des vagues qui viennent ferler les bords du frêle esquif, des gouttes d'eau qui rejaillissent sur nous, un chaos, un remous, un tourbillon enfin, et nous voilà lancés tout patelants dans le planiol d'aval qu'on appelle le *Gour dé l'Oulo*. Bien réussi! Nous applaudissons des deux mains; les pilotes nous répondent par un sourire.

En nous retournant tout fiers de notre triomphe, il nous parait impossible que notre frêle boîte de bois ait pu sortir intacte de ce chaos écumant de roches et de vagues.

Cette seule minute d'un plaisir jusqu'alors inconnu suffirait amplement à nous dédommager des fatigues et des frais de notre charmante excursion. Usez-en, Messieurs! C'est commode, pas cher et fort émouvant! Un an après vous en rêverez d'aise et de plaisir.

XIII. — Peyreverde, vieux Castel.

Nous passons à côté de la superbe grotte de l'Ironcelle. Elle s'ouvre béante à l'entrée des *Laïssos del*

Mas-de-Lafont (rive droite). Remarquez cette légère éminence (r. g.), nous dit notre Cicérone. Là se trouvent les ruines d'un antique manoir féodal, c'est le castel de Peyreverde.

Toujours des castels en ruines, dit le gascon, à la fin çà vous ennuie: *repetita fastidiunt.* Rien n'est beau comme l'histoire! elle ne fatigue jamais les esprits sérieux. Les Sarrasins, les Albigeois, les Anglais, les Armagnacs, les protestants et les Ligueurs se cantonnèrent dans ces châteaux-forts du Cagnon.

Ces derniers appartinrent tour à tour aux d'Anduze, aux Sévérac, aux d'Arpajon, quelques-uns aux Monstuéjols, d'Armagnacs, Montferrand et Cénaret.

Ils furent souvent pris et repris, démolis et réédifiés. Les possesseurs narguèrent maintes fois leurs suzerains, s'arrogeant le droit de haute, moyenne et basse justice, dressant des fourches-caudines, creusant des oubliettes, érigeant une cour martiale composée d'un juge, d'un lieutenant, d'un procureur et d'un greffier.

Ces seigneurs, autonomes et indépendants pour la plupart, se firent souvent une guerre meurtrière: sur leurs vassaux ils firent peser un joug de fer. Richelieu fut le seul qui sut les mettre à la raison. Il envoya de Candiac en Gévaudan (1629), avec ordre de raser tous les vieux manoirs féodaux. Ce zélé démolisseur employa cinq ans à la rude besogne dont il était chargé; il s'en acquitta en conscience, à la satisfaction générale.

(*Doc. hist.*).

Voilà pourquoi on trouve aujourd'hui tant de ruines. *Sed impavidum feriunt ruinæ.*

Peyreverde est mentionné de l'an 1235 à 1298 avec les châteaux de Dolan, Blanquefort, Plagnols, Hauterive. A cette époque, les Sévérac, succédant aux Montferrand, accordèrent aux seigneurs de Peyreverde le droit de haute, moyenne et basse justice. De nos jours

cette dernière famille a disparu. Du château il ne reste
que quelques vieux pans de mur transformés en *jasse*.
A ce manoir se rattache l'histoire du sauvage de Peyreverde, que je vous raconterai ce soir, à dîner, entre
la poire et le fromage. Entendu !

XIV. -- **Eglazines.**

A droite, en face du hameau de Plaisance, on remarque une coulée basaltique, qui domine le sentier de 250
mètres. C'est une éruption du grand ravin d'Eglazines.

Ce dernier hameau, aux maisons enfumées, est situé,
là-haut, sous ce grand rocher noir, sorte de *Pluton* mi-
thologique. Ce village plié dans un bois de chênes, m'a
tout l'air d'un vieux mas gaulois ou celtique.

C'est dans ce pays sauvage que les brigands du Bourg
vinrent cacher, au fond d'une grotte (1795), leur chef,
Pierre Meilloux, après ses deux cruelles blessures re-
çues dans une rencontre sur le plateau de *Samonta*, des
mains de Georges Pélat. Quelques jours plus tard,
les gardes nationaux de Monstuéjols, conduits par
Monziols, vinrent cerner la montagne et arrêter ce
fameux brigand. Conduit à Millau, il mourut en prison.
Les autres chefs de file, Pierrou, Cotet, Galurin et le
Chien-Blanc furent pris à leur tour et guillotinés à
Rodez.

(Souvenirs des montagnes du Rouergue, passim.)

Ces malheureux avaient commis tant d'incendies, de
massacres et de pillages, que la terreur planait sur les
rives du Tarn.

XV. — Château de Capluc.

A gauche, se dresse fièrement sur nos têtes, à 350 mètres de hauteur, le massif de Capluc *(Caput lucis, capite luco, Caslucum, Caylus, Caylar,* château), couronné jadis par un fort gallo-romain. Semblable à un gâteau de Savoie, ce piton se termine d'abord par un petit plateau, au milieu duquel se dresse un second monolithe de forme ovoïde, qu'on escalade à l'aide d'une rampe à échelons et au sommet duquel on admire une excavation en forme de cercueil, un belvédère et une belle croix en fer.

Une ancienne citerne voûtée, quelques vieux pans de mur, un escalier, quelque trous de poutres creusés dans le roc, quelques poteries, des fragments de fer ; au pied du piton, une chapelle bysantine convertie en grange, à côté, quelques masures construites avec les débris du château, sont les seuls vestiges de l'antique manoir féodal.

Primitivement, Capluc appartenait à la maison d'Anduze-Roquefeuil (Cévennes). Il passa ensuite aux Montferrand. Au XIIᵉ siècle, Guillabert de Montferrand reconnut ce château à Alphonse, roi d'Arragon. En avril 1195, la veuve Gui de Peyreleau et son fils Chatbert renouvelèrent le même hommage : « *En présenza dé Nicholau, bailé d'Ameillau et dé Gabalda, per la Rocaguido et tot aquo qué nos avian à Capluc et Peyraleu.* »

(Arch. dép. G.).

Donc à cette époque Peyreleau et Capluc, relevaient

du même châtelain. Vers le milieu du XIIIe siècle, le seigneur de Capluc paraît jouir du titre d'autonomie.

En effet, en1257, Rigal de Capluc, fils de Bernard, reconnut au prieur de Ste-Enimie certains biens qu'il possédait au *Beffre* et dont, paraît-il, il payait une redevance de 17 sétiers de blé.

(Arch. du Monastère.)

En 1260, tous les manoirs du Tarn, de la Jonte et de la Dourbie furent réunis nominalement aux comtés de Rodez et d'Armagnac.

(Cévennes. par M. Martel.)

Pierre d'Albignac enleva, en 1470, la belle Flore de Capluc et il l'épousa. C'est durant le moyen-âge que les *sires* de Capluc obtinrent leurs lettres de noblesse.

Du Barreau raconte dans ses documents historiques que le seigneur de Capluc eut à soutenir un siège de plusieurs années contre le sire de Monstuéjols. Son château fut pris et saccagé en 1329. La fameuse histoire du cheval blanc précipité du haut de la terrasse du manoir n'est, à notre avis, qu'un conte ou une légende. Le champ de Castre ne désigne que l'enclos ou le *claustrum* du monastère du Rozier.

Nous avons vu qu'en 1577, François de Capluc avait été blessé à Castelbouc, par les protestants. Louis, son fils, fut son héritier. Le dernier des Capluc ne laissa que deux filles dont l'une épousa un d'Albignac, seigneur de Triadou, et hérita de Capluc.

(Doc. hist.)

Ce château existait encore en 1724.

XVI. — **Porte de sortie.**

Après avoir traversé l'impasse de la Barre, qui finit aux *Tioulassés*, nous arrivons en vue du pont du Rozier.

Le Cagnon s'élargit à droite et à gauche. Les falaises se transforment en talus schisteux; tout près de la Muse (r. d.) commence la série des pentes mamelonnées. En face, se montrent les belles maisons du Rozier, un vrai bijou (165 habitants, 340 mètres au-dessus du niveau de la mer; canton de Meyrueis; au confluent de la Jonte et du Tarn). Aux pieds de ce petit coin, ce dernier, voulant se reposer de ses cruelles fatigues, déroule une belle nappe d'eau dormante que grossissent bientôt les flots de la Jonte.

Après une heure de navigation échevelée, nous filons sous les belles arcades du pont du Rozier (1876) et le bateau accoste la rive gauche, à quelques mètres en aval.

— Voici, nous dit l'enfant du Tarn, la porte de sortie du Cagnon ! — Avais-je raison, reprit le Gascon, de vous proposer cette excursion à l'Annibal? En êtes-vous fâchés, Messieurs? — Oh! que nenni, répondit le flegmatique périgourdin, je voudrais la recommencer.

— Dire, ajoutai-je, que, dans le cœur de notre patrie, il existe de telles merveilles, connues à peine de quelques rares amateurs ! Penser que des artistes les ignorent!

Pendez-vous, braves Crillons de l'art et de la sience ! Tandis que des cœurs intrépides viennent battre d'aise et de plaisir dans ce Cagnon fortuné, admirer ses 30 belles sources, ses 25 châteaux-forts, ses 15 grottes admirables, sa demi-douzaine de pélerinages ou d'ermitages, ses cirques grandioses, ses prospects enchanteurs, ses riantes oasis, ses rapides électrisants et toutes ses belles horreurs qui vous ravissent, vous transportent; à votre tour vieux farnienti, sybarites nonchalants, vous mourez d'ennui, vous prélassant dans vos berceuses, à l'ombre de vos riches villas, ou dans vos salons dorés de Londres et de Paris. Panurge vous appelle; évertuez-vous au son de sa voix, secouez votre torpeur et imitez au moins l'exemple de ses moutons !

18.

ÉPILOGUE.

I. — **Le dîner.** — **Sauvage de Peyreverde.**

RASCALOU. — DISTRIBUTION DES PRIX. — LES RÉ-
FRACTAIRES. — AMAZONE. — RIVALITÉ. — TRA-
HISON. — CAMPAGNE DE RUSSIE. — DÉNOUEMENT.
VIVE L'EMPEREUR. — MIS EN JOUE. — NOUVELLE
FOUDROYANTE. — PAYS CONQUIS.

En arrivant à l'hôtel Rascalou, nous étions un peu fatigués. Aiguisés par une longue course, nos estomacs se fâchaient tout de bon. C'est dire que nous fîmes honneur au dîner exquis de Mme Rascalou.

Les beautés du Cagnon firent tous les frais de la conversation.

Le fameux *Ratch dés Pratchs* obtint la palme d'honneur, de l'avis de tous. Après lui, vinrent par rang de mérite le cirque des Baumes, le Pas-de-Souci, les Destrechs, la Caze, St-Chély, etc.

— Et Peyreverde? dit le Gascon. Parlez-nous donc, cher cicérone, de ce fameux sauvage.

— Voici cette histoire telle qu'elle fut racontée, le 8 septembre 1830, par un neveu du sauvage et en présence même de ce dernier, qui venait de vider plusieurs terrines de soupe, dans la maison de X. Le récit fut consigné par M. l'abbé J. C., alors étudiant ecclésiastique.

C'était vers 1810, à la veille de la néfaste expédition contre la Russie, Napoléon Ier, alors à l'apogée de sa gloire, ordonne une levée en masse des hommes valides de 20 à 30 ans. Quatre jeunes gens du Cagnon se trouvèrent enrôlés: Jean Dardé, de Corgnes, Alexandre Vernhet, de la Bourgarié, Etienne Bouscary et *Quiou dé Bouys* (sobriquet), de la Muse.

Ce dernier et le caussenard Alexandre se disputaient la main d'une jolie brune de 22 ans, Marie Bouscary, sœur d'Etienne.

— Nous ne partirons pas pour la guerre, dirént nos quatre patriotes, d'un commun accord. Cachons-nous et vivons en réfractaires dans les gorges du Tarn.

Plusieurs mois s'écoulent. Toutes les perquisitions de la gendarmerie contre les insoumis sont infructueuses. Ces derniers vivent en paix, à l'instar des renards, dans les bois de Peyreverde, les grottes de St-Pons, de St-Marcellin, les fouillis, les terriers, du produit de la pêche ou ' · la chasse. De temps à autre, Marie Bouscary leur fait toucher quelques provisions et l'amazone manifeste des préférences bien marquées pour le hardi Caussenard, un chasseur émérite.

Un beau jour, jaloux des privilèges de son rival, furieux, outré de dépit de se voir évincé, *Quiou dé Bouys* (cul-de-jatte) part pour Millau, fait sa soumission et dévoile la retraite de son concurrent.

Le lendemain, les gendarmes dressaient une embuscade à Alexandre Vernhet, et le réfractaire tombait au pouvoir des justiciers. Conduit à Millau, on l'expédiait, de brigade en brigade, avec son dénonciateur, vers l'Allemagne, où se trouvait déjà la Grande-Armée, forte de 700.000 hommes.

Nos deux patriotes firent donc la campagne de Russie. Cinq ou six ans s'écoulèrent sans qu'on reçut aucune nouvelle de leur part. Leurs parents pensèrent quils étaient morts sur le champ de bataille ou dans la neige, dévorés par les loups.

Fatiguée d'attendre un fiancé qui ne donnait aucun signe de vie, Marie Bouscary ne voulant pas se payer de vaines espérances, épousa Jean Dardé, son parent, un des heureux réfractaires et se fixa avec lui au Mas-de-Lafont.

Un soir d'été, tandis que nos deux époux sont occupés

aux travaux des champs, au sein du crépuscule, ils entendent tout à coup , comme partant du côté de Peyreverde, ce cri formidable : « Vive l'empereur ! En avant ! Arche ! » — Vive l'empereur ! répètent les échos de la vallée. Ils se regardent étonnés. — Qu'est-ce donc ? — Vive l'empereur ! En avant ! Arche ! répète encore la même voix.

— C'est quelque passant un peu ensoleillé, qui lance ce cri, se dirent-ils.

Le lendemain, le même cri vint réveiller cent fois les échos de la gorge profonde.

Jean Dardé traverse le Tarn, s'approche de l'inconnu et reconnaît dans sa personne Alexandre Vernhet. Il l'interroge, mais son ancien camarade lui répond toujours par le même cri : Vive l'empereur ! En avant ! Arche ! Chargez à la baïonnette ! Vive l'empereur ! Sus aux Cosaques ! — Jean Dardé insiste ; il emploie la persuasion, la menace. Tout à coup, Alexandre Vernhet prend sa carabine et le met en joue. Heureusement l'arme n'était pas chargée.

Qu'était-il donc arrivé ? A la bataille de la Moskova, Alexandre s'était battu comme un lion, à côté de son camarade ; ce dernier avait été emporté par un boulet. Quelque temps après, le Caussenard était tombé de fatigue dans la neige. Les Cosaques l'avaient recueilli, ranimé, jeté dans un hospice et expédié dans les steppes de la Sibérie.

Lorsqu'on signa la paix, les prisonniers furent rendus ; Alexandre Vernhet rentra en France, et il arriva dans sa maison, tout déguenillé, mourant de faim : on aurait dit un vrai squelette, ne se mouvant que par ressort.

A la nouvelle que Marie Bouscary avait épousé Jean Dardé, il roula tout à coup des yeux hagards, porta la main au front, s'empara d'un fusil, se rendit à l'écurie, en emmena une demi-douzaine de chèvres et partit pour le bois de Peyreverde, propriété de sa famille. En pas-

sant sous le Pas-de-l'Arc, il se mit à crier à tue-tête:
Vive l'empereur! Pays conquis! Pillage! Pillage! Le
pauvre Alexandre avait perdu la raison.

La vie d'un sauvage fut celle que mena ce pauvre
Aristhée, pendant 40 ans, dans les bois de Peyreverde.
Le lait de ses chèvres constitua sa seule nourriture. De
temps en temps, il faisait quelque apparition à St-Préjet, sa paroisse natale. Dans les bois, une mauvaise
peau lui servait de vêtement.

En présence d'un tableau si affligeant, Marie Dardé
mourut bientôt d'une maladie de langueur. Depuis lors,
l'histoire du *sauvage de Peyreverde* est devenue insé-
parable de celle du vieux *costel*.

II. — Le Rozier, Peyreleau, les Environs, Retour.

Le Rozier est une charmante petite localité, toute
en plaine, (ce qui est rare dans le Cagnon), aux goûts
modernes, aux belles maisons bien étagées, traversée
par une route nationale et appelée à un brillant avenir.

Ce recoin est le débouché naturel du Cagnon et
des causses Méjean et Noir. En hiver les grives y abondent, ainsi que les truffes exquises et parfumées. En
été ce sont les truites saumonées de la Jonte et du Tarn.

Peyrelade, avec ses caves de la Salle, lui donne un
excellent fromage, et naguère Peyreleau lui offrait un
délicieux nectar appelé Gamay.

Ce dernier village s'élève en face du Rozier, sur la
rive gauche de la Jonte. Avec ses vieilles maisons, ses
rues en cascade ou en tire-bouchon comme à Sainte-
Enimie, son château couvert de lierre, son église
romane, sa tour surmontée d'une statue de la Vierge,
ses terrasses minuscules, ce chef-lieu de canton présente
un certain cachet de pittoresque beauté. Cependant sa
population très pauvre baisse tous les jours. Les Pey-

ralions émigrent au Rozier dont ils préfèrent le site. L'émigration continue tend donc à réaliser cet adage connu de tous : *Cé Peyrolado és toumbado, Peyroléou toumboro léou.*

Le Rozier va devenir le rendez-vous favori des touristes, alpinistes du monde entier.

A l'ouest on aperçoit la Muse (3 maisons), Liaucoux, Monstuéjols avec son château moderne. Boyne, caché derrière un large promontoire, et Peyralade, antique fort gallo-romain des Anduze, des d'Armagnac, des Sévérac qui brava les efforts des Anglais, tomba au pouvoir de Merle en 1581 dit M. Martel (ce dont nous doutons) et fut démoli par ordre de Richelieu en 1633.

Bernard d'Armagnac, surnommé le Louche, le possédait en 960 (id).

Au midi, se dressent un immense contrefort du Causse-Noir, couronné au loin par les ruines du vieux manoir de Caylus, le mamelon rocheux de Peyreleau avec son large ravin, la côte et les hauts remparts de St-Jean du Bruel.

A l'est, s'étend en circuit la vallée de la Jonte que longe la route de Meyrueis.

Au nord, c'est Capluc, le causse Méjean et le Cagnon du Tarn. — Les Rozériens, même type que les Cagnonais, sont petits de taille, gringalets, mais au jarret de fer, à la langue déliée, à l'air franc, avenant, aux mœurs douces, tout pétillants d'esprit. Ce n'est plus l'air sauvage et rustre des *gavaches montagnards* à la barbe hirsute, à l'aspect peu rassurant, à l'écorce très rugueuse. Le patois des Cagnonais s'approche fort de l'accent doux et mielleux du provençal.

On prétend qu'il existait jadis au Rozier des ateliers de poteries gauloises et romaines.

En 1075, ce site s'appelait Entraygues *(Inter aquas).* L'abbaye fut construite dans un champ appelé Rozier *(Campum dictum Roserium).*

(VAYSSETTE).

Pontius, abbé d'Aniane (Hérault), agréa la fondation. Aldebert, évêque de Mende, céda l'église du Rozier, dédiée à la Ste-Trinité, St Saturnin et St Jean-Baptiste. On la plaça sous l'invocation du St-Sauveur.

Les seigneurs Bernardus, Raymundus, Deusdet, Radulphus, Petrus et autres, donnèrent qui le mas de Bercellis, qui Montaigut (villa), qui le mas de Pineto, qui de l'argent. Ugo, le Comtor, donna l'église de St-Jean-de-Balmis : Raymond de Monstuéjols céda le Vors ; Bernard de Peyreleau offrit Bracos ; Deusdet de Canillac et Jutbert de Peyreleau donnèrent de l'argent, etc.

(Acte de fondation).

Durant quatre siècles, cette abbaye fut très florissante. Sous le coup violent des guerres intestines, elle périclita peu à peu, et succomba sous les ruines des guerres de religion.

En 1628, Rohan, maître de Meyrueis, se rendait à Millau par le Causse Noir. Simon d'Albignac, seigneur de Triadou, court à sa rencontre, se poste en embuscade sur le mont Fraysse, tombe à l'improviste sur les huguenots, les met en déroute, capture les bagages du duc, avec son riche trésor, qu'il s'empresse de cacher dans son château-fort.

Après sa mort, on trouve ces mots écrits de sa main débile : « Un trésor est caché dans mon château. » Où le trouver ? Enigme ! Simon avait emporté son secret dans la tombe.

En 1793, les patriotes Millavois s'emparent du Triadou ; ils fouillent coins et recoins, de la cave au grenier. En frappant sur une dalle de l'escalier, on entend un son caverneux ; on enlève la marche et on trouve dans un caveau deux caisses de plomb remplies d'écus de 3 francs. Le commandant Molinier, de Sévérac, fait distribuer à ses soldats quelques poignées de gros sous et fait conduire le fameux trésor à Millau, qu'il remet au Directoire.

Finissons par le sonnet de Marot, si connu :

> Lévézouls, d'Estaing, Vayzins,
> Hauts barons et mauvoisins :
> Monstuéjouls et d'Arpaon.
> Forts châteaux et beau renom.
>
> Sévérac torture et pille,
> Castelnau sur tous grapille (seigneur du Triadou);
> Et Vitrac est sans raison
> Pour soi prétendre baron.

(Voyage en son pays de Rouergue).

Nous aurions pu visiter encore mille beautés artistiques et naturelles *verbi gratia*, Dargilan et Montpellier-le-Vieux, distant de quelques kilomètres ; mais comme notre trésor n'égalait pas celui du duc de Rohan, à 11 heures nous prîmes la voiture pour Aguessac; à 1 h. 4 minutes, nous montions sur l'express de Paris et le lendemain matin, à 5 heures nous rentrions dans la Capitale frais, gaillards, pleins d'enthousiasme.

> Facile est addere cœptis : cœtera quis faciat,
> Mancat nostros ea cura nepotes
>
> Virgile Eln. liv. 3. v. 505

ERRATA.

Pages.	Texte.	Lisez
1, 3 et 5	Vade mecum	Vade-mecum.
7	Gévaudaunais	Gévaudanais.
12	Pape St Urbain V	Pape le B. Urbain V.
29	Les tous sens	Tous les sens.
31	Cantons 54	Cantons 24.
40	On racontre	On raconte.
49	St Urbain V	Le B. Urbain V.
54	Fond du clergé	Fonds du clergé.
64	De Villard	De Villards.
66	Avec lui	Avec lui.
72	Angletterre	Angleterre.
74	Le Rozier 380 mètres	Le Rozier 340 mètres.
74	Farniente	Farnienti.
76	13 sepembre	13 septembre.
82	En 509	En 590.
86	Rohan	Roan.
101	D'une activité, d'une in- telligence rare	Rares.
110	Monté	Montés.
138	Une note de 3 lignes insérée dans le texte par mégarde en dénature le sens.	
164	Combat de Villemur	Combat de Coutras.
198	Ramolissement	Ramollissement.
218	A travers d'une	A travers une.
225	De MM. Dumas	Des MM. Dumas.
241	Griffres	Griffes.
256	D'un flesco	D'une flesco.
258	La maîtrese	La maîtresse.
263	Fnyant	Fuyant.
265	Se serait élevé	Elevée.
273	De la sience	De la science.

*NOTE DE L'AUTEUR. — Les circonstances ne nous
ayant permis qu' de voir les épreuves* **une seule fois,** *le lecteur
ne trouvera pas étonnant que quelques incorrections se soient
glissées dans notre travail.*

TABLE DES MATIÈRES

DEUXIÈME JOURNÉE.

TROISIÈME JOURNÉE.

EPILOGUE.

A. M. D. G.

Mende, impr. C. PAUC, rue d'Aiguespasses.

9 782019 932824